Juni 2008

Lieber Marc,
ohne Dich gäbe es dieses Buch nicht!

Danke für die wunderbare Zusammenarbeit,
Danke für Deine Unterstützung,
Danke für 3 sehr produktive Jahre in Aachen!

Claudia

Studienreihe

# Psychologische Forschungsergebnisse

Band 131

ISSN 1435-666X

Verlag Dr. Kovač

Claudia Armbrüster

# Virtuelle Realität in der experimentellen Psychologie

*Forschungsmethode versus Forschungsgegenstand*

*Untersuchungen aus den Bereichen Wahrnehmung und Psychomotorik*

Verlag Dr. Kovač

Hamburg
2008

**VERLAG DR. KOVAČ**
**FACHVERLAG FÜR WISSENSCHAFTLICHE LITERATUR**

Leverkusenstr. 13 · 22761 Hamburg · Tel. 040 - 39 88 80-0 · Fax 040 - 39 88 80-55

E-Mail info@verlagdrkovac.de · Internet www.verlagdrkovac.de

**Bibliografische Information der Deutschen Nationalbibliothek**
Die Deutsche Nationalbibliothek verzeichnet diese Publikation
in der Deutschen Nationalbibliografie;
detaillierte bibliografische Daten sind im Internet
über http://dnb.d-nb.de abrufbar.

ISSN: 1435-666X
ISBN: 978-3-8300-3387-5

Zugl.: Dissertation, Technische Hochschule Aachen, 2007

© VERLAG DR. KOVAČ in Hamburg 2008

Printed in Germany
Alle Rechte vorbehalten. Nachdruck, fotomechanische Wiedergabe, Aufnahme in
Online-Dienste und Internet sowie Vervielfältigung auf Datenträgern wie CD-ROM etc.
nur nach schriftlicher Zustimmung des Verlages.

Gedruckt auf holz-, chlor- und säurefreiem Papier Alster Digital. Alster Digital ist
alterungsbeständig und erfüllt die Normen für Archivbeständigkeit ANSI 3948 und ISO
9706.

Es gibt immer ein Licht am Ende des Tunnels.

# Inhaltsverzeichnis

| | | |
|---|---|---|
| **1** | **Einleitung** | **1** |
| 1.1 | Virtuelle Realität in der psychologischen Forschung . . . . | 2 |
| | 1.1.1 Virtuelle Realität als Forschungsmethode . . . . . | 5 |
| | 1.1.2 Virtuelle Realität als Forschungsgegenstand . . . . | 6 |
| 1.2 | Aufbau der Arbeit . . . . . . . . . . . . . . . . . . . . | 7 |
| **2** | **Allgemeiner theoretischer Hintergrund** | **9** |
| 2.1 | Grundlagen „Virtuelle Realität" . . . . . . . . . . . . . | 9 |
| | 2.1.1 Geschichte . . . . . . . . . . . . . . . . . . . . | 10 |
| | 2.1.2 Terminologie . . . . . . . . . . . . . . . . . . . | 11 |
| 2.2 | Grundlagen Motorik . . . . . . . . . . . . . . . . . . . | 17 |
| | 2.2.1 Begriffsdefinitionen . . . . . . . . . . . . . . . | 17 |
| |     2.2.1.1 Klassifikationen . . . . . . . . . . . . | 17 |
| |     2.2.1.2 Bewegungskontrolle . . . . . . . . . . . | 18 |
| |     2.2.1.3 Fähigkeiten versus Fertigkeiten . . . . . | 19 |
| 2.3 | Grundlagen Greifen . . . . . . . . . . . . . . . . . . . | 21 |
| | 2.3.1 Klassifikation von Greifbewegungen . . . . . . . . | 22 |
| | 2.3.2 Planung von Greifbewegungen . . . . . . . . . . . | 24 |
| | 2.3.3 Kontrolle von Greifbewegungen . . . . . . . . . . | 26 |
| 2.4 | Grundlagen Tiefenwahrnehmung . . . . . . . . . . . . . . | 31 |
| | 2.4.1 Informationsquellen . . . . . . . . . . . . . . . | 31 |
| **3** | **Allgemeiner Methodenteil** | **41** |
| 3.1 | Verwendete VR-Technologien . . . . . . . . . . . . . . . | 41 |
| | 3.1.1 Hardware . . . . . . . . . . . . . . . . . . . . . | 42 |
| | 3.1.2 Software . . . . . . . . . . . . . . . . . . . . . | 43 |
| 3.2 | Aufzeichnung und Analyse von Bewegungen . . . . . . . . | 44 |

|  |  | 3.2.1 | Optisches Trackingsystem - Qualisys | 45 |
|---|---|---|---|---|

|  |  |  |  |  |
|---|---|---|---|---|
|  |  | 3.2.1 | Optisches Trackingsystem - Qualisys . . . . . . . | 45 |
|  |  | 3.2.2 | Datenverarbeitungssoftware - PsycheMove3D . . . | 46 |
|  | 3.3 | Motorische Leistungsserie (MLS) . . . . . . . . . . . . | | 48 |
|  | 3.4 | Testbatterie zur Aufmerksamkeitsüberprüfung (TAP) . . . | | 53 |

## 4 Experimentelle Untersuchungen — 57

|  |  |  |  |  |  |
|---|---|---|---|---|---|
|  | 4.1 | Greifen im realen Raum . . . . . . . . . . . . . . . . . . | | | 57 |
|  |  | 4.1.1 | Einleitung . . . . . . . . . . . . . . . . . . . . . | | 57 |
|  |  | 4.1.2 | Theorie . . . . . . . . . . . . . . . . . . . . . . | | 58 |
|  |  | 4.1.3 | Der Einfluss von Folgebewegungen auf die initiale Greifbewegung . . . . . . . . . . . . . . . . . . . | | 62 |
|  |  |  | 4.1.3.1 | Methode . . . . . . . . . . . . . . . . | 62 |
|  |  |  | 4.1.3.2 | Ergebnisse . . . . . . . . . . . . . . . | 68 |
|  |  |  | 4.1.3.3 | Diskussion . . . . . . . . . . . . . . . | 78 |
|  | 4.2 | Tiefenwahrnehmung im virtuellen Raum . . . . . . . . . | | | 82 |
|  |  | 4.2.1 | Einleitung . . . . . . . . . . . . . . . . . . . . . | | 82 |
|  |  | 4.2.2 | Theorie . . . . . . . . . . . . . . . . . . . . . . | | 83 |
|  |  |  | 4.2.2.1 | Virtuelle Tiefenwahrnehmung . . . . . . | 84 |
|  |  |  | 4.2.2.2 | Aktueller Stand der Forschung . . . . . | 88 |
|  |  | 4.2.3 | Eine explorative Studie . . . . . . . . . . . . . . | | 110 |
|  |  |  | 4.2.3.1 | Methode . . . . . . . . . . . . . . . . | 111 |
|  |  |  | 4.2.3.2 | Ergebnisse . . . . . . . . . . . . . . . | 116 |
|  |  |  | 4.2.3.3 | Diskussion . . . . . . . . . . . . . . . | 124 |
|  |  | 4.2.4 | Der virtuelle peripersonale Raum und der Einfluss von verschiedenen Outputtransformationen . . . . | | 128 |
|  |  |  | 4.2.4.1 | Methode . . . . . . . . . . . . . . . . | 129 |
|  |  |  | 4.2.4.2 | Ergebnisse . . . . . . . . . . . . . . . | 132 |
|  |  |  | 4.2.4.3 | Diskussion . . . . . . . . . . . . . . . | 138 |
|  | 4.3 | Greifen im virtuellen Raum . . . . . . . . . . . . . . . . | | | 141 |
|  |  | 4.3.1 | Einleitung . . . . . . . . . . . . . . . . . . . . . | | 141 |
|  |  | 4.3.2 | Theorie . . . . . . . . . . . . . . . . . . . . . . | | 141 |
|  |  |  | 4.3.2.1 | Einführung Greifen allgemein . . . . . . | 141 |
|  |  |  | 4.3.2.2 | Klassische Perturbationsexperimente . . | 143 |
|  |  |  | 4.3.2.3 | Aktueller Stand der Forschung . . . . . | 155 |
|  |  | 4.3.3 | Positionsperturbationen im virtuellen Raum . . . . | | 166 |

|  |  | 4.3.3.1 | Methode . . . . . . . . . . . . . . . . . | 167 |
|---|---|---|---|---|
|  |  | 4.3.3.2 | Ergebnisse . . . . . . . . . . . . . . . . | 177 |
|  |  | 4.3.3.3 | Diskussion . . . . . . . . . . . . . . . . | 190 |
|  | 4.3.4 | \multicolumn{2}{l}{Größenperturbationen im virtuellen Raum . . . . .} | 197 |
|  |  | 4.3.4.1 | Methode . . . . . . . . . . . . . . . . . | 198 |
|  |  | 4.3.4.2 | Ergebnisse . . . . . . . . . . . . . . . . | 202 |
|  |  | 4.3.4.3 | Diskussion . . . . . . . . . . . . . . . . | 214 |

## 5 Diskussion 219

5.1 Greifbewegungen in der Realität . . . . . . . . . . . . . . 220
5.2 Objektwahrnehmung in der virtuellen Realität . . . . . . . 221
5.3 Der Einfluss von Perturbationen auf Greifbewegungen im virtuellen Raum . . . . . . . . . . . . . . . . . . . . . . . 224
5.4 Der Unterschied zwischen realem und virtuellem Greifen . 228
5.5 Einsatz von virtuellen Applikationen in der experimentellen Psychologie . . . . . . . . . . . . . . . . . . . . . . . 230
5.6 Ausblick . . . . . . . . . . . . . . . . . . . . . . . . . . 232

## 6 Literatur 235

# 1 Einleitung

Übergeordnetes Ziel der vorliegenden Arbeit ist es, den Einfluss von Perturbationen auf Greifbewegungen systematisch zu erforschen. Unter Perturbation[1] versteht man in diesem Zusammenhang die plötzliche Manipulation einer Objekteigenschaft (z.B. Form, Größe oder Position). Von besonderem Interesse ist dabei die Frage, zu welchem Zeitpunkt der Bewegungsplanung und -ausführung sich der Einfluss der Objektmanipulationen niederschlägt. Da man Objekte im realen Raum nicht nach Belieben verändern kann, wurde als Versuchsumgebung eine virtuelle Darstellungsform gewählt, in der Objekte in Millisekunden Form, Farbe, Größe und Position ändern können. Um dieses Ziel zu erreichen, mussten weitere Aspekte, die zum einen mit dem motorischen Verhalten beim Greifen und zum anderen mit virtueller Realität (VR) als Versuchsumgebung zusammenhängen, betrachtet und experimentell belegt werden. Dazu wurden fünf verschiedene Studien (siehe Kapitel Experimentelle Untersuchungen, S.57, ff) durchgeführt.
Im ersten Experiment wurde menschliches Greifverhalten im realen Raum untersucht und hierbei die Frage geklärt, ob sich verschiedene Folgebewegungen unterschiedlich auf die initiale Greifbewegung auswirken. Der Mehrwert dieser Untersuchung für die vorliegende Arbeit bestand zum einen darin, das Bewegungsaufzeichnungssystem inklusive der Datenweiterverarbeitung für Greifbewegungen zu testen und gleichzeitig zu optimieren, und zum anderen, kinematische Daten über Greifbewegungen im realen Raum zu erlangen, um diese als Referenzwerte für die virtuellen Experimente nutzen zu können.
Die zweite und die dritte experimentelle Untersuchung beschäftigten sich

---

[1] lat. perturbare = verwirren, stören. Erfolgt eine Perturbation, wird ein System gestört. In Greifexperimenten geschieht dies z.B. durch eine plötzliche Veränderung einer Objekteigenschaft.

mit den Charakteristika der Tiefenwahrnehmung im virtuellen Raum, da diese eine Grundvoraussetzung für die systematische Untersuchung von Greifbewegungen im virtuellen Raum darstellt. Die beiden abschließenden Experimente widmeten sich schließlich dem übergeordneten Ziel der Arbeit, den Einfluss von Perturbationen auf Greifbewegungen im virtuellen Raum systematisch zu erforschen.

Zusammengefasst soll die Arbeit demnach die folgenden Fragen beantworten:

- Welchen Einfluss haben Perturbationen im virtuellen Raum auf Greifbewegungen?
- Wie sehen Greifbewegungen in der Realität aus?
- Wo werden Objekte in der virtuellen Realität wahrgenommen?
- Gibt es Unterschiede bezüglich der Tiefenwahrnehmung in der virtuellen Realität, wenn Objekte im peripersonalen bzw. im extrapersonalen Raum dargeboten werden?
- Verbessert sich die Tiefenwahrnehmung im virtuellen Raum in Abhängigkeit von der Antwortmodalität?
- Unterscheiden sich Greifbewegungen nach realen und nach virtuellen Objekten voneinander?
- Können virtuelle Applikationen in der experimentellen Psychologie im Bereich der Motorik eingesetzt werden?

## 1.1 Virtuelle Realität in der psychologischen Forschung

Immersive virtuelle Umgebungen haben sich in den letzten Jahrzehnten zu vielversprechenden Forschungsumgebungen entwickelt. Da virtuelle Umgebungen die Möglichkeit bieten, die Realität zu simulieren, und gleichzeitig hoch kontrollierbar sind, eröffnen sie insbesondere der experimentellen Forschung eine Fülle von Optionen.
Bülthoff, Foese-Mallot und Mallot (2000) haben, ausgehend von Wahr-

nehmungsexperimenten, drei mehr oder weniger unabhängige Dimensionen beschrieben, entlang derer sich psychologische Experimente einordnen lassen: (1) Kontrollierbarkeit, (2) Realismus und (3) Interaktivität. In Abbildung 1.1 erkennt man, wie sich verschiedene experimentelle Ansätze anhand dieser drei Dimensionen klassifizieren lassen.

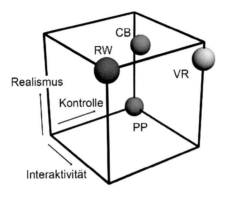

**Abbildung 1.1:** *Experimentelle Ansätze (RW= reale Welt, VR= virtuelle Realität, CB= computerbasiert, PP= Psychophysik) eingeordnet auf den drei Dimensionen Kontrollierbarkeit, Realismus und Interaktivität, nach Bülthoff, Foese-Mallot und Mallot (2000), modifiziert.*

Experimente der klassischen Psychophysik (PP) verwenden hoch kontrollierte Reize, die weder interaktiv noch realistisch sind. Durch den Einsatz von computerbasierten Experimenten (CB) können hingegen Kontrollierbarkeit und ein gewisser Grad an Realismus vereinbart werden. Interaktivität ist in diesen Anwendungen so gut wie nicht gegeben. Die reale Welt (RW) bietet Realismus und auch Interaktivität, ist aber nicht kontrollierbar. Die Kontrolle von Störvariablen ist in „natürlichen" Umgebungen nicht möglich. Dies ist auch ein Grund dafür, dass die experimentelle Psychologie Laborexperimente bevorzugt, obwohl im Labor die externe Validität[2] oft gering ist. Virtuelle Applikationen eröffnen nun die Möglichkeit, hoch kon-

---

[2] externe Validität: das Ausmaß, in dem es gerechtfertigt ist, einen empirischen Befund auf bestimmte Gesamtheiten von Individuen, Situationen und Operationalisierungen zu generalisieren; oft ist auch das Ausmaß gemeint, in dem ein unter künstlichen Bedingungen gewonnener Befund auf natürliche Situationen übertragbar ist (Häcker und Stapf, 2004, S.286)

trollierte, sehr realistische Umgebungen zu schaffen, in denen der Mensch auf sehr natürliche Art und Weise interagieren kann. Dies führt auch Durlach (1992) an:

> *In der Experimentalpsychologie geht es darum, die Umgebung von Menschen zu kontrollieren und zu beobachten, wie sie auf bestimmte Versuchsbedingungen reagieren. Eine virtuelle Welt könnte eine ideale Umgebung sein, und man wird sicherlich weit mehr aufzeichnen können als nur den motorischen Input, der Datenhandschuhen und Joysticks gilt. [...] Ich glaube, ein gutes VR-System könnte ein universell anwendbares Forschungsinstrument sein. (zitiert nach Rheingold, 1992, S.600)*

Die Annahme allerdings, dass virtuelle Versuchsaufbauten alle experimentalpsychologischen Probleme lösen könnten, ist falsch. Schon Loomis, Blaskovich und Beall haben 1999 in einem Übersichtsartikel die folgenden Nachteile von VR Applikationen herausgestellt: (1) die Unvollkommenheit und hohe Komplexität von Hard- und Softwarelösungen, die z.B. im Bereich der Wahrnehmung zu Artefakten führen können, welche die experimentellen Ergebnisse verfälschen; (2) technische Schwierigkeiten bei der Implementierung von hoch qualitativen virtuellen Umgebungen, die nur von Experten gelöst werden können; (3) die Anschaffungskosten - vor allem der Hardwarekomponenten - und (4) Nebenwirkungen, die bei Benutzern von virtuellen Umgebungen häufig auftreten, wie z.B. „Simulatorsickness" (Übelkeit, Schwindel, Sehstörungen). Neuere Studien belegen, dass fast 60% der Personen, die zum ersten Mal in eine virtuelle Welt eintauchen, unangenehme Nebenwirkungen verspüren (Lawson, Graeber, Mead und Muth, 2002). Natürlich stehen diesen Nachteilen auch Vorteile gegenüber, z.B. hohe ökologische Validität, hohe experimentelle Kontrolle, experimenteller Realismus, die Möglichkeit unmögliche Manipulationen durchzuführen, das heißt, Manipulationen, die in der Realität nicht möglich sind, und die relativ einfache Implementierung und Durchführung von Experimenten, wenn ein funktionierendes System vorhanden ist.
Ob nun virtuelle Anwendungen aus rein objektiven Gesichtspunkten Ein-

## 1.1 Virtuelle Realität in der psychologischen Forschung

zug in die experimentelle Forschung gefunden haben oder ob der Drang danach, „state-of-the-art" zu sein und die modernsten Technologien nutzen zu können, eine wegweisende Rolle gespielt haben, ist an dieser Stelle nicht zu beantworten. Festzuhalten ist, dass VR Anwendungen in der psychologischen Forschung immer häufiger genutzt werden. Deshalb bieten die beiden nachfolgenden Abschnitte eine grobe Übersicht über psychologische Forschungsgebiete, die sich entweder virtueller Realität als Forschungsmethode bedienen oder virtuelle Realität als Forschungsgegenstand betrachten. Es soll ein Eindruck über die Durchdringung psychologischer Forschungsaktivitäten durch virtuelle Anwendungen vermittelt werden, der keinen Anspruch auf Vollständigkeit erhebt.

Die experimentellen Untersuchungen dieser Arbeit verwenden einerseits VR als Forschungsmethode (Untersuchungen zum Thema Greifen im virtuellen Raum, S.141, ff) und beschäftigen sich andererseits mit VR als Forschungsgegenstand (Untersuchungen zum Thema Tiefenwahrnehmung im virtuellen Raum, S.82, ff).

### 1.1.1 Virtuelle Realität als Forschungsmethode

In vielen psychologischen Disziplinen wird heute VR als Methode eingesetzt. Die Allgemeine Psychologie erforscht z.B. Kognition, Wahrnehmung, Psychomotorik und Aufmerksamkeit mit Hilfe virtueller Applikationen. In der Neuropsychologie erfolgt der Einsatz im neuropsychologischen Assessment und der neuropsychologischen Rehabilitation. In der Klinischen Psychologie bietet VR neue Möglichkeiten, Angststörungen, Essstörungen, Suchterkrankungen, PTSD[3], Autismus, Schizophrenie, etc. zu therapieren. Auch im Bereich der motorischen Rehabilitation wird immer häufiger auf virtuelle Anwendungen zurückgegriffen. Weiterhin verwenden viele angewandte Disziplinen diese modernen Technologien, wie etwa die Verkehrspsychologie und die Ergonomie.

In der vorliegenden Arbeit wird virtuelle Realität in den Untersuchungen zum Thema Greifen im virtuellen Raum als Forschungsmethode genutzt.

---

[3]PTSD = post traumatic stress disorder, dt. posttraumatische Belastungsstörung

*1 Einleitung*

Die verwendeten Versuchsaufbauten wären in der realen Welt nicht zu realisieren, da auf physikalisch unmögliche Objektmanipulationen (Perturbationen von Position und Größe) zurückgegriffen wird, um die motorische Kontrolle von Greifbewegungen zu untersuchen.

### 1.1.2 Virtuelle Realität als Forschungsgegenstand

Im Gegensatz zu den im vorangegangenen Abschnitt beschriebenen Einsatzbereichen von VR werden virtuelle Umgebungen in der Psychologie auch als Forschungsgegenstand betrachtet. In Anlehnung an Bente, Krämer und Petersen (2002) können hier drei spezifische Aufgabenkomplexe differenziert werden:

1. *Grundlagenforschung*: hierzu zählen empirische Studien, die sich aus wahrnehmungs- und kognitionspsychologischer Sicht mit den Auswirkungen von Darstellungsparametern in virtuellen Umgebungen beschäftigen, z.B. mit dem Einfluss der 3-D Darstellung, mit Raumwahrnehmung, mit Tiefenwahrnehmung, mit visuomotorischer Koordination, mit dem Einfluss von Visualisierungstechniken auf Kodierungs- und Speicherprozesse, etc.

2. *Realisationsforschung*: die Entwicklung von VR-Systemen auf der Basis von kognitions-, emotions- und kommunikationspsychologischen Erkenntnissen, z.B. die Entwicklung von Dialogmanagementsystemen und VR-basierten Kommunikationssystemen.

3. *Evaluationsforschung*: die Erforschung von Akzeptanz, Effizienz und Effektivität und die Bestimmung des sozialen, kognitiven und emotionalen Wirkungsgrades von VR-Systemen (z.B. Presenceforschung), sowie der Vergleich zwischen bekannten Medien und VR-Technologien.

Leider muss an dieser Stelle festgehalten werden, dass wissenschaftliche Grundlagen- und Realisationsforschung im VR-Sektor eher dünn gesät sind (Bülthoff, 2002) und nur wenig über menschliches Verhalten im virtuellen Raum bekannt ist. Im Bereich Evaluationsforschung hingegen beschäftigen sich viele Gruppen (z.b. Slater und Wilbur, 1997; Witmer und Singer, 1998; Sadowski und Stanney, 2002) vor allem mit dem Phänomen der Präsenz in der virtuellen Realität (engl. Presence). Im Kapitel Allgemeiner theoretischer Hintergrund: Grundlagen „Virtuelle Realität" (S.14) wird auf dieses Thema näher eingegangen. Die Untersuchungen zum Thema Tiefenwahrnehmung im virtuellen Raum in der vorliegenden Arbeit lassen sich in den Bereich Grundlagenforschung einordnen. Der Fokus liegt hierbei auf der Distanzwahrnehmung im virtuellen Raum und möglichen Konsequenzen für die Verwendung von virtuellen Anwendungen als Forschungsmethode.

## 1.2 Aufbau der Arbeit

Die Arbeit gliedert sich in die folgenden Kapitel:

Im **Allgemeinen theoretischen Hintergrund** (S.9, ff) werden die theoretischen Grundlagen aus den Bereichen „Virtuelle Realität", „Motorik im Allgemeinen", „Greifen im Speziellen" und „Tiefenwahrnehmung" vorgestellt. In den jeweiligen Kapiteln werden grundlegende Informationen aus den vier Themenbereichen zur Verfügung gestellt, welche die Basis für die Einbettung der experimentellen Untersuchungen liefern. Vor den jeweiligen Experimenten wird, aufbauend auf den hier dargestellten Grundlagen, der theoretische Hintergrund der Studien im Detail besprochen.

Der **Allgemeine Methodenteil** (S.41, ff) beschäftigt sich mit den verwendeten VR-Technologien, der Aufzeichnung und Analyse von Bewegungen und den beiden standardisierten Testverfahren Motorische Leistungsserie (MLS) und Testbatterie zur Aufmerksamkeitsüberprüfung (TAP). Da in den

## 1 Einleitung

experimentellen Untersuchungen unterschiedliche methodische Vorgehensweisen zum Zuge kamen, stellt dieses Kapitel grundlegende Informationen zu den einzelnen Themengebieten zur Verfügung. Die genaue Beschreibung der jeweiligen Methode folgt in den einzelnen Untersuchungen.

Die **Experimentellen Untersuchungen** (S.57, ff), die im Rahmen dieser Arbeit durchgeführt wurden, lassen sich in drei Bereiche einteilen: 1. Untersuchung zum Thema Greifen im realen Raum (S.57, ff), 2. Untersuchungen zum Thema Tiefenwahrnehmung in der virtuellen Realität (S.82, ff) und 3. Untersuchungen zum Thema Greifen im virtuellen Raum (S.57, ff). In den Unterkapiteln wird die Theorie zum jeweiligen Themengebiet vorstellt, sowie die Methode und die Ergebnisse der Experimente. Jede experimentelle Untersuchung schließt mit einer Diskussion der Ergebnisse.

Abschließend werden alle Erkenntnisse im Kapitel **Diskussion** (S.219, ff) zusammengefasst, und interpretiert. Die Diskussion erfolgt einerseits aus Sicht der Psychomotorik, die virtuelle Realität als Forschungsmethode nutzt, und andererseits aus technischer Sicht, die virtuelle Realität als Forschungsgegenstand betrachtet.

# 2 Allgemeiner theoretischer Hintergrund

## 2.1 Grundlagen „Virtuelle Realität"

*Die Tatsache, dass sich all dies in einem künstlichen Raum abspielte, war völlig unerheblich. In einem künstlichen Raum künstlich mit einer künstlichen Laserwaffe erschossen zu werden, ist genauso effektiv wie eine Erschießung im wirklichen Leben, weil man immer so tot ist, wie man sich fühlt.*

Douglas Adams, Einmal Rupert und zurück (1995)

Vier der fünf Untersuchungen, die in der vorliegenden Arbeit präsentiert werden, wurden in virtuellen Welten durchgeführt. Dieses Unterkapitel beschäftigt sich deshalb mit dem Thema „Virtuelle Realität". Es wird ein kurzer geschichtlicher Überblick gegeben und relevante Terminologien werden eingeführt.

Unter dem Begriff „Virtuelle Realität" (VR), der erst Ende der 80er Jahre durch Jaron Larnier (vgl. Larnier und Biocca, 1992) geprägt wurde, werden Techniken zusammengefasst, die es erlauben, Menschen unmittelbar in computergenerierte Umgebungen zu integrieren. Solche Systeme sind eine Erweiterung herkömmlicher computergestützter Visualisierungen, in dem sie eine möglichst große Bandbreite der menschlichen Sinnes- und Aktionskanäle ansprechen (Wagner, 2006) und die Möglichkeit bieten, in Echtzeit mit der Umgebung zu interagieren (Ellis, Begault und Wenzel, 1997; Kuhlen, 2003). Virtuelle Welten sind multimodal, das heißt, sie sprechen visuelle, auditorische, taktile und olfaktorische Kanäle an. Unverkennbare Charakteristika virtueller Umgebungen sind dreidimensionale Präsentations- und Interaktionstechniken.

### 2.1.1 Geschichte

Viele Menschen denken „Virtuelle Realität" sei eine neue - ganz moderne - Erfindung. Das ist so jedoch nicht richtig. Die Ursprünge virtueller Welten im engeren Sinne liegen im Jahre 1956. Morton Heilig hat vor 50 Jahren seine Erfindung, den „Sensorama Simulator", präsentiert. Es handelte sich hierbei um einen Spielautomaten in dem ein dreidimensionaler Film abgespielt wurde. Um die dargestellte Motorradfahrt real wirken zu lassen, verwendete Heilig Techniken wie Stereoton, Gebläse zur Simulation des Fahrtwinds, Geruchssimulation in Abhängigkeit der durchfahrenen Landschaft und vibrierende Sitze. Allerdings war „Sensorama" sehr teuer und kompliziert zu bedienen. Außerdem fehlte dem Spielautomaten eine wichtige Dimension: die Interaktivität. Die Möglichkeit des Eintauchens und Navigierens war gegeben, aber der Betrachter konnte nicht aktiv eingebunden werden. Heilig lieferte ebenfalls schon 1960 die ersten Vorarbeiten zur Entwicklung von Head-Mounted Displays (HMD), die dann von Ivan Sutherland 1968 vorgestellt wurden. Dieser verwendete zwei Kathodenstrahlmonitore, die so schwer waren, dass sie durch einen mechanischen Arm gehalten werden mussten. Der prinzipielle Aufbau eines HMDs hat sich seit Sutherland nicht verändert. Die Komponenten sind allerdings kleiner und leichter geworden.
1992 stellten Cruz-Neira, Santin, DeFanti, Kenyon und Hart die erste CAVE (Cave Automatic Virtual Environment) auf der SIGGRAPH (Special Interest Group on Graphics and Interactive Techniques) in Chicago vor.

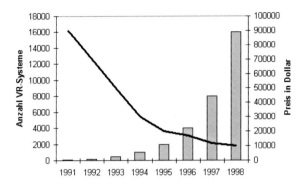

**Abbildung 2.1:** *Prognostizierte Entwicklung des Marktvolumens und der Kosten für VR-Anwendungen aus dem Jahr 1993, Balken= Anzahl VR-Systeme, Linie= Preis in Dollar (aus Pimentel und Teixeira, 1993).*

Mittlerweile gibt es die verschiedensten Aus- und Eingabegeräte, die auch preislich nicht den Rahmen des Möglichen sprengen. Einen sehr detaillierten Überblick über die technologische Entwicklung von VR Anwendungen findet man bei Sherman und Craig (2003).
Wie aus Abbildung 2.1 ersichtlich ist, haben Pimentel und Teixeira schon 1993 vorausgesagt, dass das Marktvolumen von virtuellen Systemen deutlich ansteigen wird und sich gleichzeitig die Kosten verringern werden. Heute fängt der Preis für ein komplettes CAVE System zwar immer noch bei 500.000 Euro an, aber einfachere Hardwarekomponenten, z.B. HMDs, sind schon für weniger als 1000 Euro erhältlich. Dies ist hauptsächlich auf den Einfluss und die Entwicklungen in der Spieleindustrie zurückzuführen.

### 2.1.2 Terminologie

Burdea und Coiffet (1994) beschreiben in ihrem I3-Modell drei Dimensionen der virtuellen Realität: Immersion, Interaktion und Imagination. Unter

## 2 Allgemeiner theoretischer Hintergrund

Immersion versteht man in diesem Zusammenhang das Eintauchen in eine virtuelle Welt.

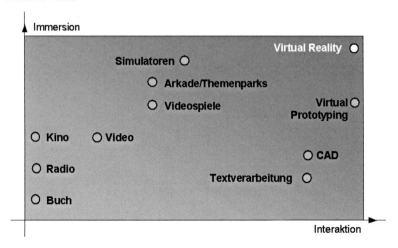

**Abbildung 2.2:** *Verschiedene Medien eingeordnet auf den Dimensionen Interaktion (x-Achse) und Immersion (y-Achse) (aus Rößler, 1997).*

Nach Rößler (1997) lässt sich virtuelle Realität anhand ihrer Ausprägungen auf den Dimensionen Immersion und Interaktion leicht von anderen Medien und Visualisierungsmethoden abgrenzen (Abbildung 2.2). Dennoch reichen zwei bzw. drei Dimensionen nicht aus, um den Begriff virtuelle Realität ausreichend zu beschreiben oder zu definieren.

Im Vorwort des Buches „Handbook of Virtual Environments" beschreibt K.M. Stanney (2001) eine ideale - perfekte - virtuelle Realität wie folgt:

> *Virtual environments (VEs) allow users to be immersed into three-dimensional digital worlds, surrounding them with tangible objects to be manipulated and venues to be traversed, which they experience from an egocentric perspective. Through the concrete and familiar users can enact known perceptual and cognitive skills to interact with a virtual world; there is no need to learn contrived conventions. Virtual environments also extend the realm of computer interaction, from the purely visual to multimodal communicati-*

*on that more closely parallels human-human exchanges. VE users not only see visual representations, they can also reach out and grab objects, „feel" their size, rotate them in any given axis, hear their movements, and even smell associated aromas. Such experiences do not have to be in solitude, as VE users can take along artificial autonomous agents or collaborate with other users who also have representations within the virtual world. Taken together, this multisensory experience affords natural and intuitive interaction.*

Kay M. Stanney, Seite XIX (2001)

Von dieser idealen „virtuellen Realität" ist man heute jedoch noch weit entfernt. Sherman und Craig (2003) definieren vier Hauptelemente virtueller Realität. Um virtuelle Realität erleben zu können, benötigt man (1) eine virtuelle Welt, (2) Immersion/Präsenz, (3) sensorisches Feedback und (4) Interaktivität.

Unter (1) virtueller Welt kann jeder imaginäre Raum verstanden werden, der entweder durch ein Medium erzeugt wird (Buch, Film, Computerspiel, etc.) oder sich einfach in unseren Köpfen befindet (z.B. Traum). In der vorliegenden Arbeit bezieht sich der Begriff „virtuell" ausschließlich auf dreidimensionale computergenerierte Räume.

(2) Immersion, wie auch schon bei Burdea und Coiffet (1994), ist das zweite wichtige Element. Man kann mentale von physikalischer Immersion unterscheiden. Beim Lesen eines Buches und dem Eintauchen in die dort beschriebene Welt, spricht man von mentaler Immersion. Physikalische Immersion hingegen umfasst ein Erlebnis des ganzen Körpers und mehrerer - nicht notwendiger Weise aller - Sinne.

Da virtuelle Realität ein relativ neues Thema in der Wissenschaft ist, haben sich noch keine allgemein gültigen Definitionen der verwendeten Terminologien manifestiert. Zwei prominente Definitionen von Immersion im virtuellen Raum stammen zum einen von Witmer und Singer (1998), die Immersion als

> *a psychological state characterized by perceiving oneself to be enveloped by, included in, and interacting with an environment that provides a continuous stream of stimuli and experiences*

definieren und zum anderen aus einer eher technischen Perspektive von Slater und Wilbur (1997), die

> *the extent to which computer displays are capable of delivering an inclusive, extensive, surrounding, and vivid illusion of reality to the senses of the VE participant*

als Immersion beschreiben. In Zusammenhang mit beziehungsweise als Synonym für Immersion in virtuellen Realitäten ist der Begriff Presence (dt. Präsenz) seit 1980 (Minsky, 1980) immer mehr in den Fokus der wissenschaftlichen Betrachtungen gerückt. Presence hat sich als Fachbegriff etabliert und wird in dieser Arbeit in der englischen Schreibweise verwendet. Die einfachste und aktuell häufigste Umschreibung von Presence lautet „sense of being there" (z.B. Steuer, 1992; Heeter, 1992; Slater, Usoh und Steed, 1994; Ijsselstein, de Ridder, Freeman und Avons, 2000). Presence gilt mittlerweile als definierendes Merkmal von virtueller Realität, da man argumentieren kann, dass eine virtuelle Welt nur dann real wirkt, wenn man in ihr Presence erlebt. Heeter hat 1992 drei verschiedene Typen von Presence postuliert: umweltbedingte Presence, soziale Presence und personengebundene Presence. Umweltbedingte Presence umschreibt das Ausmaß, in welchem die virtuelle Umgebung selbst ihre Existenz zurückmeldet und auf die Aktionen des Betrachters reagiert. Soziale Präsenz hingegen bezieht sich auf andere Personen im virtuellen Raum, die alleine durch ihre Anwesenheit das Presencegefühl verstärken. Personengebundene Presence gilt als Maß für den individuellen Grad des „sense of being there".

In den meisten Fällen wird der Begriff Presence mit personengebundener Presence verbunden. Der Grad des Presenceerlebens hängt allerdings sowohl vom Nutzer, als auch vom verwendeten VR-System ab. Es gibt verschiedene internale und externale Variablen, die das Presenceerleben beeinflussen: (a) Einfachheit/Leichtigkeit der Interaktion (z.B. Billinghurst und

## 2.1 Grundlagen „Virtuelle Realität"

Weghorst, 1995), (b) benutzerinitiierte Kontrolle (z.B. Witmer und Singer, 1994; Sheridan, 1992, Welch, Blackmon, Liu, Mellers und Stark, 1996), (c) bildhafter Realismus (z.B. Witmer und Singer, 1994; Welch et al., 1996; Wilson, Nichols und Haldane, 1997; Snow und Williges, 1998), (d) Dauer des Erlebnisses (z.B. Stanney, 2000; Welch et al., 1996; Kennedy, Stanney und Dunlap, 2000; Witmer und Singer, 1998), (e) soziale Faktoren (z.B. Heeter, 1992; Steuer, 1992), (f) internale Faktoren (z.B. Slater und Usoh, 1993b) und (g) Systemfaktoren oder auch externale Faktoren (z.B. Slater und Usoh, 1993b; Hendrix und Barfield, 1996a; Snow und Williges, 1998; Billinghurst und Weghorst, 1995). Zur Messung von Presence werden subjektive (Fragebogen) und objektive Maße (Verhaltensdaten und physiologische Indikatoren) herangezogen. Ein guter Überblick über die verwendeten Verfahren findet sich bei Sadowski und Stanney (2002).

Für die Applikationen in der vorliegenden Arbeit ist das Thema Presence eher zweitrangig. Wichtig für die Greifexperimente war, dass die dargestellten Objekte handlungsrelevant sind und dass die virtuelle Umgebung Orientierungsgrundlage der Bewegungen und Grundlage für die mentale Repräsentation des Raumes ist. Da das Thema Presence aber unmittelbar mit virtueller Realität verbunden ist, wurde in allen Experimenten mit einem kurzen Fragebogen erfasst, wie die Versuchspersonen auf vier Dimensionen (Immersion, externale Bewusstheit, Qualität und Vergnügen) die Erfahrung im virtuellen Raum erlebt haben.

Das dritte Hauptelement, das für das Erleben einer virtuellen Erfahrung notwendig ist, ist (3) sensorisches Feedback (Sherman und Craig, 2003). Ohne sensorisches Feedback, das die verschiedenen Sinneskanäle anspricht, ist die erwünschte, bzw. geforderte Multimodalität des virtuellen Raumes nicht zu verwirklichen. Die virtuelle Umgebung sollte online direktes sensorisches Feedback zur Verfügung stellen. In den meisten Anwendungsfällen beschränkt sich das sensorische Feedback auf den visuellen Kanal, da die technischen Möglichkeiten im Bereich der Displaysysteme am weitesten entwickelt sind. Um dem Benutzer adäquates Feedback zur Verfügung zu stellen und um eine örtlich und zeitlich korrekte Einbettung der virtuellen Informationen zu gewährleisten, muss das virtuelle System wissen, wo sich der Benutzer im virtuellen Raum aufhält. Hierzu werden Trackingsysteme verwendet (z.B. elektromagnetisch, mechanisch, optisch, videobasiert, etc.). Typischerweise werden der Kopf oder einzelne Körperteile, z.B. eine Hand, getrackt, das heißt, dem System wird online gemeldet, wo sich das Körperteil im virtuellen Raum befindet. Abhängig vom Trackingsystem wird die Position (x-, y-, z-Koordinaten) oder auch zusätzlich die Orientierung (Rotation um die x-Achse = roll ($\phi$), Rotation um die y-Achse = pitch ($\vartheta$), Rotation um die z-Achse = yaw ($\psi$)) aufgezeichnet. Stehen dem virtuellen System sowohl die Position als auch die Orientierung zur Verfügung, spricht man von einem 6DOF-Tracking (DOF = degrees of freedom).

Das letzte der vier Hauptelemente nach Sherman und Craig (2003) ist (4) Interaktivität. Damit virtuelle Welten authentisch erscheinen, müssen sie interaktiv auf den Benutzer reagieren. Das bedeutet, dass eine Manipulation und Navigation in Echtzeit[1] möglich sein sollte.

Neben diesen vier Hauptelementen stellen Hardware- und Softwarekomponenten das Kernstück jeder VR-Applikation dar. Im allgemeinen Methodenteil (Kapitel 3, S.41) werden die in dieser Arbeit verwendeten Technologien vorgestellt.

---

[1] Begriff aus der Informatik (engl. real-time), der festlegt, dass ein System auf ein Ereignis innerhalb eines vorgegebenen Zeitrahmens reagiert. Echtzeit bedeutet nicht „verzögerungsfrei, da der Begriff nichts über Geschwindigkeit oder Verarbeitungsleistung eines Systems aussagt.

## 2.2 Grundlagen Motorik

In diesem Unterkapitel wird die vorliegende Arbeit in das Forschungsgebiet „Psychomotorik" eingeordnet. Die Psychomotorik ist ein Teilgebiet der Allgemeinen Psychologie mit enger Verbindung zur Differenziellen und Angewandten Psychologie. Sie beschäftigt sich mit willkürlichen Bewegungen, die einem Zweck dienen, und ist mit Wahrnehmung und kognitiven Prozessen verzahnt (Häcker und Stapf, 2004, S.755).
Der erste Teil dieses Unterkapitels beschäftigt sich mit allgemeinen psychomotorischen Grundlagen. Im zweiten Teil wird das Themengebiet „Greifen" detailliert beschrieben.

### 2.2.1 Begriffsdefinitionen

#### 2.2.1.1 Klassifikationen

Willkürliche Bewegungen können z.B. nach der Bewegungsorganisation (Schmidt, 1988), nach dem relativen Anteil motorischer und/oder kognitiver Elemente (Schmidt und Wrisberg, 2000) und/oder nach dem Grad der Vorhersagbarkeit der Umwelt (Poulton, 1957) klassifiziert werden.
Liegt der Klassifizierung Bewegungsorganisation zu Grunde, so spricht man von diskreten, seriellen und kontinuierlichen Bewegungen. Eine diskrete Bewegung ist schnell und hat einen klar definierten Anfang und ein klar definiertes Ende (z.B. Werfen oder Fangen eines Balls). Eine serielle Bewegung umfasst mehrere diskrete Bewegungen, die zu einer Bewegungssequenz zusammengesetzt werden (z.B. Zähneputzen, Gymnastikübungen). Kontinuierliche Bewegungen hingegen haben keinen erkennbaren Anfangs- und Endpunkt (z.B. Schwimmen, Radfahren).
Legt man der Bewegungsklassifikation den relativen Anteil motorischer und kognitiver Elemente zu Grunde, so ergibt sich eine Dimension mit einem motorischen Endpunkt (minimierte Entscheidungsfindung plus ma-

ximierte motorische Kontrolle, z.b. Springen) und einem kognitiven Endpunkt (maximierte Entscheidungsfindung plus minimierte motorische Kontrolle, z.B. Schachspielen).
Die dritte Möglichkeit Bewegungen zu klassifizieren, basiert auf dem Grad der Vorhersagbarkeit der Umwelt. In diesem Zusammenhang spricht man von „open skills" (offene Fertigkeiten), die eine Anpassung an eine sich ständig ändernde Umwelt (räumlich und zeitlich) verlangen, z.b. Fußballspielen, und „closed skills" (geschlossene Fertigkeiten), die im Vorfeld geplant werden können, ohne dass Umweltveränderungen einberechnet werden müssen, z.b. Schreibmaschine schreiben.
Jedes dieser Klassifikationssysteme spricht eine bestimmte Dimension einer motorischen Aufgabe an. Möchte man eine Bewegung allumfassend klassifizieren, verwendet man am besten alle drei Systeme simultan. Bezug nehmend auf die in dieser Arbeit im Vordergrund stehende Bewegung „Greifen" ist die Klassifikation „diskret", minimiert bezüglich der Entscheidungsfindung, maximiert bezüglich der motorischen Kontrolle und „closed" sinnvoll.

### 2.2.1.2 Bewegungskontrolle

Neben der adäquaten Klassifizierung einer Bewegung spielt in der psychomotorischen Forschung die Kontrolle der Bewegung eine entscheidende Rolle. Man unterscheidet hier die steuernde von der regelnden Bewegungskontrolle (Schmidt, 1988; Rosenbaum, 1991), die früher als Alternativen angenommen wurden, heute aber hinsichtlich optimaler Wechselwirkungen betrachtet werden. Die beiden Konzepte - Steuerung und Regelung - stammen aus dem technischen Kontext und beziehen sich auf den zu Grunde liegenden Regelkreis, der entweder offen oder geschlossen ist. Bei der Steuerung einer Bewegung, liegt vor dem Bewegungsbeginn ein Bewegungsentwurf vor, der während der Ausführung nicht beeinflusst werden kann („open loop"). Im Gegensatz dazu spielen bei der Regelung („closed loop") intrinsisches (propriozeptiv, exterozeptiv) und extrinsisches Feedback (knowledge of results, knowledge of performance) eine entscheiden-

## 2.2 Grundlagen Motorik

de Rolle. Während der Bewegungsausführung wird das Feedback in den geschlossenen Regelkreis eingespeist und die Bewegung sozusagen online kontrolliert.

### 2.2.1.3 Fähigkeiten versus Fertigkeiten

In den beiden vorangegangenen Abschnitten wurden Bewegungen klassifiziert und es wurde erläutert, wie sie kontrolliert werden. Bei der Klassifizierung wurde der Begriff „skill" (dt. Fertigkeit) eingeführt. Unter Fertigkeit versteht man eine aufgabenbezogene menschliche Aktivität (Häcker und Stapf, 2004, S.311). Neben (senso-) motorischen Fertigkeiten (z.b. willkürlichen Bewegungen), besitzt der Mensch auch kognitive Fertigkeiten (z.b. Kopfrechnen) und kognitiv motorische Fertigkeiten (z.b. Musizieren). Die vorliegende Arbeit beschäftigt sich mit der (senso-) motorischen Fertigkeit „Greifen". In diesem Zusammenhang ist es von theoretischer Relevanz, den Begriff „Fertigkeit" von dem Begriff „Fähigkeit" (engl. ability) abzugrenzen. Unter Fähigkeit versteht man die Gesamtheit der Bedingungen, die zur Ausführung einer bestimmten Leistung, erforderlich sind. Eine Operationalisierung dieser Leistung kann durch Tests geschehen (Häcker und Stapf, 2004, S.289). Der Mensch besitzt deutlich mehr Fertigkeiten als Fähigkeiten. Fertigkeiten werden im Gegensatz zu Fähigkeiten erworben. Sie sind ein Ergebnis von Übung und ihnen liegen verschiedene Teilmengen von Fähigkeiten zu Grunde (Schmidt und Wrisberg, 2000).
Fleishman (1964) hat motorische Fähigkeiten faktorenanalytisch in zwei Kategorien eingeteilt: perzeptiv-motorische Fähigkeiten (z.b. Gliedmaßenkoordination, Reaktionszeit, Fingerfertigkeit, etc.) und physisch-leistungsbezogene Fähigkeiten (z.b. statische und dynamische Kraft, Gliedmaßengeschwindigkeit, Ausdauer, etc.). Greifbewegungen können Fähigkeiten aus beiden Kategorien zu Grunde liegen. Für diese Arbeit sind jedoch vor allem perzeptiv-motorische Fähigkeiten von Belang, da die Bewegungen im virtuellen Raum ausgeführt werden und daher keine Kraft benötigt wird, um die virtuellen Objekte zu ergreifen.
Zur Erfassung feinmotorischer Fähigkeiten, die Greifbewegungen zu Grun-

de liegen, wurde in den empirischen Studien (Untersuchungen zum Thema Greifen im realen Raum (S.57, ff) und Greifen im virtuellen Raum (S.141, ff) die „Motorische Leistungsserie" von Schoppe verwendet (siehe Kapitel 3.3 Motorische Leistungsserie, S.48).

## 2.3 Grundlagen Greifen

*We may be within a megaparsec (where a megaparsec is 3.1\*1024 cm) of calculating the distance to neighbouring galaxies (Paczynski, 1999), but we are a long way from understanding basic human behaviour.*

Mon-Williams und McIntosh (2000, S.268)

Menschliches Verhalten ist ein sehr weit gefasster Begriff. In seiner ursprünglichen Bedeutung bezeichnet er jede beobachtbare physische Aktivität eines Organismus (Häcker und Stapf, 2004, S.1002). Die vorliegende Arbeit beschäftigt sich unter anderem mit motorischem Verhalten beziehungsweise noch spezieller mit dem Greifverhalten des Menschen. Der Mensch besitzt zwei Hände mit denen er Dinge manipulieren kann. Im Laufe der Evolution hat sich die Fertigkeit der Hände immer weiter entwickelt und heute stehen sie uns im täglichen Leben zur Verfügung, um die mannigfaltigsten Aktionen auszuführen. Wir reiben uns die Augen mit ihnen, wenn wir wach werden, verwenden sie, um am Morgen Kaffee zu kochen, schreiben Briefe mit ihrer Hilfe und - wenn wir genau darüber nachdenken - gibt es wenig, was wir ohne die komplexen Bewegungen unserer Hände erledigen können. Greifbewegungen sind relativ gut erforscht und viele wissenschaftliche Disziplinen beschäftigen sich mit ihnen. Mediziner interessieren sich für Muskeln, Sehnen und Knochen der Hand, Ingenieure für die Übertragbarkeit des menschlichen Greifens auf Maschinen und Roboter, Informatiker für die Programmierung von Avataren[2] und (Neuro-) Psychologen interessieren sich für die motorische und neuronale Kontrolle von Greifbewegungen.

---

[2] Avatar ist ein Wort dessen Etymologie auf das Sanskrit Wort Avatara „Herabkunft" zurück geht, womit die Verkörperung eines Gottes auf Erden in den indischen Religionen gemeint ist. Der Begriff Avatar beschreibt entweder eine graphische Darstellung, eine Animation, eine Karikatur o. Ä. als persönliche Verkörperung eines Benutzers in virtuellen Welten (Zeller, 2005, S.79).

## 2 Allgemeiner theoretischer Hintergrund

In diesem Kapitel wird das Greifen aus psychologischer Sicht behandelt. Neben der in dieser Arbeit verwendeten Greifklassifikation, werden Aspekte der Planung von Greifbewegungen und Theorien zur motorischen Kontrolle des Greifens vorgestellt.

### 2.3.1 Klassifikation von Greifbewegungen

In der Literatur finden sich viele Greifklassifikationen, die aus den verschiedensten Disziplinen stammen (Cooney und Chao, 1977; Cutkosky und Howe, 1990; Elliott und Connolly; 1984; Griffiths, 1943; Iberall, Bingham und Arbib, 1986; Jacobson und Sperling, 1976; Kamakura, Matsuo, Ishii, Mitsuboshi und Miura, 1980; Kapandji, 1982; Kroemer, 1986; Lansmeer, 1962; Lister, 1977; Liu und Bekey, 1986; Lyons, 1985; McBride, 1942; Napier, 1956; Patkin, 1981; Schlesinger, 1919; Skerik, Weis und Flatt, 1971; Slocum und Pratt, 1946; Taylor, 1948). In der vorliegenden Arbeit wird zur Beschreibung des Greifens in den experimentellen Studien auf die Klassifikation von Cutkosky und Howe (1990) zurückgegriffen (Abbildung 2.3), welche die dichotome Einteilung in Präzisions- und Kraftgriff von Napier (1965) übernommen und erweitert haben.

Die 16 resultierenden Griffarten sind in Abbildung 2.3 dargestellt. Die Griffe 1 bis 9 fallen unter die Oberkategorie Kraftgriff, die wiederum danach unterteilt wird, ob ein Objekt ergriffen werden kann (greifbar) oder nur ohne Klemmfunktion der Hand gehalten oder gedrückt wird (nicht greifbar). Handelt es sich um letzteres, so resultiert daraus der erste Griff „Heben, Drücken" (Nr. 1). Eine weitere Einteilung erfolgt an dieser Stelle nicht. Objekte, die durch eine klemmende Handbewegung gegriffen werden können, dienen zur weiteren Unterteilung der Griffarten. Handelt es sich um ein dünnes Objekt, so resultiert ein seitliches Kneifen (Nr. 2). Bei runden Objekten unterscheidet man danach, ob eine Scheibe (Nr. 3) oder eine Kugel (Nr. 4) ergriffen wird und bei länglichen stabförmigen Objekten spricht man von kräftigem Umgriff (bei großem (Nr. 5) oder kleinem Durchmesser (Nr. 6)), mittlerem Umgriff (Nr. 7), Umgriff mit führendem Daumen (Nr.

2.3 Grundlagen Greifen

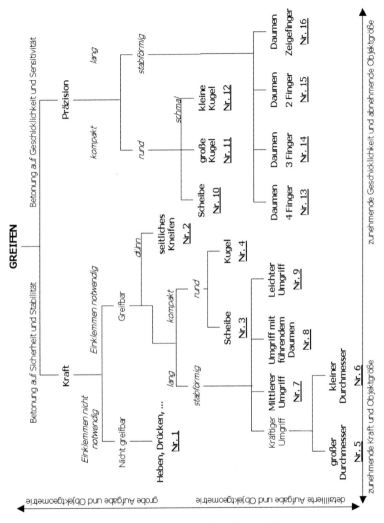

**Abbildung 2.3:** *Greifklassifikation nach Cutkosky & Howe (1990).*

8) und leichtem Umgriff (Nr. 9). Die restlichen Griffe 10 bis 16 fallen unter die Oberkategorie Präzisionsgriff. Hier wird unterschieden, ob es sich um ein rundes (Scheibe (Nr. 10), große Kugel (Nr. 11), kleine Kugel (Nr. 12)) oder stabförmiges Objekt handelt. Trifft letzteres zu, so erfolgt die weitere Kategorisierung nicht nach Objekteigenschaften, sondern nach der Anzahl der Finger, die neben dem Daumen an dem Griff beteiligt sind. Daraus resultieren vier weitere Griffe, bei denen vier (Nr. 13), drei (Nr. 14) oder zwei Finger (Nr. 15), bzw. nur der Zeigefinger (Nr. 16) involviert sind. Auf den ersten Blick erscheint diese Klassifikation an manchen Stellen inkonsistent, da die Kategorisierungskriterien innerhalb der einzelnen Unterkategorien wechseln. Bei runden Objekten erfolgt sowohl beim Kraftgriff, als auch beim Präzisionsgriff eine Einteilung nach Objekteigenschaften und im Gegensatz dazu bei stabförmigen Objekten eine Einteilung danach, mit wie viel Kraft (Kraftgriff) bzw. mit welchen Fingern (Präzisionsgriff) der Griff ausgeführt wird.

Für die theoretische Einbettung der Greifbewegungen in den empirischen Untersuchungen dieser Arbeit stellt die vereinfachte und ins Deutsche übersetzte Klassifikation von Cutkosky und Howe (1990) jedoch die ideale Basis dar (Abbildung 2.3).

## 2.3.2 Planung von Greifbewegungen

Stellt man sich nun eine einfache Aufgabe wie das Ergreifen eines Glases vor, so gibt es viele Einflussfaktoren, die für die korrekte Ausführung dieser alltäglichen Aufgabe eine entscheidende Rolle spielen. Selbst wenn das menschliche System erkannt hat, dass es sich bei einem Glas um ein stabförmiges Objekt handelt, das mit einem Präzisionsgriff ergriffen werden muss und die Anzahl der Finger sich danach bemisst, wie klein und fragil das Glas zu sein scheint, so gibt es dennoch eine Reihe unbekannter Faktoren, die wichtig für ein erfolgreiches Greifen sind. Das Wahrnehmungssystem muss die Entfernung zwischen Glas und Hand abmessen. Die Eigenschaften des Glases müssen beurteilt werden. Schließlich muss das zentrale Nervensystem die angemessenen motorischen Kommandos generieren, um

die Hand erfolgreich zum Glas zu führen und die Finger dazu zu veranlassen, sich mit genau dem richtigen Druck, genau an der richtigen Stelle um das Glas zu legen (Mon-Williams und McIntosh, 2000).
Laut MacKenzie und Iberall (1994) sind für die Planung von Greifbewegungen drei Aspekte wichtig. Objektspezifische und aufgabenspezifische Charakteristika müssen wahrgenommen, eine Greifstrategie muss ausgewählt und Position sowie Orientierung der Hand müssen geplant werden.
(1) Objektspezifisch unterscheidet man zwischen (a) intrinsischen und (b) extrinsischen Merkmalen, die sich wie folgt voneinander abgrenzen lassen. (a) Intrinsische Objektmerkmale definieren sich durch die physikalischen Merkmale eines Objekts und umfassen strukturelle Eigenschaften eines Objekts, wie Form, Größe, Gewicht, Oberflächenstruktur, Temperatur, Härte, etc. Sie werden visuell oder haptisch wahrgenommen. Während der Bewegungsplanung stehen allerdings nur visuelle Informationen zur Verfügung. Abhängig von den intrinsischen Objekteigenschaften erfolgt die Auswahl des Griffs (vgl. auch Abbildung 2.3). (b) Extrinsische Merkmale hingegen beziehen sich auf räumliche Eigenschaften eines Objekts innerhalb des egozentrischen Raums. Hier sind Distanz und Orientierung eines Objekts in Bezug auf den menschlichen Körper und falls sich das Objekt bewegt, Richtung und Geschwindigkeit dieser Objektbewegung zu nennen.
Im folgenden Beispiel werden verschiedene objektspezifische Eigenschaften veranschaulicht. Man nehme eine Henkeltasse mit heißem flüssigem Inhalt, die in einer Küche neben einer Spüle steht. Kategorial nach Cutkosky und Howe (1990) kommen für das Ergreifen der Tasse verschiedene Griffe in Frage. Seitliches Kneifen (Nr. 2), wenn der Henkel so klein ist, dass man ihn nur von außen anfassen kann, Umgriff mit führendem Daumen (Nr.6), wenn die Tasse am Henkel ergriffen werden soll und der Henkel es erlaubt, dass man die Finger durch ihn hindurch steckt, kräftiger Umgriff (Nr. 5), wenn es sich um eine besonders schwere und dicke Tasse handelt, kompakter Griff eines runden Objekts (Nr. 4), wenn man sehr unempfindliche Hände hat oder Präzisionsgriffe (Nr. 13 bis Nr. 16) in Abhängigkeit von Gewicht und Durchmesser der Tasse.
Intrinsische Objekteigenschaften scheinen hier also griffrelevant zu sein. Abzugrenzen von diesen objektspezifischen Eigenschaften sind (2) aufgabenspezifische Eigenschaften, die ebenfalls für die Bewegungsplanung ei-

ne entscheidende Rolle spielen. Bedenkt man in dem angeführten Beispiel auch die Manipulationen, die mit der Tasse ausgeführt werden können, so kommt man zu den aufgabenspezifischen Eigenschaften des Objekts. Es macht einen Unterschied, ob man aus der Tasse trinken, den Inhalt ausgießen, die Tasse über eine kleine oder große Distanz transportieren oder sie einfach nur kurz anheben möchte, um einen Unterteller unter sie zu stellen. Zusammenfassend kann an dieser Stelle festgehalten werden, dass zur erfolgreichen Planung von Greifbewegungen Objekteigenschaften und Aufgabenanforderungen gleichermaßen berücksichtigt werden müssen. Bei der Auswahl einer adäquaten Greifstrategie müssen sie dementsprechend einbezogen werden.

### 2.3.3 Kontrolle von Greifbewegungen

In der Psychomotorik existieren verschiedene Erklärungsansätze, die versuchen die Frage zu beantworten, wie die motorische Kontrolle von Greifbewegungen funktioniert. Im Folgenden werden die „visuomotor channel hypothesis" von Jeannerod (1988) und die „digit channel hypothesis" von Smeets und Brenner (1999) vorgestellt und im Anschluss daran gezeigt, welche der beiden Hypothesen empirische Greifdaten besser vorhersagt (Mon-Williams und McIntosh, 2000). Die traditionelle und auch etwas ältere Theorie von Jeannerod postuliert die Hypothese, dass die visuell motorischen Transformationen, die mit dem Hinlangen und Greifen verbunden sind, unabhängig voneinander kontrolliert werden. Das heißt, dass zwei separate Komponenten existieren, die zur Erzeugung der Transportkomponente (Handgelenk wird zum Objekt transportiert) auf der einen und der Greifkomponente (Finger ergreifen das Objekt) auf der anderen Seite verantwortlich sind. Es wird angenommen, dass die beiden Phasen getrennt voneinander gesteuert werden, allerdings gibt es Abhängigkeiten zwischen den Phasen. Zum Beispiel hängt die maximale Apertur (Greiföffnung zwischen Daumen und Zeigefinger) von der Geschwindigkeit ab mit der die Hand zum Objekt bewegt wird. Je schneller gegriffen werden muss, desto größer ist die Apertur (Wing, Turton und Fraser, 1986). Eine andere Abhän-

## 2.3 Grundlagen Greifen

gigkeit besteht zwischen dem Zeitpunkt des Öffnens und des Schließens der Finger und der Geschwindigkeit mit der die Hand bewegt wird. Jeannerod (1981, 1984) zeigte, dass die Distanz zwischen Daumen und Zeigefinger am größten ist, wenn die Hand zum Ende der Bewegung hin das Abbremsen beginnt.

Smeets und Brenner (1999) haben eine alternative Hypothese aufgestellt, die besagt, dass es separate visuomotorische Kanäle für die Finger und den Daumen gibt. Sie halten dem klassischen Ansatz von Jeannerod zu Gute, dass er mit seinen beiden Programmen die anatomischen Strukturen - Handgelenk und Finger - abbildet und diese mit den extrinsischen und intrinsischen Informationen korrespondieren. Der alternative Ansatz kann nicht mit einer derart ausgereiften Korrespondenz zwischen Anatomie und Information aufwarten. Aber er bietet einen anderen Vorteil, der darin besteht, dass er keine spezielle Bewegungskategorie benötigt, um das Greifen zu beschreiben. Smeets und Brenner sehen im Greifen nichts anderes, als das Zeigen von Daumen und Finger auf eine ausgewählte Position auf der Objektoberfläche. Der Ansatz geht davon aus, dass für die Finger, ausgehend von Objektform, Oberflächenbeschaffenheit, usw., eine adäquate Position am Objekt festgelegt wird und sich Daumen und Finger mehr oder weniger unabhängig zu dieser Position bewegen. Um dies zu modellieren, verwenden Smeets und Brenner den „Minimum-Jerk" Ansatz (Flash und Hogan, 1985), in dem die Finger und der Daumen ihre entsprechende Zielposition ungefähr orthogonal zur Oberfläche erreichen. Das Modell sagt voraus, wie experimentelle Variablen (Objektgröße, Bewegungsgeschwindigkeit, Fragilität des Objekts, erforderliche Genauigkeit) das Timing und die Größe der maximalen Apertur beeinflussen.

Schon Wing und Fraser (1983) nahmen an, dass nicht das Handgelenk, wie Jeannerod es behauptet, sondern der Daumen beim Greifen transportiert wird. Ein Argument dafür, dass die Planung der Daumenbewegung beim Greifen eine besondere Rolle spielt, ist die Entwicklungskurve der Variabilität des Daumenweges während der Bewegung (Haggard und Wing, 1997). Die Variabilität des Daumenweges nimmt nahe dem Objekt ab, während die des Handgelenks konstant bleibt. Da die Variabilität des Zeigefingers sich in einer ähnlichen Art entwickelt, wie die des Daumens, könnte man argumentieren, dass der Zeigefinger ebenfalls transportiert wird. Dies ist die Basis des Ansatzes von Smeets und Brenner (1999), die sich in ihrem Greifmodell vom klassischen Griff abgewendet haben.

Mon-Williams und McIntosh haben 2000 die beiden vorgestellten Modelle einander gegenübergestellt. Die „digit channel hypothesis" umgeht die Frage, welcher anatomische Teil der Hand die Transportkomponente kontrolliert, in dem sie davon ausgeht, dass beide - der Zeigefinger und der Daumen - transportiert werden. Zum anderen erlaubt der Ansatz, dass die Bewegungen der Finger durch bereits existierende Berechnungen zur motorischen Kontrolle, wie z.B. dem Minimum-Jerk-Modell, modelliert werden können. Smeets und Brenner beziehen die Kontaktpunkte am Objekt in ihre Hypothese mit ein, um einen Greifprozess zu beschreiben.

Obwohl diese Vorteile der „digit channel hypothesis" gegenüber der „visuomotor channel hypothesis" bestehen, stellen sich Mon-Williams und McIntosh die Frage, welche der beiden Hypothesen die Natur der Greifbewegung am besten widerspiegelt. Um die beiden Hypothesen gegeneinander zu testen, manipulierten Mon-Williams und McIntosh die Art und Weise in der eine Greifbewegung ausgeführt werden kann und betrachteten dann den Effekt der Manipulation hinsichtlich eines bekannten Merkmals der Systemorganisation (Bewegungszeit). Zu diesem Zweck verwendeten sie Fitts' Law (1954), welches besagt, dass sich die Bewegungszeit auf Basis einer loglinearen Funktion aus Targetgröße und Targetentfernung voraussagen lässt. Mathematisch lautet das Gesetzt $MT = a + b \log_2(2A/W)$ ($MT$ = Bewegungszeit, a und b = Regressionskoeffizienten, A = Distanz zwischen Bewegungsanfang und Target, W = Breite des Targets). Der Parameter $\log_2(2A/W)$ - auch „index of difficulty" (ID) - definiert das Verhältnis zwischen Targetentfernung und Targetgröße.

Wenn man sich vorstellt ein Glas Wein zu ergreifen, auf dessen linker Seite eine Flasche und auf dessen rechter Seite ein Glas Wasser steht, wird deutlich, dass das System die „Hindernisse" einberechnen muss, wenn das

Weinglas ergriffen werden soll und die Kommandos dementsprechend modifiziert werden müssen. Die Art und Weise, wie diese Kommandos modifiziert werden, sollte sich je nach dem unterscheiden, ob das motorische System zwei einzelne Finger (Smeets und Brenner, 1999) oder die zwei Greifkomponenten (Jeannerod, 1981) kontrolliert. Mon-Williams und McIntosh (2000) testeten die beiden Hypothesen, indem sie zeigten, in welchem Ausmaß die Hypothesen die Zeit vorhersagen können, die man dazu braucht, ein Objekt zu ergreifen, das sich neben einem Hindernis befindet. Laut der „visuomotor channel hypothesis" versucht das motorische System, die Distanz zwischen den Fingern mit der Targetgröße zu matchen. Die Größe der Apertur wird durch die Lücke zwischen den Hindernissen bestimmt, wenn man annimmt, dass das System sicherzustellen versucht, dass die Fingerdistanz kleiner als die Lücke zwischen den Hindernissen und größer als das Objekt ist. Demzufolge würde die „visuomotor channel hypothesis" vorhersagen, dass die Bewegungszeit von der Größe der Apertur dominiert wird. Im Gegensatz dazu würde die „digit channel hypothesis" nahe legen, dass die Bewegungszeit durch die Größe der „Öffnung" des Daumens ($G_t$) und die Größe der „Öffnung" des Zeigefingers ($G_i$) vorhergesagt wird. In diesem Fall wird allerdings die Anwendung von Fitts' Law komplizierter. Mon-Williams und McIntosh modifizierten aus diesem Grund die ursprüngliche Formel MT = a + b [$\log_2$ (2A/W)], damit Fitts' Law auf zwei Finger anwendbar wird. Die vereinfachte Formel lautet: $MT_i = c_i$ + $d_i$ ($ID_L+ID_R$)/2 (mit i = R oder L, R =Daumen und L= Zeigefinger). Diese modifizierte Formel besagt nun, dass die Bewegungszeit des Zeigefingers eine lineare Funktion des mittleren ID des Daumens und des Zeigefingerziels ist (($ID_L+ID_R$)/2). Wenn sich die beiden Finger synchron bewegen ($MT_R = MT_L$), dann sind $c_i$ und $d_i$ identisch für Daumen und Zeigefinger. Wann, Mon-Williams und Carson (1998) haben gezeigt, dass bimanuelle Bewegungszeiten gut mit einer Fitts' Law Gleichung beschrieben werden können, wenn diese den mittleren ID der beiden Ziele beinhaltet und die Anforderungen an die Aufmerksamkeit in der Aufgabe konstant gehalten werden. In dem Experiment von Mon-Williams und McIntosh (2000) wurde der ID der Daumentargetöffnung ($G_t$) konstant gehalten und so waren die Anforderungen an die Aufmerksamkeit für diesen Finger konstant.

Die Ergebnisse von Mon-Williams und McIntosh zeigen, dass die Bewegungszeit durch die Greiföffnung vorhergesagt werden kann, wie man es aufgrund der „visuomotor channel hypothesis" von Jeannerod erwarten würde. Aufgrund dieses Ergebnisses und der Tatsache, dass bei Perturbationsexperimenten die Auswirkungen einer Perturbation traditionell (siehe Paulignan, MacKenzie, Marteniuk und Jeannerod, 1991 a,b) hinsichtlich Transport- und Greifkomponente interpretiert werden, basieren die Hypothesen dieser Arbeit auf der „visuomotor channel hypothesis" und die Ergebnisse werden dementsprechend interpretiert.

## 2.4 Grundlagen Tiefenwahrnehmung

Da sich zwei der fünf experimentellen Untersuchungen dieser Arbeit mit Tiefenwahrnehmung im virtuellen Raum beschäftigen, werden in diesem Unterkapitel die Grundlagen der menschlichen Tiefenwahrnehmung zusammengefasst (siehe hierzu ausführlich: Goldstein, 2002; Mallot, 1998; Cutting und Vishton, 1995). Dem visuellen System stehen in der Realität eine Reihe von verschiedenen Informationen über die räumliche Tiefe zur Verfügung, die in virtuellen Anwendungen dazu genutzt werden, einen dreidimensionalen Eindruck künstlich zu erschaffen.

### 2.4.1 Informationsquellen

Zur Wahrnehmung räumlicher Tiefe stehen dem visuellen System vier Gruppen von Informationen zur Verfügung:

1. okulomotorische Informationen
2. monokulare Informationen
3. bewegungsinduzierte Informationen
4. stereoskopische Informationen

**1. okulomotorische Informationen für die räumliche Tiefe**
Da das menschliche Gehirn die Fähigkeit besitzt, die Konvergenzstellung und die Akkommodation unserer Augen auszuwerten, dienen die daraus resultierenden okulomotorischen Informationen als Tiefeninformation. Einerseits stammen diese Informationen aus Signalen, die in den beiden Augen entstehen, wenn diese sich einwärts oder auswärts drehen. Dies geschieht, wenn man Objekte in der Nähe oder der Ferne erfassen will. Man spricht von der Konvergenzstellung der Augen, die sich aus Konvergenz und Divergenz zusammensetzt. Andererseits greifen wir auf Tiefeninformationen zurück, die auf die Formänderung der Linse beim Fixieren, der sogenannten Akkommodation, zurückgehen. Das visuelle System entnimmt aus den

Steuerungs- und Rückmeldesignalen, die mit der Änderung der Konvergenz und der Akkommodation einhergehen, Tiefeninformationen, da die Augenstellung und die Linsenform systematisch mit dem Abstand des beobachteten Objekts zusammenhängen. Wichtig und auch wirksam sind diese Tiefeninformationen im Greifraum und bis zu etwa drei Meter Entfernung (Nagata, 1993; Cutting und Vishton, 1995; Mon-Williams und Tresilian, 1999; Tresilian, Mon-Williams und Kelly, 1999).

**2. monokulare Informationen für die räumliche Tiefe**
Die räumlichen Informationen, die sich z.B. aus einem Photo entnehmen lassen, nennt man monokulare Informationen. Sie entstehen aus den strukturellen Regelmäßigkeiten eines unbewegten Bildes, die uns Information über Entfernungen liefern. Für die Wahrnehmung dieser Information benötigt man nur ein Auge, deshalb auch monokulare Information.

Im Folgenden werden die verschiedenen monokularen Informationen, die in zweidimensionalen Bildern enthalten sein können, kurz vorgestellt.

*Verdecken von Objekten* - Verdeckt ein Objekt ein anderes, so wird das verdeckte Objekt als weiter hinten wahrgenommen. Hierbei muss beachtet werden, dass in diesem Fall keine Entfernungsinformation geliefert wird, es handelt sich nur um eine Information über die relative räumliche Tiefe.

*Relative Höhe im Gesichtsfeld* - Objekte unterhalb der Horizontlinie, die sich an höherer Position befinden, das heißt im Gesichtsfeld weiter oben erscheinen, nimmt man normalerweise als weiter entfernt wahr. Objekte oberhalb der Horizontlinie hingegen, z.B. die Wolken, erscheinen entfernter, wenn sie sich niedriger im Gesichtsfeld befinden.

*Relative Größe im Gesichtsfeld* - Zwei physikalisch gleichgroße Objekte, die in verschiedenen Entfernungen zum Betrachter stehen, nehmen unterschiedlich große Teile des Gesichtsfeldes ein. Das nähere Objekt „verbraucht" einen größeren Teil des Gesichtsfeldes und diese Regelmäßigkeit der relativen Größe liefert uns räumliche Tiefeninformation.

*Atmosphärische Perspektive* - Da die Luft kleine Partikel (Staub, Wassertröpfchen, Verschmutzungen) enthält, sieht man entfernte Objekte weniger scharf. Man spricht von atmosphärischer Perspektive oder Luftperspektive.

*Gewohnte Größe von Gegenständen* - Das Wissen über die gewohnte Größe eines Objekts unter bestimmten Bedingungen beeinflusst unsere Entfernungswahrnehmung (vgl. Epstein, 1965), das heißt, sehen wir mehrere gleiche Objekte in verschiedenen Tiefen, deren Größe uns vertraut ist, liefert uns die Größe des retinalen Bildes Tiefeninformation.

*Lineare Perspektive* - Die lineare Perspektive ist ein geometrisches Phänomen, bei dem parallel laufende Linien mit zunehmender Entfernung konvergieren und sich schließlich in einem Fluchtpunkt vereinigen. Diese Konvergenz enthält Tiefeninformation. Bei Betrachtung von Bildern mit starker Perspektive ist die räumliche Wirkung stärker, wenn sie nur mit einem Auge betrachtet werden, da bei einäugigem Hinsehen der Konflikt zwischen fehlender Stereodisparität und perspektivisch angedeuteter Tiefe entfällt.

*Texturgradient* - Der Texturgradient ist eine ähnliche Auswirkung der Perspektive wie die Fluchtlinien, allerdings bezogen auf Muster und Texturen. Er kommt dadurch zustande, dass gleich weit voneinander entfernte und gleich große Objekte (besonders bei einer eher senkrechten oder waagerechten Anordnung) mit wachsender Entfernung näher zusammenrücken und den Eindruck der Tiefenausdehnung des Raumes verstärken.

### 3. bewegungsinduzierte Informationen für die räumliche Tiefe

Die bisher beschriebenen Tiefeninformationen sind unabhängig von Bewegung. Bewegungsinduzierte Tiefeninformationen stammen aus der Bewegung des Beobachters selbst und/oder aus der Bewegung von Objekten in der Umwelt. Schon Hermann von Helmholtz hat 1896 eine Situation beschrieben, in der die Wahrnehmung von Bewegung den räumlichen Tiefeneindruck verstärkt:

## 2 Allgemeiner theoretischer Hintergrund

*Wenn man zum Beispiel in einem dichten Wald still steht, ist es nur in undeutlicher und gröberer Weise möglich, das Gewirr der Blätter und Zweige, welches man vor sich hat, zu trennen und zu unterscheiden, welche diesem und jenem Baume angehört...So wie man sich aber fortbewegt, löst sich alles voneinander und man bekommt sogleich eine körperliche Raumanschauung von dem Walde, gerade so, als wenn man ein gutes stereoskopisches Bild desselben ansähe.*

Hermann von Helmholtz,
Handbuch der physilogischen Optik (1896, S.779-780)


Man unterscheidet zwei bewegungsinduzierte Tiefeninformationen: die Bewegungsparallaxe und das fortschreitende Zu- oder Aufdecken von Flächen.

*Bewegungsparallaxe* - Die relative Geschwindigkeit zwischen Betrachter und Objekt dient als Kriterium zur Wahrnehmung räumlicher Tiefe. Wenn wir uns bewegen, z.b. auch mit dem Auto oder dem Zug, wird dieser Effekt deutlich. Weit entfernte Objekte bewegen sich langsam an uns vorbei und Objekte in der Nähe bewegen sich schnell. Dieser Geschwindigkeitsunterschied nennt sich Bewegungsparallaxe und aus der auftretenden Differenz erhalten wir Informationen über die räumliche Tiefe der Umgebung.

*Fortschreitendes Zu- oder Aufdecken von Flächen* - Betrachtet man zwei Flächen in unterschiedlichen Entfernungen, so verursacht jede Bewegung, die nicht senkrecht zu diesen Flächen verläuft, ein Zu- oder Aufdecken der hinteren Fläche und es scheint, als würden die beiden Flächen sich relativ zueinander bewegen. Dieser Effekt ist vor allem bei der Betrachtung von Kanten besonders wirksam und hängt eng mit der Bewegungsparallaxe zusammen.

## 4. stereoskopische Informationen für die räumliche Tiefe

Die bislang vorgestellten Tiefeninformationen zählen zu den monokularen Tiefenkriterien, da sie auch bei der Betrachtung mit nur einem Auge Informationen über die räumliche Tiefe zur Verfügung stellen. Die einzige Ausnahme ist hier die Konvergenz, da sie auf der Stellung beider Augen beruht. Die im Folgenden vorgestellten stereoskopischen Tiefeninformationen sind maßgeblich daran beteiligt, dass der Mensch den Raum dreidimensional wahrnehmen und auch räumliche Distanzen unterscheiden kann. Stereoskopische Informationen gelten als Hauptquelle der dreidimensionalen Wahrnehmung. Da die beiden Augen mit leicht unterschiedlichen Blickwinkeln die Welt sehen und diese beiden retinalen Bilder zu einem verschmelzen, entsteht ein stereoskopisches Bild. Die Verschiebung der horizontalen Positionen einander entsprechender Bilder wird als binokulare Disparation oder auch Querdisparation bezeichnet (Abbildung 2.4).

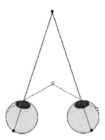

**Abbildung 2.4:** *Tiefenwahrnehmung: Veranschaulichung der Querdisparation*

Das visuelle System decodiert die Querdisparation und so entsteht Stereosehen (Stereopsis). Da das Stereosehen für die dreidimensionale Wahrnehmung im virtuellen Raum eine entscheidende Rolle spielt, wird im Folgenden kurz erläutert, wie die beiden separaten retinalen Bilder zu einem stereoskopischen Eindruck führen.

Wenn das visuelle System einen Punkt fixiert, so wird dieser Fixationspunkt in beiden Augen auf korrespondierenden Netzhautpunkten abgebildet (Abbildung 2.4). Diese Punkte besitzen denselben Ortswert im visuellen Kortex. Neben dem Fixationspunkt gibt es aber noch andere Punkte im Blickfeld, die auf korrespondierenden Netzhautpunkten abgebildet werden. Diese können geometrisch konstruiert werden und liegen alle auf einem Kreis durch den Fixationspunkt und die Brennpunkte der Augen. Der entstehende Kreis wird horizontaler Horopter oder auch Vieth-Müller-Kreis genannt und bildet mit dem vertikalen Horopter (Linie, die senkrecht zum Horopter steht) den theoretischen Horopter. Dieser weicht vom empirisch ermittelten Horopter ab, z.B. verringert sich die Krümmung des horizontalen Horopters mit zunehmender Entfernung des Fixationspunkts, da er nur geometrisch konstruiert ist. Verschiebt sich der Fixpunkt, so bewegt sich der Horopter entsprechend mit. Alle Punkte, die außerhalb des Horopters liegen, werden folglich auf nicht-korrespondierenden (disparaten) Netzhautpunkten abgebildet und es entsteht eine Abweichung zwischen den Punkten auf der rechten und linken Retina. Diese ist messbar und wird Querdisparationswinkel genannt. Liegen die nicht-korrespondierenden Netzhautpunkte innerhalb des Horopters, spricht man von gekreuzter Querdisparation, liegen sie außerhalb, von ungekreuzter Querdisparation. Zusammenfassend bedeutet dies, dass unser visuelles System zwei leicht verschiedene Bilder wahrnimmt, die fusioniert werden müssen. Hierbei stellt die Fusion korrespondierender Netzhautpunkte kein Problem dar, da diese sich nicht in ihrem Querdisparationswinkel unterscheiden. Der Fusion von nicht-korrespondierenden Netzhautpunkten sind allerdings Grenzen gesetzt. Der Bereich, in dem Einfachsehen möglich ist, also die Fusion disparater Netzhautpunkte, wird Panum-Areal genannt. Es handelt sich hier um eine ovale Region, die horizontal weiter ausgedehnt ist als vertikal. Objekte außerhalb dieses Areals werden als Doppelbilder wahrgenommen.

Um die beiden Bilder zu fusionieren, muss das visuelle System die beiden Netzhautbilder miteinander vergleichen und die Querdisparation der verschiedenen Punkte ermitteln. Dies wird unter dem Begriff Korrespondenzproblem zusammengefasst. Bis heute gibt es keine befriedigende Erklärung dafür, wie unser visuelles System diese Aufgabe löst (vgl. DeAngelis, 2000; Ohzawa, 1998; Julesz, 1995).

Ausgehend von der Frage, ob die Querdisparation allein für die Wahrnehmung räumlicher Tiefe verantwortlich ist oder ob ihr eine Objektidentifikation voraus geht, hat Bela Julesz (1971) Zufallsstereogramme (engl. random-dot stereograms) entwickelt, in denen keine monokularen Tiefeninformationen enthalten sind. Experimente zeigten, dass die Wahrnehmung räumlicher Tiefe allein auf die Querdisparation zurückgeführt werden kann. Im Zusammenhang mit der Tiefenwahrnehmung im virtuellen Raum, ist die Querdisparation ein entscheidendes Kriterium, da die künstlich erzeugten Bilder für das linke und das rechte Auge zu einem fusioniert werden müssen, um ein dreidimensionales Bild wahrnehmen zu können. Dies geschieht in den Experimenten der vorliegenden Arbeit mit Hilfe einer passiven Stereobrille, die die vom Beamer übereinander projizierten Bilder mit Hilfe eines Polarisationsfilters trennt (siehe Kapitel 3.1.1 Verwendete VR-Technologien - Hardware, S.42). Hierbei sind zwei weitere Faktoren von großer Bedeutung. Erstens muss das technische System wissen, wo sich der Kopf des Betrachters in Relation zur Projektionsfläche befindet, damit die richtige Perspektive der virtuellen Welt erzeugt werden kann, und zweitens muss der Augenabstand der Versuchsperson bekannt sein, damit eine adäquate Fusion der beiden Bilder gewährleistet ist.

Zusammenfassend kann an dieser Stelle festgehalten werden, dass die Tiefenwahrnehmung auf verschiedenen Informationsquellen beruht. Man geht davon aus, dass die Effektivität dieser Informationen hauptsächlich von der Entfernung und der Situation abhängig ist (Cutting und Vishton, 1995; Nagata, 1993). In Abbildung 2.5 wird veranschaulicht, welche Informationsquelle bei welcher Entfernung relevante Tiefeninformation liefert. Man erkennt deutlich, dass einige Informationsquellen eine höhere Tiefensensitivität bei geringeren Entfernungen haben. Cutting und Vishton (1995) klassifizierten drei Arten der Tiefenwahrnehmung in Abhängigkeit vom umgebenden Raum (engl. personal, action und vista space). Sie definieren den „personal space" als den Raum, der uns direkt umgibt und den wir mit unseren Händen erreichen können. Er endet bei 2 Metern. Dort fängt der „action space" an, der sich dadurch auszeichnet, dass in ihm individuelle öffentliche Aktionen stattfinden (z.B. Sprechen, Lehren, etc.). Er erstreckt sich bis 30 Meter und danach beginnt der „vista space", der den Rest des uns umgebenden Raumes einnimmt.
Anhand ähnlicher Kurven wie in Abbildung 2.5 berechneten Cutting und Vishton (1995) Rangreihen für die verschiedenen Tiefenhinweisreize in den

drei Räumen und kamen zu dem Ergebnis, dass Verdeckung in allen drei Räumen eine dominante Rolle spielt (jeweils Rang 1). Im „action space" folgen relative Höhe (Rang 2) und relative Größe im Gesichtsfeld (Rang 3,5), sowie Bewegungsparallaxe (Rang 3,5). Im „vista space" dominieren ebenfalls relative Größe (Rang 2) und relative Höhe (Rang 3) im Gesichtsfeld. Diese beiden in der Entfernung bedeutenden Informationen sind allerdings für den „personal space" nur von untergeordneter Bedeutung. Hier nehmen Querdisparation und Stereopsis den zweiten Rang ein und Bewegungsparallaxe Rang drei.

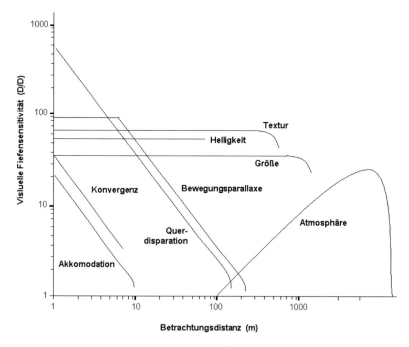

**Abbildung 2.5:** *Tiefenwahrnehmung: Die Effektivität der verschiedenen Tiefeninformationen als Funktion der Distanz. Adaptiert von Nagata (1993).*

Aus den Ergebnissen von Nagata (1993) und Cutting und Vishton (1995) kann also abgeleitet werden, dass man bei der Erforschung der menschlichen Tiefenwahrnehmung unterschiedliche Räume berücksichtigen sollte. In der vorliegenden Arbeit wird zur Unterscheidung der verschiedenen Räume das Modell von Previc (1998) herangezogen, welches aus der Aufmerksamkeitsforschung stammt und zwischen peripersonalem Raum (Greifraum, < 100 cm) und extrapersonalem Raum (> 100 cm) differenziert.

# 3 Allgemeiner Methodenteil

## 3.1 Verwendete VR-Technologien

Aufgrund des multimodalen Anspruches von VR-Applikationen werden die verschiedensten Ausgabegeräte im virtuellen Raum eingesetzt. Hierbei geht es darum, dem Menschen die virtuelle Welt so real wie möglich zu präsentieren. Ganz allgemein kann man zwischen visuellen, auditiven und haptischen Ausgabegeräten unterscheiden. Innerhalb dieser Kategorien spricht man auch von stationären, kopfbasierten und handbasierten Ausgabegeräten (Sherman und Craig, 2003). Betrachtet man z.b. den visuellen Kanal, so würde man bei einer Rückwandprojektion von einem stationären visuellen Ausgabegerät sprechen und bei einem Head-Mounted Display (HMD) von einem kopfbasierten visuellen Ausgabegerät. Betrachtet man den auditiven Kanal, so wären Lautsprecher den stationären auditiven und Kopfhörer den kopfbasierten auditiven Ausgabegeräten zuzuordnen. Im haptischen Bereich hingegen wird meistens mit handbasierten Geräten (z.B. Datenhandschuh) gearbeitet.

Da die interaktive Präsentation von virtuellen Welten nur dann gewährleistet werden kann, wenn der Computer Informationen über den Benutzer erhält, unterscheidet man bei den Eingabegeräten ebenfalls zwei große Kategorien: (1) Tracking, damit der Computer den Benutzer „sehen" kann und weiß, wo sich der Mensch im virtuellen Raum befindet und (2) Sprach- und Sounderkennung, damit der Computer den Menschen „hören" und auf sprachliche Befehle reagieren kann.

## 3.1.1 Hardware

**Ausgabegeräte**

In dieser Arbeit wurde ein stationäres visuelles Ausgabegerät verwendet, das mit Rückwandprojektion arbeitet. Bei Rückwandprojektionen wird in Richtung des Betrachters projiziert, das heißt, die Projektionsfläche steht zwischen dem Projektionsgerät und dem Betrachter. Zwei seitenverkehrte Bilder - auch stereoskopische Halbbilder genannt - werden von hinten auf eine transmissive Wand projiziert und der Betrachter sieht mit Hilfe einer aktiven oder passiven Stereobrille[1] ein immersives dreidimensionales Bild. Die Projektionswand, die in den Untersuchungen zum Einsatz kam, hat eine Breite von 2,40 m und eine Höhe von 1,80 m. Die stereoskopischen Halbbilder werden mit einem Stereobeamer der Marke TAN (Modell: DLP X1) von hinten auf die Projektionsfläche geworfen. Eine schematische Abbildung des Versuchsaufbaus ist in Abbildung 3.1 dargestellt.

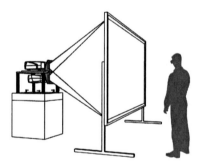

**Abbildung 3.1:** *Perturbationsexperimente: Schematischer Versuchsaufbau bestehen aus Stereobeamer und Projektionswand*

Die Versuchspersonen tragen während der Experimente in der virtuellen Realität eine passive Stereobrille (INFITEC™). Das bedeutet, dass die beiden stereoskopischen Halbbilder, die von dem Beamer übereinander projiziert werden, mit Hilfe eines Polarisationsfilters getrennt werden.

---

[1] aktive Verfahren beruhen auf Zeitmultiplexverfahren und passive Verfahren auf Polarisationsfiltertechniken

**Eingabegeräte**
In den Untersuchungen zur Tiefenwahrnehmung im virtuellen Raum (S.82, ff) wurde mit einem elektromagnetischen Trackingsystem der Firma Ascension Technology Corporation (Flock of Birds®) gearbeitet. Elektromagnetische Trackingsysteme nutzen eine magnetische Kopplung zwischen dem Sender und dem Empfänger zur Positionsbestimmung des Empfängers. Der Sender strahlt ein schwaches magnetisches Vektorfeld aus, das in den Receiverspulen des Empfängers eine Spannung induziert. Durch die Verarbeitung der Empfängersignale in einer Elektronikeinheit können die Position und die Orientierung des Empfängers relativ zum Sender berechnet werden. Für das elektromagnetische Kopftracking in dieser Arbeit wurde der Empfänger an der Stereobrille befestigt. Nachteil dieser Trackingmethode ist die Kabelverbindung zwischen Sender und Empfänger.

In den Untersuchungen zum Thema Greifen im virtuellen Raum (S.141, ff) wurden die Kopf- und Greifbewegungen per optischem Tracking aufgezeichnet. Hierzu wurde das Motion Capture System der Firma Qualisys mit der dazugehörigen Software QTM verwendet (siehe Abschnitt 3.2.1 Optisches Trackingsystem - Qualisys, S.45). Vorteil dieser Methode ist zum einen ein kabelloses Tracking und zum anderen die Möglichkeit das Kopftracking und die Aufzeichnung der Greifbewegungen mit einem einzigen System auszuführen.

### 3.1.2 Software

Für alle virtuellen Experimente in dieser Arbeit wurde die ReactorMan Software - ein Teil des NeuroMan Systems (Valvoda, Assenmacher, Dohle, Kuhlen und Bischof, 2003; Valvoda, Kuhlen, Wolter, Armbrüster, Spijkers, Vohn, Sturm, Fimm, Graf, Heber, Nuerk und Willmes, 2005) - zur Erstellung der virtuellen Welten verwendet.

ReactorMan ist eine Software, die eine einfache Programmierung von VR-basierten Experimenten ermöglicht. Die resultierenden experimentellen Paradigmen sind hardwareunabhängig, da das NeuroMan System ein Teil des von der „Gruppe für Virtuelle Realität der RWTH Aachen" entwickelten

VR-Toolkits ViSTA[2] und seinen multimedialen Ergänzungen ist (Assenmacher, Kuhlen, Lentz und Vorländer, 2004). ViSTA ist eine Softwareplattform, die es erlaubt VR-Technologien (z.B. immersive Ausgabesysteme, Motiontracker, haptische Ausgabegeräte) und interaktive 3D-Visualisierungen in technische und wissenschaftliche Applikationen zu integrieren. ViSTA wurde als objektorientierte (C++) Cross-Plattform-Softwarebibliothek implementiert, läuft auf verschiedenen Betriebssystemen (Windows, Sun Solaris, Linux) und nutzt Szenegraphfunktionalität von externen Bibliotheken. Hierbei kann auf das kommerzielle WorldToolKit (WTK) oder das unter der GPL-Lizenz vertriebene OpenSG zurückgegriffen werden (van Reimersdahl, Kuhlen, Gerndt, Henrichs und Bischof, 2000). Das NeuroMan System (inklusive ReactorMan und Path-Man) wurde entwickelt, um (neuro-) psychologische Experimente im virtuellen Raum durchführen zu können. Die Experimente werden in Skripten definiert, die einerseits die Struktur eines psychologischen Experiments aufweisen (Sessions, Blocks, Trials, Szenen) und andererseits Informationen über das Laufverhalten der Software, Reaktionen auf Ereignisse und Interaktionsgeräte zur Verfügung stellen (Valvoda, Assenmacher, Kuhlen und Bischof, 2004; Wolter, Armbrüster, Valvoda und Kuhlen, 2007).

## 3.2 Aufzeichnung und Analyse von Bewegungen

In den Untersuchungen zum Thema Greifen (real: S.57, ff; virtuell: S.141, ff) werden Bewegungen der Hand aufgezeichnet und analysiert. Im Folgenden werden das verwendete optische Trackingsystem (Qualisys mit der dazugehörigen QTM-Software) und die selbst entwickelte Datenverarbeitungssoftware PsycheMove3D vorgestellt.

---

[2]Virtual Reality Software for Scientific and Technical Applications

## 3.2.1 Optisches Trackingsystem - Qualisys

Grundlage optischer Trackingsysteme sind photogrammetrische[3] Verfahren mit einer Stereoanalyse der Bilddaten von zwei oder mehr Kameras. Stereoanalysen werden z.b. in der Robotik zur Rekonstruktion von Objektoberflächen im dreidimensionalen Raum genutzt. Im Gegensatz zu den Anwendungen in der Robotik ist es für eine Bewegungsaufzeichnung nicht notwendig, die gesamte Objektoberfläche zu rekonstruieren. Es reichen einige markante Punkte auf der Objektoberfläche aus, die allerdings zur Erfassung der Objektbewegung mit einer möglichst hohen Bildfrequenz (25 - 1000 Bilder pro Sekunde) abgetastet werden sollten. Um die Verarbeitungszeit der Bilddaten möglichst gering zu halten, wird i.d.R. auf die Erfassung der gesamten Objektoberfläche verzichtet.

Im Vergleich zu elektromagnetischen Trackingsystemen, die auf dem Prinzip der elektromagnetischen Kopplung zwischen einem stationären Transmitter und einem oder mehreren beweglichen Receivern basieren, bestehen bei optischen Trackingsystemen die Sender aus reflektierenden oder selbst leuchtenden Punkten - den sog. Markern - die an dem Objekt angebracht werden. Die Empfänger bestehen aus optischen Sensoren (Lichtwandlern), für die in der Regel Videokameras mit CCD-Chip (=charge coupled devices) verwendet werden. Die optische Kopplung zwischen Sender und Empfänger erfolgt über elektromagnetische Strahlung im sichtbaren bis infraroten (IR) Wellenlängenbereich. Dabei wird von den meisten Systemen der IR-Spektralbereich (ca. 800 - 1000 nm Wellenlänge) bevorzugt, da hierdurch eine Überlagerung mit dem Umgebungslicht vermindert wird. So kann eine Irritation des Trackers vermieden werden. Verwendet man reflektierende Marker, wird eine zusätzliche Lichtquelle benötigt, die diese anstrahlt. Hierfür werden IR-Blitzlichtlampen verwendet, die mit der jeweiligen Kamera synchronisiert sind.

**Qualisys-System**

Das Qualisys-System verwendet ProReflex MCUs (Motion Capture Units).

---

[3] aus einem Bild wird die räumliche Lage bzw. dreidimensionale Form eines Objekts rekonstruiert.

Sie ermöglichen die Aufzeichnung jeglicher Art von Bewegung. Die ProReflex Technik fasst verschiedene Arbeitschritte der Bewegungsaufzeichnung in einer Hardwarekomponente zusammen. Die Kameras dienen der Belichtung, Bildgewinnung, Bildverarbeitung und dem Datentransfer zur QTM-Software (Qualisys Track Manager). Dieser kontrolliert das Setup und die Bedienung der Kameras und ist verantwortlich für das Updating der internen Kamerasoftware. Die ProReflex MCUs geben Infrarotlicht ab, das von reflektierenden Markern zurückgestrahlt und von den Kameras aufgezeichnet wird. Das 2-dimensionale Bild der Marker, welches die Kameras aufzeichnen, wird in Echtzeit von den MCUs digitalisiert. Während dieses Prozesses werden die 2-dimensionalen Koordinaten jedes Markermittelpunktes berechnet und in Echtzeit an den Hostcomputer transferiert. Die Daten mehrerer Kameras können dann zur Berechnung der 3-dimensionalen Position jedes Markers herangezogen werden. Die Messfrequenz des verwendeten Systems liegt bei 1 bis 240 Hz und die mögliche Messdistanz bei 0,2 bis 30 m je nach Markergröße. Neben der Verwendung von einzelnen Markern, von denen nur die Position berechnet werden kann, besteht auch die Möglichkeit 6DOF-Marker (DOF = degrees of freedom) zu verwenden. Diese liefern zusätzlich zur Position auch die Orientierung, da sie sich aus mehreren Markern zusammensetzen und die stabile Konfiguration die Berechnung der Orientierung im dreidimensionalen Raum ermöglicht. In Abbildung 3.2 ist eine Hand abgebildet, die mit zwei Einzelmarkern an Daumen und Zeigefinger und einem 6DOF-Marker am Handgelenk zur Aufzeichnung von Greifbewegungen vorbereitet wurde.

### 3.2.2 Datenverarbeitungssoftware - PsycheMove3D

PsycheMove3D ermöglicht die Weiterverarbeitung von Bewegungsdaten, die mit Hilfe eines markerbasierten Motion Capture Systems aufgezeichnet wurden. Das Programm wurde am Institut für Psychologie in Zusammenarbeit mit Malte Weiß entwickelt (Microsoft Visual Studio, C++ 6.0, OpenGL). Die Funktionalität des Programms gliedert sich in die Bereiche Datenaufbereitung und Datenanalyse.

## 3.2 Aufzeichnung und Analyse von Bewegungen

**Abbildung 3.2:** *Hand mit Einzelmarkern an Daumen und Zeigefinger und einem 6DOF-Marker (von der A.R.T. GmbH) am Handgelenk.*

**Datenaufbereitung** - Während des Einlesens der x-, y- und z-Koordinaten und den zugehörigen Messzeitpunkten berechnet PsycheMove3D automatisch die entsprechenden zweidimensionalen und dreidimensionalen Geschwindigkeiten und Beschleunigungen pro Messzeitpunkt. Diese werden in einer Grundmatrix in Tabellenform dargestellt. Zur Visualisierung der Bewegungen stehen eine zweidimensionale und eine dreidimensionale Ausgabe zur Verfügung. Die zweidimensionale Ausgabe liefert neben den Bewegungsverläufen pro Achse auch die Verläufe der Geschwindigkeiten und Beschleunigungen der aufgezeichneten Marker. In weiteren Aufbereitungsschritten kann der Bereich der Daten, der analysiert werden soll, eingeschränkt werden. Dies geschieht entweder anhand des Messzeitpunktes (Frame), einem zu definierenden Geschwindigkeitswert oder der Distanz zwischen einem Start und Zielpunkt, die spezifiziert werden muss. Eine andere Möglichkeit, die Daten zu bearbeiten, besteht in der Segmentierung der Daten nach kinematischen Werten (z.B. Geschwindigkeit, Distanz) oder anhand einer kodierten Variable, die in der Grundmatrix enthalten sein muss. Des Weiteren stehen verschiedene Interpolations- und Filteroptionen zur Verfügung, mit denen die Rohdaten bearbeitet werden können. Zum jetzigen Entwicklungszeitpunkt sind eine Spline Interpolation, sowie ein Butterworth Low Pass Filter, ein Gauss Filter und ein Kaiserfenster FIR Low Pass Filter implementiert. Für die Datenfilterung in der vorliegenden Arbeit wurde für die Daten aus der Untersuchung zum Thema Greifen im realen Raum, die mit 240 Hz aufgezeichnet wurden, ein Butterworth Low Pass Filter (Cut-off Frequenz: 10 Hz, Ordnung: 4) und für die Daten aus den Untersuchungen zum Greifen im virtuellen Raum, die mit 30 Hz aufgezeichnet wurden, ein Gauss Filter (Zeitfenster 500 ms) verwendet.

**Datenanalyse** - Aus der Grundmatrix können 34 kinematische Parameter berechnet werden, die in Tabellenform ausgegeben werden und in SPSS eingelesen werden können. Die Parameter lassen sich in drei Gruppen einteilen:

*Zeitliche Parameter* - hierzu zählen Reaktionszeiten und Bewegungszeiten, die anhand der Trajektorien bestimmt werden können.

*Räumliche Parameter* - sie umfassen Parameter wie Winkel und Abstände zwischen bestimmten Markern (z.B. Apertur) und zurückgelegte Distanzen (= lineare Entfernung) und Wege (= dreidimensionale Entfernung) zwischen bestimmten Messzeitpunkten.

*Höchstwerte* - eine dritte Gruppe bilden die Höchstwerte (Geschwindigkeit, Beschleunigung, Abbremsung, Winkel, Apertur), die pro definiertem Segment ausgegeben werden.

Es besteht die Möglichkeit, Analysemuster bestehend aus einer Zahl beliebiger Parameter festzulegen und abzuspeichern.

## 3.3 Motorische Leistungsserie (MLS)

Zur Erfassung feinmotorischer Fähigkeiten, die Greifbewegungen zu Grunde liegen, wurde in den empirischen Greifstudien die Motorische Leistungsserie (MLS) verwendet. Die Ergebnisse der MLS werden in der vorliegenden Arbeit vorwiegend dazu verwendet zu gewährleisten, dass sich die Versuchspersonengruppen hinsichtlich ihrer feinmotorischen Fähigkeiten nicht voneinander unterscheiden und somit Gruppenvergleiche möglich sind. Die

## 3.3 Motorische Leistungsserie (MLS)

Motorische Leistungsserie ist eine Testbatterie der Feinmotorik, die Schoppe in Anlehnung an Fleishmans faktorenanalytische Untersuchungen (1962, 1964) entwickelt hat. Folgende sechs Faktoren der Feinmotorik werden durch die MLS erfasst:

- Aiming (Zielen)
- Steadiness (Handruhe, Tremor)
- Präzision von Arm - Handbewegungen
- Handgeschicklichkeit und Fingerfertigkeit
- Geschwindigkeit von Arm- und Handbewegungen
- Handgelenk - Fingergeschwindigkeit

**Theoretischer Hintergrund** - Häufig wird in der Motorik zwischen Grob- und Feinmotorik unterschieden. Meinel und Schnabel (1976) sowie Teipel (1988) streichen als wesentliche Aspekte feinmotorischer Bewegungen den kleinräumigen Bewegungsablauf mit vergleichsweise geringem Kraftaufwand aber hohen Anforderungen an Präzision oder Schnelligkeit heraus, während bei grobmotorischen Bewegungen mehr Muskelpartien bzw. der ganze Körper beteiligt sind (Baedke, 1980; Kiphard, 1989). In einer Zusammenfassung seiner Arbeiten nennt Fleishman (1972) folgende elf Faktoren der Feinmotorik: Handgelenk - Fingergeschwindigkeit, Fingerfertigkeit, Geschwindigkeit der Armbewegung, Zielen, Haltungskonstanz von Armen und Händen, Reaktionszeit, Koordination mehrerer Körperglieder, Handfertigkeit, Kontrolle der Geschwindigkeit, Bewegungsorientierung und Präzision der Bewegungskontrolle. Diese Faktoren werden als Fähigkeiten betrachtet, die teils auf die biologische Ausstattung, teils auf frühere Erfahrung und Übung zurückgeführt werden.

Die computergestützte Motorische Leistungsserie (MLS) ist Teil des Wiener Testsystems der Firma Schuhfried (Mödling, Österreich). Sie steht in drei verschiedenen Formen zur Verfügung: S1 - Standardform nach Schoppe und Hamster mit 17 Subtests, S2 - Kurzform nach Sturm und Büssing mit 8 Subtests und S3 - Kurzform nach Vassella mit 10 Subtests. Zur Ausführung benötigt man die Hardware- und Softwarekomponenten des Wiener Testsystems.

## 3 Allgemeiner Methodenteil

**Aufgaben der MLS** - Im Folgenden werden die Aufgaben der Standardform der MLS nach Schoppe und Hamster vorgestellt. Hierbei handelt es sich um fünf Aufgaben, die einhändig und wenn möglich beidhändig bearbeitet werden müssen. Für die Durchführung der Aufgaben wird die MLS-Arbeitsplatte benötigt (Abbildung 3.3).

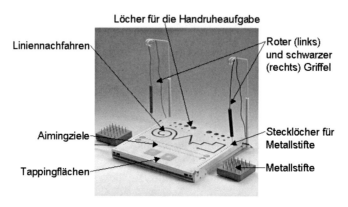

**Abbildung 3.3:** *Motorische Leistungsserie: Arbeitsplatte (www.schuhfried.co.at/deu/wfs/ mls.htm, 22.11.2006)*

Die Arbeitsplatte hat eine Größe von 30 x 30 x 1,5 cm und bietet mit ihren Bohrungen, Fräsungen und Kontaktflächen sowie den beiden Griffeln (Durchmesser 2 mm) und den zugehörigen Metallstiften die Grundlage für die Messung der feinmotorischen Fähigkeiten. Bei der Durchführung der Aufgaben in der Standardform (S1) ist die Arbeitsplatte horizontal eingestellt und der Drehwinkel beträgt 0 Grad, das heißt, die Platte zeigt während der Bearbeitung mit den beiden Tappingflächen Richtung Versuchsperson (vgl. Abbildung 3.3).
Die motorische Leistung wird in den Aufgaben Steadiness (Handruhe), Liniennachfahren, Aiming (Zielen), Umstecken und Tapping erfasst.

*Steadiness (ein- und beidhändig)* - In diesem Subtest wird die Fähigkeit überprüft, Arm- und Handstellungen präzise einzunehmen und beizubehalten, wobei für die Bearbeitung weder Kraft noch Geschwindigkeit eine Rolle spielen. Hierzu wird der Griffel (Durchmesser: 2 mm) senkrecht 32

Sekunden lang in das kleinste der Löcher für die Handruheaufgabe (siehe Abbildung 3.3) gesteckt (Durchmesser 4.8 mm), ohne dass dabei die Seitenwände oder die Arbeitsplatte berührt werden dürfen. Jede Berührung wird als Fehler aufgezeichnet (Präzisionsvariablen: Fehlerzahl und Fehlerdauer (= Dauer des Berührens)).

*Liniennachfahren (einhändig)* - Beim Liniennachfahren wird die Präzision der Arm-Hand-Bewegung erfasst. Es ist die einzige Aufgabe der MLS, die nicht beidhändig ausgeführt werden kann. Die Versuchsperson muss mit dem Griffel so schnell und akkurat wie möglich eine 5 mm breite ausgefräste Linie (siehe Abbildung 3.3) von rechts nach links nachfahren ohne dabei die Arbeitsplatte zu berühren. Wie in der Steadiness-Aufgabe werden die Präzisionsvariablen Fehlerzahl und Fehlerdauer und zusätzlich die Geschwindigkeitsvariable Gesamtbearbeitungsdauer bestimmt.

*Aiming (ein- und beidhändig)* - Der Subtest Aiming dient zur Überprüfung kleinräumiger Bewegungen, die hohe Anforderungen an die Auge-Hand-Koordination stellen. 20 auf einer Linie angeordneten Messingkreise (Durchmesser 5 mm, Abstand 4 mm) müssen so schnell wie möglich nacheinander mit dem Griffel angetippt werden, ohne dass dabei die Arbeitsplatte berührt werden darf. Als Präzisionsvariablen werden in dieser Aufgabe Fehlerzahl, Fehlerdauer und Trefferzahl bestimmt, sowie als Geschwindigkeitsvariable die Gesamtdauer.

*Umstecken (ein- und beidhändig)* - Beim Stiftumstecken wird die Hand- und Fingergeschicklichkeit getestet. Hierzu müssen 25 kurze (10 mm) und 25 lange Stifte (50 mm), die sich in Behältern links und/oder rechts neben der Arbeitsplatte befinden, so schnell wie möglich in die Stecklöcher für Metallstifte (siehe Abbildung 3.3) gesteckt werden. Der Behälter für die kleinen Stifte steht dabei 10 cm von der Arbeitsplatte entfernt, der für die großen Stifte 30 cm. In dieser Aufgabe wird nur die Geschwindigkeitsvariable Gesamtdauer aufgezeichnet.

*Tapping (ein- und beidhändig)* - Mit der Aufgabe Tapping wird die die Geschwindigkeit von Handgelenk und Finger erfasst (Handgelenk-Finger-Geschwindigkeit), indem aufgezeichnet wird, wie häufig innerhalb von 32 Sekunden mit dem Griffel die Tappingfläche (4x4 cm) berührt wird (Präzisionsvariable: Trefferzahl).

Aus diesen fünf verschiedenen Aufgaben und der Art der Bearbeitung (einhändig und beidhändig) resultieren die 17 Subtests, deren Ergebnisse in der Standardform (S1) nach Schoppe und Hamster die in Tabelle 3.1 aufgelisteten MLS-Faktoren definieren.

| MLS-Faktor | MLS-Aufgaben |
|---|---|
| (1) Zielgerichtetheit der Bewegung | Aiming (F, FD, TR) |
| (2) Handruhe, Tremor | Steadiness (F, FD) |
| (3) Präzision von Arm-Hand-Bewegungen | Liniennachfahren (F, FD) |
| (4) Handgeschicklichkeit und Fingerfertigkeit | Stifte umstecken (GD) |
| (5) Geschwindigkeit von Arm-Hand-Bewegungen | Aiming (GD), Liniennachfahren (GD) |
| (6) Handgelenk-Finger-Geschwindigkeit | Tapping (TR) |

**Tabelle 3.1:** *Motorische Leistungsserie: MLS-Faktoren und ihnen zu Grunde liegende Aufgaben der MLS (F= Fehlerzahl, FD= Fehlerdauer, GD= Gesamtdauer, TR= Treffer)*

Die Ausgabe der Ergebnisse umfasst pro Aufgabe die Präzisions- und Geschwindigkeitsvariablen, sowie die verfügbaren T-Werte und Prozentränge, die sich aus dem Vergleich mit einem Teil der Eichstichprobe „Patienten ohne neurologische Symptomatik" (Auswahl nach Alter) ergeben, außerdem T-Werte und Prozentränge für die Faktoren 2 bis 6 bezüglich der rechten Hand.

Die Kurzform der MLS von Sturm und Büssing (S2) beinhaltet nur die Subtests Steadiness, Liniennachfahren, Aiming und Tapping. Bei der Erstellung der Testform S2 hielten sich Sturm und Büssing mit zwei Ausnahmen an die Standardversion von Schoppe (1974): beim Liniennachfahren und beim Aiming mit der linken Hand wurde die Durchführung so verändert, dass die Bewegung von links nach rechts zur Körpermitte hin ausgeführt wird. Diese Änderung erfolgte in Anlehnung an Untersuchungen von Wyke (1969) zum Einfluss der Bewegungsrichtung auf die Schnelligkeit bilateraler Armbewegungen. Demnach scheinen Bewegungen zur Körpermitte hin einander äquivalent zu sein. Dies entspricht auch Befunden von Reed und Smith (1961), die bei Kindern eine Vorliebe für einander äquivalente Bewegungen festgestellt haben. Die Ergebnisausgabe der Testform S2 beinhaltet dieselben Variablen und Werte, wie die der Testform S1, allerdings werden für S2 keine Faktorenwerte ausgegeben.

## 3.4 Testbatterie zur Aufmerksamkeitsüberprüfung (TAP)

Die Testbatterie zur Aufmerksamkeitsprüfung (TAP) von Zimmermann und Fimm (2002) ist ein computergestütztes psychologisches Testsystem, das im Bereich der Aufmerksamkeitsdiagnostik eingesetzt wird. Mit der TAP können unterschiedliche Teilaspekte der Aufmerksamkeit bei Kindern und Erwachsenen überprüft werden. Zur Erfassung grundlegender Aspekte der Aufmerksamkeit wurden in den Untersuchungen zum Thema Greifen im virtuellen Raum (S.141, ff) drei Aufgaben der TAP (Alertness, Augenbewegungen und Verdeckte visuelle Aufmerksamkeitsverschiebung) als Vortests verwendet, um zu gewährleisten, dass die experimentellen Ergebnisse nicht durch Aufmerksamkeitsdefizite oder Unterschiede zwischen den Versuchspersonen konfundiert sind. Die TAP umfasst 13 verschiedene Verfahren, die spezifische Teilfunktionen der Aufmerksamkeit prüfen:

- Alertness
- Arbeitsgedächtnis
- Augenbewegungen
- Daueraufmerksamkeit
- Flexibilität
- Gesichtsfeld- bzw. Neglectprüfung
- Geteilte Aufmerksamkeit
- Go/Nogo-Test
- Inkompabilität
- Intermodaler Vergleich
- Verdeckte visuelle Aufmerksamkeitsverschiebung
- Vigilanztest
- Visuelles Scanning

In den folgenden Abschnitten werden der theoretische Hintergrund und die verwendeten Verfahren der TAP vorgestellt.

**Theoretischer Hintergrund** - Eine grundlegende Voraussetzung für die allgemeine Leistungsfähigkeit des kognitiven Systems ist eine intakte Aufmerksamkeitsfunktion. Betrachtet man den Begriff Aufmerksamkeit nach der Kategorisierung von van Zomeren und Brouwer (1994) so stellt man fest, dass Aufmerksamkeit ein vielschichtiges Konstrukt ist. Van Zomeren und Brouwer teilen Aufmerksamkeit in die Aspekte Selektivität und Intensität ein. Selektive Aspekte der Aufmerksamkeit sind geteilte und fokussierte Aufmerksamkeit und Aspekte der Intensität längerfristige Aufmerksamkeit (Daueraufmerksamkeit und Vigilanz) und Reaktionsbereitschaft. Die Reaktionsbereitschaft (auch Aufmerksamkeitsaktivierung oder Alertness) kann wiederum in den Zustand allgemeiner Wachheit (tonische Alertness) und die Fähigkeit, das allgemeine Aufmerksamkeitsniveau hinsichtlich eines antizipierten Ereignisses kurzfristig zu steigern (physische Alertness), unterteilt werden. Die Untertests der TAP bilden diese Aspekte der Aufmerksamkeit ab.

Im klinischen Kontext sind Beeinträchtigungen der Aufmerksamkeits- und Konzentrationsleistung häufig Folgen traumatischer Hirnschädigungen oder degenerativer oder psychopathologischer Funktionsstörungen. Da die Aufmerksamkeit keine einheitliche Funktion ist, sondern sich aus spezifischen Teilfunktionen zusammensetzt (vgl. van Zomeren und Brouwer, 1994), die den Informationsfluss im kognitiven System kontrollieren, bietet sich für die differentielle Diagnostik die Verwendung einer Sammlung von Verfahren an. Eine solche Sammlung stellt die TAP zur Verfügung. Die Tests orientieren sich an den primären Bedürfnissen neuropsychologischer Diagnostik und zeichnen sich durch eine geringe Komplexität aus, das heißt, es werden einfache Reaktionszeitparadigmen verwendet, die selektive Reaktionen auf einfache, gut diskriminierbare, sprachfreie Reize erfordern.

**Verfahren der TAP** - Die TAP setzt sich aus 13 Untertests zusammen, die wahlweise, abhängig vom diagnostischen Kontext, eingesetzt werden können. Im Folgenden werden die Verfahren kurz vorgestellt, die in den Untersuchungen zum Thema Greifen im virtuellen Raum (S.141, ff) zum Einsatz kommen. Es handelt sich dabei um zwei Testverfahren, welche die Selektivität von Aufmerksamkeit messen (Augenbewegungen und Verdeckte visuelle Aufmerksamkeit) und um ein weiteres Verfahren, das Intensitätsaspekte der Aufmerksamkeit überprüft (Alertness). Die Informationen stammen von Firma Siemens (Produkthomepage MLS).

*Augenbewegungen* - Die Ausrichtung der Augen auf einen relevanten Ausschnitt des Gesichtsfelds gehört zu den effektivsten Funktionen selektiver Informationsaufnahme. Durch das Auslösen einer sakkadischen Augenbewegung wird ein als relevant erachteter Ausschnitt einer detaillierten visuellen Analyse zugeführt, bzw. durch die Unterdrückung eines Blicksprungs in einer Situation fokussierter Aufmerksamkeit wird dem Einfluss von ablenkenden Bedingungen entgegengewirkt. In dem Test muss die Versuchsperson per Tastendruck entscheiden, ob sie einen Zielreiz gesehen hat. Die Zielreize können in der Mitte des Bildschirms, rechts oder links erscheinen. Entweder erscheinen die Zielreize einzeln oder in Kombination mit einem zweiten Reiz. Um die Reize rechts und links zu sehen, müssen Augenbewegungen ausgeführt werden.

*Verdeckte visuelle Aufmerksamkeitsverschiebung* - Geprüft wird die Verlagerung des Fokus der visuellen Aufmerksamkeit ohne Augenbewegung. Diese verdeckte Verschiebung des visuellen Aufmerksamkeitsfokus wird als ein vorbereitender Prozess für eine sakkadische Augenbewegung angesehen. Zur Prüfung wird links und rechts vom Fixationspunkt ein einfacher Reiz dargeboten, auf dessen Erscheinen die Versuchsperson so schnell wie möglich mit einem Tastendruck reagieren soll. Vor Erscheinen des kritischen Reizes wird in der Bildschirmmitte ein Hinweisreiz in Form eines Pfeils dargeboten, der mit 80% Wahrscheinlichkeit zu der Seite zeigt, an der der Reiz erscheinen wird (valider Hinweisreiz), in 20% der Fälle jedoch zu der falschen Seite (invalider Hinweisreiz). Die zeitliche Differenz zwischen Reaktionszeiten von validen zu invaliden Hinweisreizen kann als Zeitbedarf für die verdeckte Aufmerksamkeitsverschiebung angesehen werden.

*Alertness* - Mit diesem Test wird die phasische Alertness erfasst, das heißt, die Fähigkeit, in Erwartung eines Reizes hoher Priorität das Aufmerksamkeitsniveau zu steigern und aufrecht zu erhalten. Es wird die Reaktionszeit auf einen visuellen Reiz auf dem Bildschirm mit und ohne akustischen Warnreiz erfasst. Es wird sowohl die einfache Reaktionszeit bestimmt als auch die phasische Alertnessreaktion durch die Differenz der mittleren Reaktionszeit bei Durchgängen mit und ohne Warnreiz.

Die TAP bis zur Version 1.7 läuft auf einem DOS-Betriebssystem. Seit 2006 ist die Testbatterie als Windowsversion (TAP 2.0) erhältlich. Am Aufbau und der Gestaltung der Untertests hat sich in der neuen benutzerfreundlicheren Version nichts geändert. Die Leistungsfähigkeit der Versuchspersonen wird in allen Untertests anhand von Geschwindigkeits- und Genauigkeitsmaßen bestimmt. Hierzu zählen die Reaktionszeiten (Mittelwert, Median, Standardabweichung) auf die verschiedenen Bedingungen und Fehler, die durch falsches (falsche Reaktionen), zu schnelles (Antizipationen), zu langsames (Ausreißer) und gar kein Reagieren (Auslasser) auf die Zielreize entstehen können.

# 4 Experimentelle Untersuchungen

In diesem Kapitel werden die durchgeführten experimentellen Untersuchungen beschrieben, die sich in drei Themengebiete einordnen lassen: 1. Greifen im realen Raum, 2. Tiefenwahrnehmung im virtuellen Raum und 3. Greifen im virtuellen Raum. Zu jedem empirischen Teil werden die entsprechenden theoretischen Grundlagen und die Methode vorgestellt.

## 4.1 Greifen im realen Raum

### 4.1.1 Einleitung

In drei Experimenten wurden Greifbewegungen in der Realität aufgezeichnet und analysiert[1]. Ziel der Studie war es, den Einfluss von Folgebewegungen auf die initiale Greifbewegung zu erforschen und gleichzeitig Daten über natürliches reales Greifverhalten zu erhalten, die später als Basis- bzw. Vergleichsdaten für das Greifen im virtuellen Raum verwendet werden können. Hierzu wurden Holzquader in drei verschiedenen Größen verwendet, die dann für die Untersuchungen im virtuellen Raum graphisch modelliert wurden. Als Folgebewegung werden Bewegungen definiert, die nach einem abgeschlossenen Hinlangen und Greifen erfolgen. In den drei Experimenten wurden insgesamt vier verschiedene Folgebewegungen untersucht: ein kurzes Anheben - das Teil jedes Experimentes war - ein Hochheben, ein Wegwerfen und ein genaues Platzieren. Die Greifbewegungen wurden so-

---

[1] Die Ergebnisse dieser Studie wurden veröffentlicht: Armbrüster und Spijkers (2006).

wohl mit der rechten als auch der linken Hand ausgeführt. Es wird erwartet, dass die Folgebewegungen aufgrund ihrer verschiedenen Anforderungen an die Präzision und die Richtung der Bewegung unterschiedliche Einflüsse auf die Bewegungsparameter der initialen Greifbewegung haben. So wird angenommen, dass sich die initiale Greifbewegung in den beiden vertikalen Bedingungen (Anheben und Hochheben) nicht voneinander unterscheiden. Allerdings sollten sich Unterschiede zwischen der vertikalen Bedingung (Anheben) und den beiden horizontalen Bedingungen (Wegwerfen und Platzieren) zeigen. Außerdem wird erwartet, dass sich die hohe Präzisionsanforderung des Platzierens in den Bewegungsparametern wieder finden lässt. Des Weiteren sollten sich Größeneffekte zeigen, wie z.b. eine Zunahme der Durchschnittsgeschwindigkeit und der maximalen Apertur mit zunehmender Objektgröße. Die Greifbewegungen der linken und der rechten Hand sollten sich nicht voneinander unterscheiden.

### 4.1.2 Theorie

Greifen ist eine der am häufigsten ausgeführten motorischen Handlungen in unserem täglichen Leben. Wir greifen nach Tassen, Stiften, Türklinken, etc. Die Frage, ob man z.b. eine Gabel genauso ergreift wie einen Stift, oder einen Tennisball wie eine Glühbirne, kann mit nein beantwortet werden. Objektspezifische und aufgabenspezifische (vgl. Kapitel 2.3.2 Planung von Greifbewegungen, S.24) Eigenschaften der zu ergreifenden Objekte und Manipulationsintentionen bestimmen die Auswahl eines adäquaten Griffs (Fleming, Klatzky und Behrmann, 2002; MacKenzie und Iberall, 1994).
Jedoch stellt sich die Frage, ob das Hinlangen zu identischen Objekten durch die nachfolgende Manipulation des Objekts beeinflusst wird. Aus Koartikulationsstudien ist bekannt, dass Aktionssequenzen mehr sind als eine Aneinanderreihung von einzelnen Aktionen. Die Sequenzen beinhalten eine Abstimmung der einzelnen Elemente, um den Übergang von einem Element zum nächsten zu optimieren (z.B. Rosenbaum, 1991; Hewlett und Hardcastle, 2000). Von daher könnte man erwarten, dass auch bei Greifbewegungen die einzelnen Elemente voneinander abhängig sind und somit

die Folgebewegung einen Einfluss auf die initiale Greifbewegung hat. Der klassische und weit verbreitete Ansatz, der die Hinlang- und Greifbewegung ausführlich beschreibt, stammt von Jeannerod (1988). Die in Kapitel 2.3.3 Kontrolle von Greifbewegungen (S.26) beschriebene „visuomotor channel hypothesis" postuliert zwei unabhängige Kontrollmechanismen, die für die Transport- und die Greifkomponente verantwortlich sind. Folgebewegungen könnten also eine oder beide Komponenten beeinflussen.

In diesem Zusammenhang ist es von Belang, sich mit der Frage zu beschäftigen, ob Greifbewegungen mental als abstrakte prototypische Repräsentationen kodiert sind, oder aufgabenspezifisch (Keele, 1981; Schmidt, 1975). Wenn man von einer aufgabenspezifischen Repräsentation ausgeht, würde man erwarten, dass die Folgebewegung - also die Manipulationsintention - einen Einfluss auf die Bewegungsplanung hat, da bei der Planung der initialen Bewegung berücksichtigt wird, was mit dem ergriffenen Objekt getan wird. Aus einem prototypischen Ansatz ließe sich dies nicht ableiten, da hier die Manipulationsintention keinen Einfluss auf die Bewegungsplanung hätte. Es existieren Argumente für beide Repräsentationsarten.
Die bei vielen Greifbewegungen aufgabenunabhängig auftretenden glockenförmigen Geschwindigkeitskurven werden als Beleg für eine abstrakte Repräsentation interpretiert (z.B. Atkeson und Hollerbach, 1985; Flash und Hogan, 1985). Gegen eine solche sprechen zum Beispiel die Ergebnisse von Marteniuk, MacKenzie, Jeannerod, Athenes und Dugas (1987). Sie berichteten, dass sowohl der Bewegungsoutput, als auch die Bewegungsintention und die Objekteigenschaften die Bewegungsplanung und -kontrolle beeinflussen. Zum Beispiel tritt beim Ergreifen einer Glühbirne eine längere Abbremsphase auf als beim Ergreifen eines Tennisballs, was auf die unterschiedlichen objektspezifischen Eigenschaften (fragil vs. stabil) zurückgeführt werden kann. Unterschiede traten ebenfalls zwischen den Bedingungen Platzieren und Wegwerfen auf. Die Höchstgeschwindigkeit war gleich - unabhängig von der Bewegungsintention - trat aber früher auf, wenn das Objekt platziert werden musste. Außerdem führte eine Verlängerung der

Abbremsphase in der Platzierbedingung auch zu einer längeren Gesamtbewegungszeit. Die Beschleunigungsphase wurde nicht beeinflusst.

An dieser Stelle kann also festgehalten werden, dass die Manipulationsintention (Platzieren vs. Wegwerfen) einen Einfluss auf die initiale Greifbewegung hat. Marteniuk et al. (1987) berichten des Weiteren von einem Phänomen, das sie wie folgt beschreiben: „*as if participants in the throw condition were not as concerned with precisely grasping the disk and thus could afford to swoop down and grasp it while the hand was moving relatively quickly*" (S.374). Als mögliche Erklärung geben die Autoren die unterschiedlichen Genauigkeitsanforderungen der beiden Aufgaben an.

Eine weitere Studie, die die Beeinflussung der initialen Greifbewegung durch eine Folgebewegung untersuchte, stammt von Fleming, Klatzky und Behrmann (2002). Sie variierten die Textur und das Gewicht der Objekte und zusätzlich die Folgebewegung. Rundholzstäbe mussten ergriffen werden, ohne dass eine Manipulation folgte (Greifbedingung), sie mussten angehoben werden (Anhebebedingung) und sie mussten vertikal in einen Slot eingeführt werden (Einführbedingung). Die Ergebnisse zeigen, dass die Art der Folgebewegung die Reaktionszeit, aber nicht die Greifbewegung selbst beeinflusst. Die Bewegungsplanung basierte auf den Objekteigenschaften und wurde nicht durch die Komplexität der Manipulation bestimmt.

Die Studien von Marteniuk et al. (1987) und Fleming et al. (2002) weisen darauf hin, dass Manipulationsintentionen die Bewegungsplanung und die Bewegungskontrolle beeinflussen. Eine neuere Studie von Cohen und Rosenbaum (2004) beschäftigte sich ebenfalls mit der Bewegungsintention und deren Einfluss auf die Greifbewegung. Allerdings wurde hier der Fokus auf einen einzelnen Aspekt der Greifkomponente gelegt, die Griffhöhe. Variiert wurde nur die Transporthöhe und es zeigte sich, dass je höher das Objekt transportiert werden musste, desto weiter unten wurde es ergriffen. Auch hier beeinflusst also ein Manipulationscharakteristikum den Griff.

Nun stellt sich die Frage, ob durch die Bewegungsintention nur der Griff selbst oder die komplette Hinlang- und Greifbewegung (Transport- und

Greifkomponente) beeinflusst wird. Um dies zu beantworten, wurden drei Experimente durchgeführt in denen vier Manipulationen und drei Objektgrößen systematisch variiert wurden. Ausgehend von den vorliegenden Ergebnissen (Marteniuk et al., 1987; Fleming et al., 2002; Cohen und Rosenbaum, 2004) wurde erwartet, dass die initiale Greifbewegung sowohl von der Größe - einer objektspezifischen Eigenschaft - als auch von der Folgebewegung und ihren Genauigkeitsanforderungen beeinflusst werden sollte.

## 4.1.3 Der Einfluss von Folgebewegungen auf die initiale Greifbewegung

### 4.1.3.1 Methode

**Aufgabe** - Die Aufgabe der Versuchspersonen bestand darin, 10 cm hohe Holzquader in drei verschiedenen Größen mittels eines Präzisionsgriffs (vgl. Greifklassifikation nach Cutkosky und Howe (1990), Abbildung 2.3, S.23) zu ergreifen und diese entweder hoch zu heben (Experiment 1), wegzuwerfen (Experiment 2) oder auf einer Zielfläche genau zu platzieren (Experiment 3).

Das Hinlangen und Greifen der Objekte war in allen drei Experimenten identisch. Variiert wurde nur die nachfolgende Objektmanipulation (auch als Folgebewegung bezeichnet). Als Kontrollbedingung fungierte ein kurzes Anheben der Objekte, das heißt, in Experiment 1 mussten die Versuchspersonen die Objekte kurz anheben und hoch heben, in Experiment 2 kurz anheben und wegwerfen und in Experiment 3 kurz anheben und platzieren. In Abbildung 4.1 sind die jeweiligen Versuchsaufbauten schematisch abgebildet.

Die Größe der Holzquader wurde so gewählt, dass sie mit alltäglichen Gegenständen korrespondiert (vgl. Abbildung 4.2). Der kleinste Quader (2 cm, 22g) hatte etwa die Seitenlänge eines Textmarkers, der mittlere Quader (4 cm, 88g) die eines Mobiltelefons und der große Quader (8 cm, 352g) die eines Aktenordners. Alle Objekte waren 10 cm hoch. Um sicherzustellen, dass die Versuchspersonen in vergleichbarer Art und Weise nach den Objekten greifen, war am oberen Rand der Quader ein 1 cm-breiter Streifen grün angestrichen. Die Versuchspersonen wurden instruiert diesen Bereich mit Daumen und Zeigefinger zu treffen. Die Objekte standen immer auf der gleichen Ausgangsposition, die durch einen flachen Metallwinkel begrenzt wurde, und zeigten mit einer Kante Richtung Versuchsperson. Die hintere Quaderkante war dementsprechend bei allen Objektgrößen gleich weit von der vorderen Tischkante entfernt (28,3 cm). Die Startposition der greifenden Hand wurde durch einen kleinen hölzernen Würfel (Seitenlänge: 1,2

4.1 Greifen im realen Raum

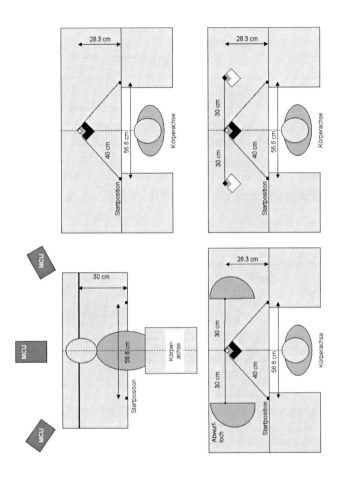

**Abbildung 4.1:** *Reales Greifen: Schematische Versuchsaufbauten in der Untersuchung zum Thema Greifen im realen Raum mit den verwendeten Entfernungen und Quadergrößen (Seitenlängen: schwarz 8 cm, grau 4 cm, weiß 2 cm). Oben links: frontale Ansicht mit den 3 Motion Capture Units (MCU) und dem Strich, der die Höhe des Hochhebens (Experiment 1) spezifiziert; oben rechts: Vogelperspektive Experiment 1 (Anheben und Hochheben); unten links: Vogelperspektive Experiment 2 (Anheben und Wegwerfen) mit den beiden halbkreisförmigen Löchern (grau); unten rechts: Vogelperspektive Experiment 3 (Anheben und Platzieren) mit den jeweiligen Zielflächen (weiß, grau, schwarz).*

cm) markiert, der sich jeweils 28,3 cm links und rechts der Körperachse an der Tischkante befand (vgl. Abbildung 4.1). Die Distanz zwischen der Startposition und der hinteren Quaderkante betrug somit 40,0 cm. Da die Versuchstische in U-Form gebaut waren (Hauptplatte mit zwei abgesenkten Seitenteilen), konnten die Versuchspersonen ihre Ellbogen bequem auf die seitlichen Teile der Tische ablegen, wenn die Startposition mit Daumen und Zeigefinger umgriffen wurde. Die Greifaufgabe und die zugehörigen Folgebewegungen waren so entworfen, dass ein natürliches Ergreifen und Manipulieren der Objekte möglich war, ohne dass die Versuchspersonen artifizielle Haltungen einnehmen mussten. Aus diesem Grund zeigte eine Quaderkante in Richtung Versuchsperson und die Startpositionen der Bewegungen befanden sich links und rechts der Körperachse (vgl. Abbildung 4.1).

**Abbildung 4.2:** *Reales Greifen: Greifobjekte (Holzquader) in drei verschiedenen Größen mit Vergleichsobjekten aus dem täglichen Leben.*

*Kurzes Anheben.* Die Kontrollbedingung verlangte ein Ergreifen des Objekts und ein kurzes Anheben. Das Anheben wurde gefordert, um sicherzustellen, dass der Griff komplett abgeschlossen und nicht nur das Objekt berührt wurde. Das Anheben wird als unspezifizierte vertikale Bewegung klassifiziert.

*Hochheben.* In dieser Bedingung mussten die Versuchspersonen die Objekte 30 cm hoch heben. Ein roter Strich an einer Wand vor dem Versuchsaufbau gab die zu erreichende Höhe an. Diese Folgebewegung wird als spezifizierte vertikale Bewegung klassifiziert.

*Wegwerfen.* In der Wegwerfbedingung bestand die Aufgabe der Versuchspersonen darin, die Objekte in ein halbkreisförmiges Loch (Durchmesser

28 cm) zu werfen, das sich links bzw. rechts der Körperachse befand. Hierbei handelte es sich um eine halb-spezifizierte horizontale Bewegung.
*Platzieren.* Diese Bedingung erforderte ein genaues Platzieren der Objekte auf eine der Quadergröße angepasste Metallplatte 30 cm links bzw. 30 cm rechts der Körperachse. Das Platzieren wurde als spezifizierte horizontale Bewegung klassifiziert.

*Motorische Leistungsserie.* Die Standardform der MLS nach Schoppe und Hamster (S1) mit den Subtests Steadiness, Liniennachfahren, Aiming, Umstecken und Tapping wurde von allen Versuchspersonen vor den eigentlichen Experimenten bearbeitet (siehe Kapitel Allgemeiner Methodenteil, Motorische Leistungsserie, S.48). Der Vollständigkeit halber erfolgte die Bearbeitung mit der rechten und der linken Hand, obwohl zum Vergleich der feinmotorischen Fähigkeiten nur die Ergebnisse der rechten Hand herangezogen werden.

**Apparatur** - Die Bewegungsaufzeichnung erfolgte mit drei Infrarotkameras des Qualisys-Systems (240 Hz). Hierfür waren an Daumen, Zeigefinger und Handgelenk der rechten Hand reflektierende Marker angebracht (vgl. Allgemeiner Methodenteil, Abbildung 3.2, S.47).

**Unabhängige und abhängige Variablen** - Als unabhängige Variablen gingen die Art der Folgebewegung (kurzes Anheben, Hochheben, Wegwerfen und Platzieren), die ausführende Hand (links und rechts) und die Objektgröße (2 cm, 4 cm und 8 cm) in die Datenanalyse ein. Alle aufgezeichneten abhängigen Variablen beziehen sich auf die initiale Greifbewegung, die mit Abschluss des Griffs endet. Die Folgebewegung selbst wurde nicht hinsichtlich ihrer Bewegungsparameter analysiert. In Tabelle 4.1 finden sich die in die Analyse eingehenden motorischen Parameter, die mit der Software PsycheMove3D (vgl. Allgemeiner Methodenteil, S.46) generiert wurden, mit ihren Einheiten, den verwendeten Abkürzungen, den Referenzmarkern (= Marker, die zur Berechnung des Parameters herangezogen wurden) und einer kurzen Beschreibung. Die Auswahl der Parameter richtete sich nach den Parametern, die in klassischen Greifexperimenten zum Einsatz kamen (z.B. Paulignan, Jeannerod, MacKenzie und Marteniuk, 1991; Paulignan, MacKenzie, Marteniuk und Jeannerod, 1991; Castiello, Bennett und Paulignan, 1992; Churchill, Hopkins, Rönnqvist und Vogt, 2000).

| Parameter | Einheit | Abkürzung | Referenzmarker | Beschreibung |
|---|---|---|---|---|
| Bewegungszeit | ms | mt | H | Zeit zwischen Bewegungsanfang und Abschluss des Griffs |
| Bewegungszeit 1 | ms | mt1 | H | Zeit zwischen Bewegungsanfang und Höchstbeschleunigung |
| Bewegungszeit 2 | ms | mt2 | H | Zeit zwischen Höchstbeschleunigung und Höchstgeschwindigkeit |
| Bewegungszeit 3 | ms | mt3 | H | Zeit zwischen Höchstgeschwindigkeit und Höchstabbremsung |
| Bewegungszeit 4 | ms | mt4 | H | Zeit zwischen Höchstabbremsung und Abschluss des Griffs |
| Bewegungszeit 34 | ms | mt34 | h | Zeit zwischen Höchstgeschwindigkeit und Abschluss des Griffs |
| Durchschnittsgeschwindigkeit | cm/s | av | H | durchschnittliche Geschwindigkeit der Greifbewegung |
| Höchstgeschwindigkeit | cm/s | pv | H | größter Geschwindigkeitswert während der Bewegung |
| Höchstbeschleunigung | cm/s² | pacc | h | größter Beschleunigungswert während der Bewegung |
| Höchstabbremsung | cm/s² | pd | H | größter Abbremswert während der Bewegung |
| maximale Apertur | cm | pa | D, Z | größter Aperturwert während der Bewegung |
| Weg bis Höchstgeschwindigkeit | cm | wpv | H | Weg von Bewegungsanfang bis zur Erreichung der Höchstgeschwindigkeit |
| Weg bis Höchstabbremsung | cm | wpacc | H | Weg von Bewegungsanfang bis zur Erreichung der Höchstabbremsung |
| Move-through | / | mthr | / | Wenn der Griff abgeschlossen wurde, bevor die Höchstabbremsung aufgezeichnet wurde, resultiert mt4= 0. Dies wurde als „move-through" definiert. |

**Tabelle 4.1:** *Psychomotorische Parameter der initialen Greifbewegung mit Einheit, Abkürzung, Referenzmarkern (H= Handgelenk, D= Daumen, Z= Zeigefinger) und Beschreibung*

Erste Datenanalysen zeigten, dass die Versuchspersonen in vielen Durchgängen den Griff abschlossen bevor die Höchstabbremsung erreicht wurde, das heißt, die Höchstabbremsung wurde in diesen Fällen gleichzeitig mit dem Griffabschluss aufgezeichnet. In den Bedingungen „kurzes Anheben" geschah dies in 5,5% der Durchgänge (Minimum 0,0%, Maximum 49,0%), in den anderen Bedingungen im Durchschnitt in 9,5% aller Durchgänge (Minimum 0,0%, Maximum 72,0%). Dieses Phänomen wurde schon 1987 von Marteniuk et al. deskriptiv beschrieben und „swooping" genannt. Um genauer analysieren zu können, wann und warum dieses „swooping" auftritt, wurden zwei neue Parameter definiert (vgl. Tabelle 4.1): Bewegungszeit 34, die sich aus den Bewegungszeiten 3 und 4 additiv zusammen setzt und die Zeit zwischen dem Erreichen der Höchstgeschwindigkeit und dem Abschließen des Griffs umschreibt, und das Häufigkeitsmaß „move-through" (dt. hindurchbewegt). Ein „move-through" wurde immer dann aufgezeichnet, wenn Höchstabbremsung und Griffabschluss zusammen fielen. Die Bewegungszeiten 3 und 4 werden aufgrund dieser Überlegungen nicht im Ergebnisteil thematisiert.

**Teilnehmer** - An den Experimenten nahmen 28 Personen teil, an Experiment 1 vier Männer und vier Frauen im Alter zwischen 25 und 33 Jahren (mittleres Alter 28,3), an Experiment 2 vier Männer und sechs Frauen zwischen 24 und 33 Jahren (mittleres Alter 26,8) und an Experiment 3 drei Männer und sechs Frauen zwischen 18 und 40 Jahren (mittleres Alter 28,1). Alle Versuchspersonen waren Rechtshänder (Oldfield Handedness Inventory, Oldfield, 1971).

**Prozedur** - Jedes Experiment dauerte ungefähr 1,5 Stunden. Zuerst füllten die Versuchspersonen das Edinburgh Inventory (Oldfield, 1971) aus, mit dem die Händigkeit bestimmt wurde, und einen Fragebogen, mit dem demographische Daten erfasst wurden (Alter, Geschlecht, Schulbildung). Bevor das Experiment vorgestellt und der Ablauf erklärt wurde, bearbeiteten die Versuchspersonen die Standardform (S1) der motorische Leistungsserie (MLS) zur Erfassung feinmotorischer Fähigkeiten (vgl. Allgemeiner Methodenteil, S.48). Um mit der experimentellen Situation und den Greifaufgaben vertraut zu werden, durften die Teilnehmer vor Beginn der Bewegungsaufzeichnung jeden Quader mit jeder Hand ergreifen und manipulieren. Dadurch erfuhren sie wie schwer die Holzquader sind und wie sie sich anfühlen. Während dieser Übungsdurchgänge wurde betont, dass es in dem Experiment um die Erfassung natürlicher Greifbewegungen geht und die Versuchspersonen keine Angst davor haben sollten, Fehler zu begehen.

*4 Experimentelle Untersuchungen*

Insgesamt führten die Versuchspersonen 240 Greifbewegungen (20x3x3x2) aus: 20 mit jeder Hand (2), pro Quadergröße (3) und Folgebewegung (2). Die Durchgänge wurden in 4 Blöcken à 60 Trials zusammengefasst (Hand x Folgebewegung), da ein Handwechsel ein Umkleben der Marker und ein Folgebewegungswechsel einen Umbau der Versuchsanordnung verlangte. Zwischen den Blöcken konnten die Versuchspersonen sich ausruhen. Um Sequenzeffekte zu kontrollieren, wurden die Blöcke und innerhalb der Blöcke die Quadergröße randomisiert. Die Versuchspersonen wurden angewiesen, die Greifbewegungen so schnell und akkurat wie möglich auszuführen. Jeder Durchgang wurde von dem Versuchsleiter initiiert, in dem dieser den Quader an die Startposition stellte.

### 4.1.3.2 Ergebnisse

Der Ergebnisteil gliedert sich in drei Abschnitte. Zuerst werden die drei Experimente bezüglich des Einflusses der unabhängigen Variablen „Art der Folgebewegung" (2), „Hand" (2) und „Objektgröße" (3), respektive auftretender Interaktionen, vorgestellt. Die Ergebnisse stammen aus univariaten Varianzanalysen (ANOVA) für die einzelnen abhängigen Variablen aus Tabelle 4.1. Diese Art der Darstellung wurde gewählt, da das Hauptaugenmerk auf dem Einfluss der Folgebewegung liegt und die auftretenden Unterschiede in den kinematischen Parametern als Gesamtbild von vorrangigem Interesse sind. Neben den ANOVA-Ergebnissen werden im Abschnitt „Art der Folgebewegung" auch die Ergebnisse aus Kovarianzanalysen (ANCOVA) mit der Kovariate „Moves-through" (Parameter, der quantitativ beschreibt wie oft das Objekt ergriffen wurde, bevor die die Höchstabbremsung erreicht wurde, bzw. die Höchstabbremsung gleichzeitig mit dem Bewegungsende aufgezeichnet wurde) vorgestellt, da davon ausgegangen wird, dass das Phänomen der „moves-through" einen Einfluss auf die kinematischen Parameter der Greifbewegung hat.
Im Anschluss folgt eine Gesamtanalyse über die drei Experimente, in der der Faktor „Art der Folgebewegung" als Zwischensubjektfaktor behandelt wird und abschließend wird das Phänomen der „Moves-through" näher be-

trachtet. Das Signifikanzniveau wurde für alle Auswertungen auf 5% gesetzt und aufgrund der kleinen Stichproben wird als Prüfgröße für die Varianzanalysen das Pillai-Spur Kriterium berichtet.

**Art der Folgebewegung**
In EXPERIMENT 1 mussten die Versuchspersonen die Objekte kurz anheben und hochheben. Beide Bewegungen zeichnen sich durch eine vertikale Komponente aus, unterscheiden sich aber deutlich in der Höhe der Folgebewegung und in der Zielspezifikation. Das Hochheben erfolgte bis zu einer visuell gekennzeichneten Markierung, während das Anheben nicht spezifiziert wurde.

| Parameter | Anheben M | sd | Hochheben M | sd | ANOVA F(1,7) | p | ANCOVA F(1,6) | p |
|---|---|---|---|---|---|---|---|---|
| mt | 694,5 | 125,2 | 678,2 | 145,9 | 0,85 | 0,39 | 0,06 | 0,82 |
| mt1 | 175,3 | 26,4 | 168,6 | 21,4 | 0,73 | 0,42 | 0,60 | 0,47 |
| mt2 | 178,7 | 28,2 | 175,8 | 33,9 | 0,28 | 0,62 | 1,15 | 0,33 |
| mt34 | 340,5 | 100,2 | 333,7 | 110,4 | 0,30 | 0,60 | 0,18 | 0,69 |
| av | 52,6 | 8,0 | 54,6 | 9,6 | 3,55 | 0,10 | 0,03 | 0,86 |
| pv | 100,6 | 9,8 | 101,6 | 10,1 | 1,06 | 0,34 | 0,07 | 0,80 |
| pacc | 647,9 | 157,2 | 651,3 | 141,0 | 0,01 | 0,92 | 0,06 | 0,82 |
| pd | 47,1 | 13,1 | 45,4 | 8,3 | 0,36 | 0,57 | 0,05 | 0,84 |
| pa | 10,9 | 0,6 | 11,0 | 0,6 | 1,37 | 0,28 | 3,03 | 0,13 |
| wpv | 17,2 | 0,9 | 17,3 | 14,2 | 0,02 | 0,89 | 5,72 | 0.05 |
| wpd | 31,2 | 0,8 | 31,1 | 1,2 | 0,03 | 0,88 | 0,94 | 0,37 |
| mthr | 6,1 | 7,9 | 6,4 | 6,6 | 0,04 | 0,85 | – | – |

**Tabelle 4.2:** *Reales Greifen - Experiment 1: Mittelwerte (M) und Standardabweichungen (sd), F-Werte (F) und p-Werte (p) der ANOVA und ANCOVA mit „moves-through" als Kovariate*

Wie in Tabelle 4.2 in den beiden Spalten ANOVA und ANCOVA zu erkennen ist, ergaben sich keine Unterschiede in den abhängigen Variablen. Die initiale Greifbewegung unterscheidet sich nicht, wenn die Höhe des Anhebens variiert wird.

In EXPERIMENT 2, in dem die Versuchspersonen neben dem kurzen Anheben die Objekte wegwerfen mussten, zeigen sich hingegen signifikante Unterschiede beim Ergreifen der Objekte (Tabelle 4.3) in Abhängigkeit von der Folgebewegung. Zusammenfassend lässt sich festhalten, dass die Auswertungen zeigen, dass eine Hinlangbewegung zu einem Objekt, mit der Intention dieses wegzuwerfen, schneller ausgeführt wird als eine Hinlangbewegung, der ein kurzes Anheben folgt. Die Bewegungen zum Objekt hin unterscheiden sich bereits, nachdem die Höchstbeschleunigung erreicht wird. Obwohl Bewegungszeit 2 (Zeit zwischen Höchstbeschleunigung und Höchstgeschwindigkeit) signifikant kürzer in der Anhebebedingung ist, zeigt sich ein deutlicher gegenläufiger Unterschied zwischen den Bedingungen für Bewegungszeit 34 (Zeit zwischen Höchstgeschwindigkeit und Abschluss des Griffs). Im Mittel wird der Griff ca. 62 Millisekunden schneller beendet, wenn das Objekt weggeworfen werden muss. Betrachtet man an dieser Stelle die Anzahl der „Moves-through", so wird deutlich, dass beim Wegwerfen fast doppelt so viele Bewegungen auftreten, in denen die Höchstabbremsung nicht vor dem Bewegungsende erreicht wird. Fließt der Parameter als Kovariate in die Auswertung mit ein, verändert sich dieses Bild nicht (letzte Spalte Tabelle 4.3). Der letzte Bewegungsabschnitt ist beim Wegwerfen deutlich kürzer und die gesamte Bewegung schneller. Dies zeigt sich auch in den signifikanten Unterschieden innerhalb der Parameter Durchschnittsgeschwindigkeit (av), Höchstgeschwindigkeit (pv), Höchstbeschleunigung (pacc) und Höchstabbremsung (pd). Die Werte, die beim Wegwerfen erreicht werden, liegen deutlich über denen des kurzen Anhebens (vgl. Tabelle 4.3).

| Parameter | Anheben M | sd | Wegwerfen M | sd | ANOVA $F(1,7)$ | p | ANCOVA $F(1,6)$ | p |
|---|---|---|---|---|---|---|---|---|
| mt | 760,5 | 139,5 | 719,8 | 91,1 | 2,64 | 0,14 | 3,65 | 0,10 |
| mt1 | 193,5 | 31,6 | 205,3 | 30,8 | 1,56 | 0,24 | 0,01 | 0,93 |
| mt2 | 214,3 | 26,8 | 223,6 | 32,0 | 10,44 | <,01 | 16,72 | <,01 |
| mt34 | 352,7 | 106,8 | 290,9 | 64,0 | 10,65 | <,01 | 9,8 | <,01 |
| av | 49,8 | 7,7 | 53,8 | 5,6 | 9,77 | <,01 | 9,67 | <,05 |
| pv | 93,9 | 9,0 | 100,6 | 9,5 | 20,98 | <,01 | 11,48 | <,01 |
| pacc | 515,6 | 85,3 | 552,2 | 89,8 | 5,47 | <,05 | 3,64 | 0,09 |
| pd | 391,8 | 79,3 | 478,9 | 92,4 | 33,37 | <,01 | 12,65 | <,01 |
| pa | 11,1 | 0,7 | 11,7 | 0,8 | 22,65 | <,01 | 8,99 | <,05 |
| wpv | 18,7 | 1,2 | 20,6 | 1,2 | 82,66 | <,01 | 74,45 | <,01 |
| wpd | 32,0 | 1,5 | 34,5 | 1,4 | 94,66 | <,01 | 59,33 | <,01 |
| mthr | 12,7 | 16,5 | 25,4 | 21,9 | 9,29 | <,01 | – | – |

**Tabelle 4.3:** *Reales Greifen - Experiment 2: Mittelwerte (M) und Standardabweichungen (sd), F-Werte (F) und p-Werte (p) der ANOVA und ANCOVA mit „moves-through" als Kovariate*

Auch die signifikanten Ergebnisse für die Parameter Weg bis zur Höchstgeschwindigkeit (wpv) und Weg bis zur Höchstabbremsung (wpd) fügen sich in dieses Muster ein: beim Wegwerfen wird die Höchstgeschwindigkeit ca. 1,9 cm später in der Trajektorie erreicht, dies könnte den Unterschied in Bewegungszeit 2 erklären und die Höchstabbremsung erfolgt beim Wegwerfen 2,5 cm nach der beim kurzen Anheben, was den höheren Höchstabbremsungswert in der Wegwerfbedingung nach sich zieht, da die Objekte immer an der gleichen Stelle standen.

In EXPERIMENT 3 hingegen, in dem die Versuchspersonen, neben dem kurzen Anheben die Objekte genau platzieren mussten, unterschieden sich die initialen Greifbewegungen in einem geringeren Ausmaß. Bezüglich der Bewegungszeiten lassen sich hier keine Unterschiede erkennen (Tabelle 4.4).

| Parameter | Anheben | | Platzieren | | ANOVA | | ANCOVA | |
|---|---|---|---|---|---|---|---|---|
| | M | sd | M | sd | F(1,7) | p | F(1,6) | p |
| mt | 871,8 | 189,4 | 854,6 | 157,7 | 0,95 | 0,35 | 0,58 | 0,47 |
| mt1 | 195,5 | 27,6 | 199,9 | 25,7 | 1,53 | 0,25 | 2,53 | 0,15 |
| mt2 | 216,6 | 26,2 | 223,2 | 38,3 | 0,90 | 0,37 | 1,46 | 0,26 |
| mt34 | 459,6 | 160,7 | 431,6 | 117,6 | 0,24 | 0,15 | 2,19 | 0,18 |
| av | 44,5 | 7,6 | 46,0 | 6,1 | 2,61 | 0,14 | 1,84 | 0,21 |
| pv | 93,3 | 12,7 | 95,2 | 10,6 | 4,23 | 0,07 | 2,45 | 0,16 |
| pacc | 529,7 | 118,4 | 535,3 | 107,6 | 0,20 | 0,66 | 0,12 | 0,74 |
| pd | 406,8 | 119,5 | 430,3 | 100,8 | 6,86 | <,05 | 3,54 | 0,10 |
| pa | 10,4 | 0,5 | 10,6 | 0,5 | 19,00 | <,01 | 13,54 | <,01 |
| wpv | 18,5 | 1,3 | 19,6 | 1,0 | 10,79 | <,01 | 10,13 | <,01 |
| wpd | 31,6 | 1,2 | 32,8 | 1,5 | 8,46 | <,05 | 6,64 | <,05 |
| mthr | 0,8 | 1,6 | 1,7 | 4,2 | 0,95 | 0,36 | - | - |

**Tabelle 4.4:** *Reales Greifen - Experiment 3: Mittelwerte (M) und Standardabweichungen (sd), F-Werte (F) und p-Werte (p) der ANOVA und ANCOVA mit „moves-through" als Kovariate*

Die ANOVA-Ergebnisse weisen nur auf Unterschiede in den Parametern maximale Apertur (pa), Höchstbeschleunigung (pv), Weg bis zum Erreichen der Höchstgeschwindigkeit (wpv) und Weg bis zum Erreichen der Höchstabbremsung (wpd) hin, wobei das ANCOVA-Ergebnis mit „moves-through" als Kovariate für den Parameter Höchstabbremsung nicht mehr signifikant wird. Insgesamt bedeutet das, dass die Versuchspersonen beim Platzieren Daumen und Zeigefinger weiter öffnen, um das Objekt zu ergreifen, und dass sie die Höchstgeschwindigkeit, sowie die Höchstabbremsung später in der Trajektorie erreichen.

## Hand

Der Einfluss des Innersubjektfaktors „Hand" ließ sich in EXPERIMENT 1 für die Parameter Bewegungszeit, Bewegungszeit 34, maximale Apertur und Höchstbeschleunigung nachweisen. Die rechte Hand ($mt_{rechts}$= 701,2 ms) ergriff die Objekte langsamer als die linke ($mt_{links}$= 671,5 ms), $F(1,7)$= 12,0, $p<$ ,05, zeigte eine längere letzte Bewegungsphase ($F(1,7)$= 12,0, $p<$ ,05, $mt34_{rechts}$= 345,8 ms vs. $mt34_{links}$= 328,4 ms), eine kleinere maximale Apertur ($F(1,7)$= 7,7, $p<$ ,05, $pa_{rechts}$= 10,7 cm vs. $pa_{links}$= 11,2 cm) und erreichte eine geringere Höchstbeschleunigung ($F(1,7)$= 10,5, $p<$ ,05, $pacc_{rechts}$= 614,8 cm/s$^2$ vs. $pacc_{links}$= 684,4 cm/s$^2$). In EXPERIMENT 2 waren die Bewegungen mit der rechten Hand in der ersten Bewegungsphase langsamer ($F(1,9)$= 15,1, $p<$ ,05, $mt1_{rechts}$= 206,1 ms vs. $mt1_{links}$= 192,8 ms) und die rechte Hand machte mehr „Moves-through" ($F(1,9)$= 8,1, $p<$ ,05, $mthr_{rechts}$= 23,4 vs. $mthr_{links}$= 14,7). In EXPERIMENT 3 wurden keine Unterschiede zwischen der rechten und der linken Hand gefunden.

## Objektgröße

Wie erwartet, beeinflusst die Objektgröße in allen drei Experimenten eine Vielzahl der Parameter. Zusammenfassend kann an dieser Stelle festgehalten werden, dass für alle Bedingungen - kurzes Anheben, Hochheben, Wegwerfen und Platzieren - die Zunahme der Objektgröße eine Abnahme der Durchschnittsgeschwindigkeit und Höchstgeschwindigkeit verursachte, Daumen und Zeigefinger bei größeren Objekten weiter geöffnet wurden und dass Höchstgeschwindigkeit und Höchstabbremsung früher in der Trajektorie erreicht wurden, je größer der Quader war.

## Interaktionen

In den EXPERIMENTEN 1 und 2 traten keine Interaktionen mit dem Faktor „Art der Folgebewegung" auf. Nur eine Interaktion in Experiment 1 wurde signifikant für die Kombination „Hand" und „Objektgröße" (Weg bis zur Erreichung der Höchstgeschwindigkeit (wpv): $F(2,8)$= 7,1, $p<$ ,05). Je größer das Objekt, desto früher wird die Höchstgeschwindigkeit mit der linken Hand erreicht. Im Gegensatz dazu wurden in EXPERIMENT 3 Interaktionen für „Art der Folgebewegung" und „Größe" gefunden. Die Bewegungszeit (mt) ist kürzer, wenn ein Objekt mittlerer Größe platziert werden muss, $F(2,8)= 5,1$, $p< ,05$. Die Durchschnittsgeschwindigkeit (av: $F(2,8)= 13,2$, $p< ,05$) und die Höchstgeschwindigkeit (pv: $F(2,8)= 20,2$, $p< ,05$) sind beim Platzieren höher als beim Anheben, mit signifikanten Unterschieden zwischen dem mittleren und dem großen Quader. Die Höchstbeschleunigung (pacc) nimmt mit zunehmender Objektgröße in der Platzierbedingung ab, $F(2,8)= 12,1$, $p< ,05$, was nicht in der Anhebebedingung zu beobachten ist. Während die Höchstabbremsung (pd) sich bei dem kleinen Quader nicht abhängig von der Folgebewegung unterscheidet, steigt sie beim Platzieren der beiden größeren Objekte an, $F(2,8)= 20,0$, $p< ,05$.

**Gesamtanalyse**
**Vergleich der MLS-Daten und der Anhebebedingungen**
Die feinmotorischen Fähigkeiten der Versuchspersonen aus den drei Experimenten unterschieden sich nicht voneinander. Dies konnte mittels der Ergebnisse der MLS (Motorische Leistungsserie, Neuwirth, 2002) belegt werden, $F(10,44)= 0,8$, $p= 0,61$. In Abbildung 4.3 sind die mittleren T-Werte (Standardskala mit $M= 50$ und $sd= 10$) für die drei Experimentalgruppen bezüglich der psychomotorischen Fähigkeiten Handruhe, Präzision von Arm - Handbewegungen, Handgeschicklichkeit und Fingerfertigkeit, Geschwindigkeit von Arm- und Handbewegungen und Handgelenk - Fingergeschwindigkeit abgebildet.

Die mittleren T-Werte über alle Versuchspersonen belaufen sich auf 56,8 für Handruhe ($F(2,25)= 0,3$, $p= 0,77$), 60,2 für Präzision von Arm - Handbewegungen ($F(2,25)= 1,0$, $p= 0,39$), 45,7 für Handgeschicklichkeit und Fingerfertigkeit ($F(2,25)= 0,3$, $p= 0,78$), 50,8 für Geschwindigkeit von Arm- und Handbewegungen ($F(2,25)= 1,1$, $p= 0,35$) und 52,5 für Handgelenk - Fingergeschwindigkeit ($F(2,25)= 1,3$, $p= 0,29$) und liegen somit in einem normalen mittleren Bereich.
Da sich die Versuchsgruppen hinsichtlich ihrer feinmotorischen Fähigkeiten

## 4 Experimentelle Untersuchungen

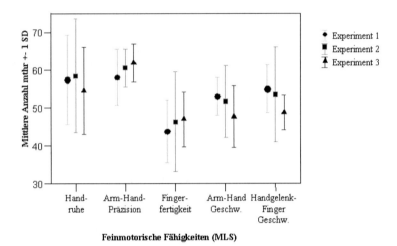

**Abbildung 4.3:** *Reales Greifen: Feinmotorische Fähigkeiten der drei Experimentalgruppen, mittlere T-Werte.*

nicht unterschieden, wurde angenommen, dass ihre Greifbewegungen in der Kontrollbedingung „kurzes Anheben" ebenfalls keine Unterschiede aufweisen würden und somit die drei anderen Bedingungen miteinander verglichen werden können.

Eine MANOVA (mit Bonferroni Adjustierung) über alle Bewegungsparameter zeigt, dass sich diese Annahme bestätigen lässt. Die initialen Greifbewegungen in den Anhebebedingungen unterscheiden sich nicht zwischen den drei Versuchsgruppen, (F(22,32)= 1,5, p= 0,16). Betrachtet man zusätzlich die ANOVA-Ergebnisse für die einzelnen Parameter, so zeigen sich nur in drei der zwölf Parameter geringfügige Unterschiede: Bewegungszeit2 ($mt2_{E1}$= 178,7 ms, $mt2_{E2}$= 214,3 ms, $mt2_{E3}$= 216,6 ms), maximale Apertur ($pa_{E1}$= 10,9 cm, $pa_{E2}$= 11,2 cm, $pa_{E3}$= 10,4 cm) und Weg bis zum erreichen der Höchstgeschwindigkeit ($wpv_{E1}$= 17,2 cm, $wpv_{E2}$= 18,7 cm, $wpv_{E3}$= 18,5 cm). Die F-Test Ergebnisse und zugehörigen p-Werte finden sich in Tabelle 4.5 in der zweiten und dritten Spalte.

|           | Anheben (E1, E2, E3) | | | Hochheben (E1) - Wegwerfen (E2) - Platzieren (E3) | | |
|---|---|---|---|---|---|---|
| Parameter | F(2,25) | p | homogene Untergruppe nach Tukey-HSD | F(2,25) | p | homogene Untergruppe nach Tukey-HSD |
| mt | 3,0 | 0,07 | E1 - E2 - E3 | 4,4 | <,05 | E1 - E2, E2 - E3 |
| mt1 | 1,3 | 0,29 | E1 - E2 - E3 | 4,8 | 0,02 | E2 - E3 |
| mt2 | 5,3 | <,01 | E2 - E3 | 5,3 | <,01 | E2 - E3 |
| mt34 | 2,5 | 0,11 | E1 - E2 - E3 | 5,2 | <,01 | E1 - E2, E1 - E3 |
| av | 2,5 | 0,10 | E1 - E2 - E3 | 4,3 | <,05 | E1 - E2, E2 - E3 |
| pv | 1,3 | 0,31 | E1 - E2 - E3 | 1,1 | 0,35 | E1 - E2 - E3 |
| pacc | 3,1 | 0,06 | E1 - E2 - E3 | 2,7 | 0,09 | E1 - E2 - E3 |
| pd | 1,3 | 0,30 | E1 - E2 - E3 | 0,7 | 0,51 | E1 - E2 - E3 |
| pa | 4,0 | <,05 | E1 - E3, E1 - E2 | 8,2 | <,01 | E1 - E3, E1 - E2 |
| wpv | 4,1 | <,05 | E1 - E2 - E3 | 17,6 | <,01 | E2 - E3 |
| wpd | 1,0 | 0,39 | E1 - E2, E3 - E2 | 12,6 | <,01 | keine |
| mthr | 3,0 | 0,07 | E1 - E2 - E3 | 8,1 | <,01 | E1 - E3 |

**Tabelle 4.5:** *Reales Greifen - Unterschiede zwischen den drei Experimenten: F-Werte (F), p-Werte (p) und homogene Untergruppen nach Tukey-HSD für alle Parameter bezüglich der Anhebebedingungen, links, und den Bedingungen Hochheben - Wegwerfen - Platzieren, rechts*

Die initialen Greifbewegungen in den Bedingungen Hochheben, Wegwerfen und Platzieren unterscheiden sich deutlich voneinander ($F(22,32)= 2,8$, $p< ,05$). Neun der zwölf erhobenen Parameter (vgl. Tabelle 4.5) erweisen sich als signifikant.

Um die Unterschiede und Gemeinsamkeiten hinsichtlich der verschiedenen motorischen Parameter deutlicher herauszuarbeiten, findet man in Tabelle 4.5 neben den F- und p-Werten homogene Untergruppen gemäß Tukey-HSD. Homogene Untergruppen unterscheiden sich nicht signifikant voneinander. Besteht also die Gruppe aus E1-E2-E3 gibt es keinen unterschiedlichen Einfluss der Folgebewegung auf den jeweiligen Parameter. Setzt sich die homogene Gruppe nur aus einem Paar zusammen, so unterscheidet sich das Bedingungspaar nicht voneinander, aber signifikant von der fehlenden Bedingung. In Tabelle 4.5 sind die Homogenitäten innerhalb der Anhebebedingungen deutlich zu erkennen, während das Bild bei den restlichen Folgebewegungen eher heterogen ist.

Im Folgenden werden die Unterschiede, die in Abhängigkeit von den verschiedenen Folgebewegungen auftreten beschrieben.

Das Hinlangen und Ergreifen erfolgt beim Hochheben ($mt_{hochheben}= 678,2$

*4 Experimentelle Untersuchungen*

ms) schneller, als beim Platzieren ($mt_{platzieren}$= 854,6 ms), nicht aber schneller als beim Wegwerfen ($mt_{wegwerfen}$= 719,8 ms). Die Zeit zwischen dem Bewegungsanfang und dem Erreichen der Höchstbeschleunigung (mt1) und die Zeit zwischen dem Erreichen der Höchstbeschleunigung und der Höchstgeschwindigkeit (mt2) ist beim Hochheben der Quader ($mt1_{hochheben}$= 168,6 ms, $mt2_{hochheben}$= 175,8 ms) signifikant geringer als beim Wegwerfen und Platzieren ($mt1_{wegwerfen}$= 205,3 ms, $mt2_{wegwerfen}$= 223,6 ms, $mt1_{platzieren}$= 199,9 ms, $mt2_{platzieren}$= 223,2 ms). Die letzte Bewegungsphase ist in der Platzierbedingung deutlich länger als beim Hochheben oder Wegwerfen ($mt34_{platzieren}$= 431,6 ms vs. $mt34_{hochheben}$= 333,7 ms vs. $mt34_{wegwerfen}$= 290,9 ms). Folglich ist die mittlere Geschwindigkeit beim Hochheben am größten und beim Platzieren am geringsten ($av_{hochheben}$= 54,5 cm/s, $av_{wegwerfen}$= 53,8 cm/s, $av_{platzieren}$= 46,0 cm/s). Der Anstieg der räumlichen Genauigkeitsanforderung der Folgebewegung beeinflusst die maximale Apertur: wenn die Objekte weggeworfen werden müssen, das heißt, eine geringe Genauigkeit gefordert wird, ist sie signifikant kleiner als beim Platzieren, wo eine hohe Genauigkeit gefordert wird ($pa_{wegwerfen}$= 11,7 cm, $pa_{platzieren}$= 10,6 cm, $pa_{hochheben}$= 11,0 cm). Des Weiteren beeinflusst die Folgebewegung die Punkte in der Trajektorie an denen die Höchstgeschwindigkeit (wpv) und die Höchstabbremsung (wpd) erreicht werden. Für beide Parameter zeigt sich, dass die Höchstwerte beim Hochheben deutlich vor denen in der Wegwerfbedingung erreicht werden ($wpv_{hochheben}$= 17,3 cm, $wpv_{wegwerfen}$= 19,6 cm, $wpv_{platzieren}$= 19,6 cm und $wpd_{hochheben}$= 31,1 cm, $wpd_{wegwerfen}$= 34,5 cm, $wpd_{platzieren}$= 32,8 cm). Betrachtet man abschließend den Parameter „Moves-through", so wird eine besondere Charakteristik der Wegwerfbedingung deutlich: im Durchschnitt treten hier 25,4 „Moves-through" auf, während die Werte für das Hochheben und Platzieren bei 6,4 bzw. 4,2 liegen.

**Phänomen der „Moves-through"**

Der letzte Abschnitt dieses Ergebnisteils beschäftigt sich mit dem Phänomen der „Moves-through", das heißt, der Tatsache, dass die Versuchspersonen das Objekt ergriffen haben, bevor sie die Höchstabbremsung erreichten, bzw. die Höchstabbremsung gleichzeitig mit dem Bewegungsende aufgezeichnet wurde. Eine Varianzanalyse mit Messwiederholung mit den Innersubjektfaktoren „Art der Folgebewegung"(Anhebebedingung vs. zugehörige Bedingung), „Hand" (rechts vs. links) und „Größe" (klein vs. mittel vs. groß) und dem Zwischensubjektfaktor „Experiment" (Experiment 1, Experiment 2, Experiment 3) ergab signifikante Haupteffekte für Experiment ($F_{(2,25)}= 6,1$, $p< ,05$), Art der Folgebewegung ($F_{(1,25)}= 8,5$, $p< ,05$), Hand ($F_{(1,25)}= 3,9$, $p< ,05$), Größe ($F_{(2,24)}= 5,8$, $p< ,05$), sowie signifikante Interaktionen zwischen Art der Folgebewegung x Experiment ($F_{(1,25)}= 6,8$, $p< ,05$) und Hand x Experiment ($F_{(1,25)}= 8,5$, $p< ,05$).

Ein Blick auf die ANOVA-Ergebnisse zeigt, dass in Experiment 1 ($F_{(1,7)}= 0,4$, $p= 0,85$) und 3 ($F_{(1,9)}= 1,0$, $p= 0,36$) keine signifikanten Unterschiede in Abhängigkeit von der Art der Folgebewegung gefunden werden konnten, im Mittel treten 6,25 bzw. 1,25 moves-through in diesen beiden Experimenten auf. Experiment 2 hingegen ist eine Ausnahme bezüglich dieses Parameters, hier wurden im Mittel 19,05 Moves-through auf und die Abhängigkeit von der Art der Folgebewegung ist deutlich zu erkennen (Abbildung 4.4 links). Beim Wegwerfen treten doppelt so viele Moves-through auf wie beim Anheben ($mthr_{wegwerfen}= 25,4$ vs. $mthr_{anheben}= 12,7$, ($F_{(1,9)}= 9,3$, $p< ,05$)). Außerdem zeigt sich in Experiment 2 auch ein deutlicher Unterschied zwischen der linken und der rechten Hand ($F_{(1,9)}= 8,1$, $p< ,05$). Die rechte Hand ist für durchschnittlich 23,4, die linke nur für 14,7 Moves-through verantwortlich (Abbildung 4.4 Mitte). Betrachtet man abschließend noch den Faktor Größe, so erkennt man in den Experimenten 1 und 2 eine Zunahme der Moves-through mit ansteigender Objektgröße, aber in Experiment 3 ein gleiches Niveau ($M= 0,8$) unabhängig von der Objektgröße.

Zusammenfassend kann an dieser Stelle festgehalten werden, dass bei einer Folgebewegung mit geringer Genauigkeitsanforderung, wie in dieser Studie dem Wegwerfen, die Anzahl der Moves-through deutlich ansteigt und dass in einer solchen Aufgabe die rechte Hand „ungenauer" arbeitet als die linke. Des Weiteren steigt bei geringeren Genauigkeitsanforderungen (z.B. Hochheben, Wegwerfen) die Anzahl der Moves-through mit zunehmender Objektgröße an, was bei höherer Anforderung an die Genauigkeit der Folgebewegung (z.B. Platzieren) nicht beobachtet werden konnte.

## 4 Experimentelle Untersuchungen

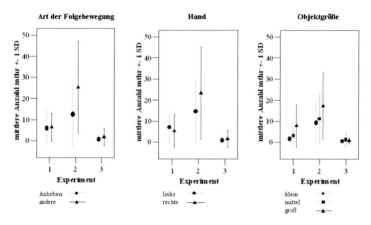

**Abbildung 4.4**: *Reales Greifen: Mittlere Anzahl (+/- 1 Standardabweichung) der Moves-through (mthr) für die 3 Experimente: rechts abhängig von der Art der Folgebewegung (Anheben vs. andere), Mitte abhängig von der ausführenden Hand (links vs. rechts), links abhängig von der Objektgröße.*

### 4.1.3.3 Diskussion

Die vorgestellten Experimente hatten das Ziel, den Einfluss von Folgebewegungen auf die initiale Greifbewegung zu untersuchen. Hierzu wurden vier verschiedene Objektmanipulationen nach abgeschlossenem Griff durchgeführt und die kinematischen Parameter des initialen Greifens analysiert. Bei den vier Folgebewegungen handelte es sich um zwei vertikale (kurzes Anheben und Hochheben) und zwei horizontale Bewegungen (Wegwerfen und Platzieren) mit unterschiedlichen Präzisionsanforderungen. Die Bedingung „kurzes Anheben" war Teil jedes Experiment und diente als Kontrollbedingung. Neben der Art der Folgebewegung wurde auch die Objektgröße (klein, mittel, groß) und die ausführende Hand (links, rechts) variiert. Um zu gewährleisten, dass die drei Versuchspersonengruppen untereinander vergleichbar sind und Gruppenunterschiede auf die unabhängigen Variablen und nicht auf interindividuelle Unterschiede in der Feinmotorik zurückzuführen sind, wurden die Ergebnisse der Motorischen Leistungsserie herangezogen. Es zeigte sich, dass sich die Teilnehmer hinsichtlich ihrer feinmotorischen Fähigkeiten nicht unterschieden.

### EINFLUSS DER OBJEKTGRÖSSE

Wie erwartet hatte die Objektgröße einen deutlichen Einfluss auf die kinematischen Parameter. Konsistente größenabhängige Bewegungsmuster wurden in allen drei Experimenten gefunden: die Durchschnittsgeschwindigkeit steigt mit zunehmender Objektgröße an, die maximale Apertur richtet sich ebenfalls nach der Objektgröße (je größer, desto größer), der dreidimensionale Weg, der bis zur Erreichung der Höchstgeschwindigkeit zurück gelegt wird, und die Höchstabbremsung nehmen mit zunehmender Objektgröße ab. Außerdem konnten Befunde aus der Literatur repliziert werden, wie zum Beispiel das Ergebnis von Wing, Turton und Fraser (1986), die feststellten, dass je schneller die Bewegung, desto größer die Apertur.

### EINFLUSS DER AUSFÜHRENDEN HAND

In Bezug auf den Faktor Hand zeigte sich in den Experimenten 1 und 2, dass die linke Hand schneller griff als die rechte, sonst aber kein konsistentes handspezifisches Muster in den Experimenten zu erkennen war. Die Versuchspersonen greifen mit beiden Händen in einer vergleichbaren Art und Weise.

### EINFLUSS DER FOLGEBEWEGUNG

Der Schwerpunkt der Experimente lag allerdings nicht auf dem Einfluss der Objektgröße oder der ausführenden Hand, sondern auf den Auswirkungen der Folgebewegungen. Zusammenfassend kann hier festgehalten werden, dass sich die initialen Greifbewegungen nicht voneinander unterscheiden, wenn ähnliche Folgebewegungen miteinander verglichen werden, wie z.B. die beiden vertikalen Bewegungen kurzes Anheben (unspezifizierte vertikale Bewegung) und Hochheben (spezifizierte vertikale Bewegung) aus Experiment 1. Wenn sich allerdings die Anforderungen der Folgebewegung deutlich voneinander unterscheiden, wie im Vergleich des kurzen Anhebens und des Wegwerfens oder Platzierens (Experiment 2 und 3), zeigen sich signifikante Unterschiede in den kinematischen Parametern der initialen Greifbewegung. Die maximale Apertur ist größer, die Höchstabbremsung höher, der dreidimensionale Weg bis zum Erreichen der Höchstgeschwindigkeit und der Höchstabbremsung länger, wenn dem Greifen eine der beiden horizontalen Bewegungen folgt. Im Gegensatz zu Marteniuk et al. (1987) konnte nicht gezeigt werden, dass die Höchstgeschwindigkeit beim Platzieren zeitlich früher erreicht wird. Allerdings weisen die Ergebnisse darauf hin, dass vor allem die letzte Bewegungsphase - bei Marteniuk et al. (1987) auch Abbremsphase genannt - von den Anforderungen der Folgebewegung beeinflusst wird. Vor allem wenn die Präzisionsanforderungen sehr gering sind, wie zum Beispiel bei der Wegwerfbewegung, lässt sich eine deutliche Verkürzung der Abbremsphase mit einem gleichzeitigen Anstieg der Höchstabbremsung feststellen, die von einem Anstieg der auftretenden „Moves-through" begleitet wird. Als „Moves-through" wurden alle Bewegungen definiert, bei der die Höchstabbremsung gleichzeitig oder nach dem definierten Bewegungsende (= vertikale Quaderbewegung) auftrat. Die Häufigkeit der betroffenen Durchgänge diente als Analyseparameter. Das Phänomen wurde schon 1987 von Marteniuk et al. beschrieben: *„as if participants in the throw condition were not as concerned with precisely grasping the disk and thus could afford to swoop down and grasp it while the hand was moving relatively quickly"* (Seite 374). Allerdings findet sich bei den Autoren keine quantitative und qualitative Analyse des beobachteten Phänomens. In den drei Experimenten konnte nun gezeigt werden, dass die Häufigkeit des „Swoopens" sowohl von der Art der Folgebewegung, der ausführenden Hand als auch der Objektgröße abhängig ist. In der Wegwerfbedingung in Experiment 2, die die geringste Präzisionsanforderung an die Folgebewegung stellte, traten beim Greifen des großen Objekts mit der rechten Hand am meisten „Moves-through" auf.

ZUSAMMENFASSUNG

Aus den Ergebnissen der drei Experimente kann abgeleitet werden, dass das, was man mit einem Objekt tun will, nachdem wir es ergriffen haben - also die Bewegungsintention - die initiale Greifbewegung beeinflusst. Ausschlaggebend für Unterschiede in den kinematischen Parametern sind unterschiedliche Präzisionsanforderungen der Folgebewegung, z.B. hohe Anforderungen beim Platzieren vs. geringe Anforderungen beim Wegwerfen. Die Ergebnisse bestätigen und erweitern die Befunde von Marteniuk et al. (1987) und widersprechen denen von Klatzky et al. (2002), die einen Einfluss von Folgebewegungen auf die Bewegungsinitiierungszeit, aber keinen systematischen Einfluss auf die Kinematik der initiale Greifbewegung nachweisen konnten. Darüber hinaus sprechen die vorliegenden Resultate für eine aufgabenspezifische Repräsentation von Greifbewegungen und gegen eine abstrakte Repräsentation (vgl. Keele, 1981; Schmidt, 1975).

## 4.2 Tiefenwahrnehmung im virtuellen Raum

### 4.2.1 Einleitung

Eine akkurate Tiefenwahrnehmung ist für den Menschen bei vielen Tätigkeiten im täglichen Leben essentiell. Unser Verhalten im Raum ist abhängig von korrekt wahrgenommenen Entfernungen und Distanzen. Betrachtet man den Greifraum[2], so ist das Ergreifen eines Objektes nur möglich, wenn die Entfernung zwischen Betrachter und Objekt, sowie die Objektgröße richtig wahrgenommen werden. Bei größeren Blickdistanzen, muss die Tiefenwahrnehmung ebenfalls stimmen. Denkt man hier z.b. an Ballsportarten, so wäre ein exaktes Zuspiel ohne das Wissen über räumliche Entfernungen nicht möglich. Seit Mitte des letzten Jahrhunderts ist die Erforschung der Tiefenwahrnehmung im realen Raum gut dokumentiert (vgl. Schlosberg, 1950, Gilinsky, 1951; Harway, 1963; Epstein und Rogers, 1995; Goldstein, 2002), obwohl es immer noch ungeklärte Fragen in diesem Zusammenhang gibt und das Thema weiterhin ein klassisches Problem in der experimentellen Psychologie darstellt (Loomis, DaSilva, Philbeck und Fukusima, 1996).
Seit virtuelle Versuchsanordnungen Einzug in die experimentelle Psychologie gefunden haben (Loomis, Blaskovich und Beall, 1999; Bülthoff, Foese-Mallot und Mallot, 2000) und virtuelle Paradigmen als Forschungsmethode genutzt werden, erweitern sich die Fragestellungen rund um die menschliche Tiefenwahrnehmung, denn im virtuellen Raum steckt die Erforschung von visuellen Wahrnehmungsphänomenen noch in den Kinderschuhen.
Um abzuklären, wo virtuelle Objekte wahrgenommen werden, wurden im Rahmen dieser Arbeit zwei Experimente konzipiert, in denen Versuchspersonen virtuelle Distanzen schätzen mussten. Das erste Experiment untersucht verbale Schätzleistungen und das zweite Experiment motorische Schätzleistungen im virtuellen Raum. Im Folgenden werden nun die theo-

---

[2]Greifraum: Arbeitspsychologisch der auch als Grifffeld bezeichnete Raum, in dem ohne Orts- oder Lageveränderung des Arbeitenden gegriffen werden kann (Häcker und Stapf, 1998, S.337).

retischen Grundlagen und der aktuelle Forschungsstand zur Tiefenwahrnehmung im virtuellen Raum näher beleuchtet und im Anschluss daran die beiden experimentellen Untersuchungen beschrieben. Das Kapitel endet mit Implikationen der Ergebnisse für die Untersuchungen zum Greifen im virtuellen Raum.

### 4.2.2 Theorie

Die menschliche Tiefenwahrnehmung basiert auf verschiedenen visuellen Informationsquellen (vergleiche hierzu Kapitel Allgemeiner theoretischer Hintergrund, Grundlagen Tiefenwahrnehmung, S.31). Um einen dreidimensionalen Eindruck unserer Umwelt zu erzeugen, werden okulomotorische, monokulare, bewegungsinduzierte und stereoskopische Informationen vom visuellen System miteinander verknüpft und verarbeitet. Welche Information bei welcher Distanz abhängig von der Situation dominiert und am effektivsten wirkt, ist für die reale Welt gut erforscht (Cutting und Vishton, 1995; Nagata, 1993). Bis zu einer Entfernung von fünf Metern spielen vor allem okulomotorische und stereoskopische Informationen eine entscheidende Rolle, weiter entfernt monokulare und bewegungsinduzierte Informationen. Neuste Forschungsergebnisse zeigen, dass die Tiefenwahrnehmung auch von nicht-visuellen Faktoren, z.B. von den Zielen des Betrachters oder dessen physiologischem Zustand beeinflusst wird (Proffitt, 2006). Auf dieses letztgenannte Themengebiet wird in der vorliegenden Arbeit nicht eingegangen. Die nachfolgenden Abschnitte beschäftigen sich mit den visuellen Faktoren der Tiefenwahrnehmung im virtuellen Raum.

Da ein großer Unterschied zwischen natürlicher und der technisch erzeugter Tiefenwahrnehmung besteht (Cours, 2004), wurden in den letzten Jahrzehnten die verschiedensten Aspekte der Wahrnehmung räumlicher Tiefe in virtuellen Räumen untersucht. Allgemein gültige Aussagen lassen sich hier allerdings nur mit Vorsicht treffen, da allein aufgrund verschiedener Hardware- und Softwarekomponenten jede virtuelle Realität anders ist und sich z.B. experimentelle Ergebnisse, die aus HMD-Studien stammen, nicht auf Anwendungen in einer CAVE übertragen lassen.

### 4.2.2.1 Virtuelle Tiefenwahrnehmung

Da es sich bei virtuellen Welten um programmierte Projektionen handelt, ist es möglich monokulare und bewegungsinduzierte Tiefeninformationen in die virtuelle Szene einzubauen und miteinander zu verknüpfen. Wie aber verhält es sich in virtuellen Räumen mit okulomotorischen und stereoskopischen Tiefeninformationen, die in der realen Welt vom visuellen System zur Verfügung gestellt werden? Die menschlichen Augen sind daran gewöhnt, dass Konvergenz und Akkommodation zusammenarbeiten und die Informationen aus beiden physiologischen Prozessen übereinstimmen, da die Anpassungen automatisch und gleichzeitig erfolgen. So besteht beim Betrachten eines Objekts für jede Distanz ein adäquater Konvergenzwinkel und die Akkommodation der Linse ermöglicht es, das Objekt zu fokussieren. Wird eine dreidimensionale Welt technisch erzeugt, so werden die Augen getäuscht, da die Querdisparation (vgl. Allgemeine Theorie, Grundlagen Tiefenwahrnehmung, S.35) die restlichen Tiefeninformationen dominiert (Cours, 2004). In virtuellen Umgebungen tritt daher ein Phänomen auf, das von Veron, Southard, Leger und Conway (1990) Akkommodation-Konvergenz-Konflikt genannt wurde. Da die Projektionsfläche normalerweise eine konstante Entfernung zum Betrachter hat und die virtuellen Objekte sowohl vor, auf als auch hinter der Projektionsfläche erscheinen können, entsteht eine Diskrepanz zwischen Akkommodation und Konvergenz. Die Augen konvergieren und divergieren nämlich in Abhängigkeit von der dargestellten Distanz, akkommodieren aber auf die Projektionsfläche (vgl. Abbildung 4.5).

Die Konvergenzwinkel werden in beiden Umgebungen gleich eingestellt ($\alpha_v = \alpha_r$), jedoch kommt es im Vergleich von virtueller (vA) und realer Akkommodation (rA) zu einer Akkommodationsdifferenz (AD). Diese Differenz kann aus technischer Sicht nicht überwunden werden und wird in

4.2 Tiefenwahrnehmung im virtuellen Raum

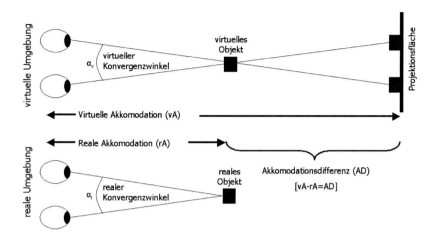

**Abbildung 4.5:** *Tiefenwahrnehmung: Akkommodationsdifferenz zwischen virtueller und realer Umgebung bei gleichem Konvergenzwinkel ($\alpha_v$ = virtueller Konvergenzwinkel, $\alpha_r$ = realer Konvergenzwinkel, vA = virtuelle Akkomodation, rA = reale Akkomodation, AD = Akkomodationsdifferenz).*

allen VR-Anwendungen die Tiefenwahrnehmung beeinflussen. Es gibt Autoren, die vorschlagen, dass der Betrachter lernen muss Akkommodation und Konvergenz zu entkoppeln (Robinett und Rolland, 1991). Inwieweit das visuelle System dazu fähig ist, kann an dieser Stelle nicht beurteilt werden.

Ein weiterer Faktor, der in Bezug auf technisch erzeugte Tiefenwahrnehmung eine entscheidende Rolle spielt, ist der Augenabstand des Betrachters. Die wahrgenommene Tiefe verhält sich umgekehrt proportional zum individuellen Augenabstand[3], der interindividuell zwischen etwa 45 mm und 80 mm variiert (Dodgson, 2004).

Holliman (2006) hat basierend auf Erkenntnissen aus Untersuchungen zu geometrischen Modellen zur Tiefenwahrnehmung (Helmholtz, 1867; Valyus, 1966; Diner und Fender, 1993; Hodges und Davis, 1993; Woods, Docherty und Koch, 1993; Jones, Lee, Holliman und Ezra, 2001) ein vereinfachtes Schema entworfen (Abbildung 4.6), das den Zusammenhang zwi-

---

[3] Augenabstand: Als Augenabstand bezeichnet man in der Augenheilkunde den Abstand der Pupillenmittelpunkte der beiden Augen.

## 4 Experimentelle Untersuchungen

schen wahrgenommener Tiefe, Augenabstand und Bilddisparität (Abstand zwischen korrespondierenden Punkten im linken und rechten Bild) für stereoskopische Darbietungsformen beschreibt.

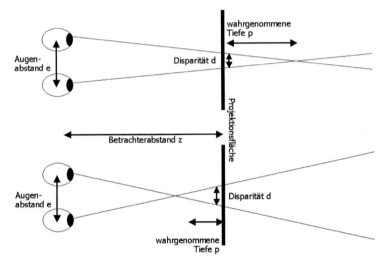

**Abbildung 4.6:** *Tiefenwahrnehmung: Wahrgenommene Tiefe hinter und vor einer Projektionsfläche (e = Augenabstand, d = Disparität, p = wahrgenommene Tiefe, z = Betrachterabstand).*

Bei der Berechnung der wahrgenommenen Tiefe muss berücksichtigt werden, dass diese sich direkt proportional zum Betrachterabstand verhält, das heißt, wird der Betrachterabstand verändert, verändert sich auch die wahrgenommene Tiefe. Man kann nun drei Fälle unterscheiden: entweder wird ein Objekt vor, auf oder hinter der Abbildungsoberfläche dargeboten. Für den Fall der Darbietung auf der Abbildungsoberfläche entspricht die wahrgenommene Tiefe dem Betrachterabstand, in diesem Fall korrespondieren Akkommodation und Konvergenz wie in der Realität. Wenn das Objekt hinter der Abbildungsoberfläche präsentiert wird, erfolgt die Berechnung der wahrgenommenen Tiefe nach der Formel

$$p = \frac{z}{\left(\frac{e}{|d|}\right) - 1}$$

in diesem Fall ist d>1, da es sich um eine gekreuzte (negative) Parallaxe handelt. Befindet sich das Objekt vor der Abbildungsoberfläche, so lautet die Formel

$$p = \frac{z}{\left(\frac{e}{|d|}\right) + 1}$$

mit d< 1, da nun eine ungekreuzte (positive) Parallaxe vorliegt (vgl. Abbildung 4.6).

Eine aktuelle Studie von Schmidt und Oehme (2007), die sich mit den physiologischen Grenzen der menschlichen Wahrnehmung in virtuellen Umgebungen beschäftigt, zeigt, dass der Grad der Entkopplung von Akkommodation und Konvergenz einen Einfluss auf die Tiefenwahrnehmung in virtuellen Applikationen hat. In einer CAVE wurde systematisch der Akkommodationsabstand und der Grad der Entkopplung variiert. Der Grad der Entkopplung definiert sich über den Quotienten aus der Entfernung des virtuellen Objektes von der Projektionsfläche und dem realen Akkommodationsabstand. In einer Abgleichaufgabe mussten die Versuchspersonen (N= 22) ein reales Objekt auf die Entfernung eines virtuellen Objektes einstellen. Die Ergebnisse zeigen einen signifikanten Haupteffekt für den Akkommodationsabstand und eine signifikante Wechselwirkung zwischen dem Akkommodationsabstand und dem Grad der Entkopplung von Akkommodation und Konvergenz. Es zeigt sich, dass mit zunehmendem Akkommodationsabstand die Verzerrungen in der Tiefenwahrnehmung (Entfernungswahrnehmungsdifferenz in cm) größer werden. Die Autoren leiten aus den Ergebnissen der Studie ab, dass bei Rückwandprojektionen Akkommodationsentfernungen unter einem Meter gewählt werden sollten, um den konfundierenden Einfluss des Akkommodation-Konvergenz-Konflikt gering zu halten.

Fazit:
In den vorliegenden Studien zur Tiefenwahrnehmung im virtuellen Raum, wurden die bekannten Einflussfaktoren (Betrachter- und Augenabstand) berücksichtigt, um eine Vergleichbarkeit der Versuchspersonen zu gewährleisten. Der Betrachterabstand (Akkommodationsabstand) wird durch die

Verwendung einer Kopfstütze konstant gehalten und liegt unter einem Meter. Der Augenabstand wird als individueller Parameter in die ReactorMan-Software eingegeben.

### 4.2.2.2 Aktueller Stand der Forschung

Die Übersichtsartikel, die sich mit dem Thema Wahrnehmung im virtuellen Raum beschäftigen, beschreiben meistens auf einer Metaebene die technischen Voraussetzungen für die Erschaffung einer dreidimensionalen Umgebung (vgl. Drascic und Milgram, 1996; May und Badcock, 2002; Sherman und Craig, 2003) oder den allgemeinen Nutzen von Tiefenhinweisreizen (Cutting, 1997), ohne jedoch Konsequenzen für die Tiefenwahrnehmung abzuleiten. Dies liegt wahrscheinlich daran, dass aufgrund der Vielfältigkeit der VR-Systeme oft keine allgemein gültigen Aussagen getroffen werden können.
Loomis und Knapp (2003) fassen in einem Kapitel im Übersichtswerk „Virtual and Adaptive Environments" von Hettinger und Haas den aktuellen Stand der Forschung im Bereich visuelle Wahrnehmung von egozentrischen Distanzen in realen und virtuellen Umgebungen zusammen. Sie konzentrieren sich hierbei allerdings auf den extrapersonalen Raum (> 100 cm - 120 cm), der jenseits des Greifraums, auch peripersonaler Raum genannt, liegt (Cutting und Vishton, 1995; Previc, 1998). Sie betonen, dass die Forschung bis heute immer noch ungeklärten Fragen auf der funktionalen und auch der zu Grunde liegenden physiologischen Ebene der visuellen Wahrnehmung in der Realität gegenüber steht, z.B. der Zuordnung zwischen physikalischem und visuellem Raum, der Verbindung zwischen visuellem Raum und dem menschlichen Handeln und Aspekten der visuellen Stimulation, die für die Determinierung der Struktur des visuellen Raumes notwendig sind. Demzufolge ist die Synthese von realistischen virtuellen Umgebungen hinsichtlich einer adäquaten Tiefenwahrnehmung eine große Herausforderung und wirft zusätzliche Forschungsfragen in diesem Bereich auf, da die phenomenologische Frage, warum die visuelle Welt so erscheint wie sie es tut, in virtuellen Umgebungen von noch mehr und anderen Faktoren beeinflusst

wird als in der Realität.
Neben den bekannten Tiefenhinweisreizen (vgl. Nagata, 1993; Cutting und Vishton, 1995; Goldstein, 2002) spielt im virtuellen Raum auch die Bewusstheit über die virtuelle Realität als Repräsentation eine entscheidende Rolle. Diese ist wiederum abhängig von dem gewählten Darstellungsmedium. So konnten Yang, Dixon und Proffitt (1999) zeigen, dass es einfacher ist große Objekte auf einer großen Projektionsfläche wahrzunehmen, als auf einem CRT-Bildschirm, da die kognitve Bewusstheit über den Bildschirm (Bild in einem Rahmen) mit der intendierten Bewusstheit über den virtuellen Raum in einen Konflikt tritt. Das bedeutet, wenn die empirische Fragestellung von der dreidimensionalen Struktur der virtuellen Realität und somit von Aspekten der Tiefenwahrnehmung abhängig ist, dann sollten zur Darstellung von virtuellen Räumen möglichst große Abbildungsoberflächen verwendet werden.

Wichtig im Zusammenhang mit der Erforschung der Tiefenwahrnehmung, sowohl in der realen als auch in der virtuellen Welt, ist die Messung von egozentrischen Distanzen. Da die wahrgenommene Position von Objekten, also die Wahrnehmung von Richtung und Distanz in Relation zum Betrachter, nicht direkt gemessen werden kann, müssen die Antworten der Betrachter auf phenomenologische Objektvariablen als Messkonstrukte verwendet werden. Zum einen kann die Distanz in einem direkten Urteil ausgedrückt werden. Diese Urteile sind normalerweise numerischer Natur und werden in geläufigen metrischen Einheiten (z.B. cm) abgefragt. Nennt der Betrachter die geschätzte Distanz, so spricht man von einer verbalen Schätzung. Eine andere Art des direkten Urteilens ist die Angabe der Distanz durch eine motorische Antwort, z.B. das „blinde" Greifen, Zeigen oder Gehen bis zur zu schätzenden Position im dreidimensionalen Raum (Loomis und Knapp, 2003). Wichtig für die Validität dieser Methoden ist die Annahme, dass die Antwort des Beobachters allein auf die Wahrnehmung zurück zu führen ist, unabhängig davon, was der Betrachter weiß. Hier muss allerdings berücksichtigt werden, dass die Bekanntheit der Objektgröße eine entscheidende Rolle spielt (vgl. Loomis, Klatzky, Philbeck und Golledge, 1998; Philbeck und Loomis, 1997), da diese aufgrund des engen Zusammenhangs zwischen wahrgenommener Größe und Distanz in das Distanzurteil mit einfließt. Eine Zusammenstellung motorischer Schätzergebnissen aus Gehaufgaben findet sich bei Loomis und Knapp (2003). Insgesamt spiegeln die Ergebnisse die präsentierten Distanzen zwischen etwa 2 und 25 Metern sehr gut wieder, wobei es aber in den meisten Studien zu Unterschätzungen der extrapersonalen Distanzen kommt (vgl. Creem-Regehr, Willemsen, Gooch und Thompson, 2005).

Den Zusammenhang zwischen verbalen und motorischen Schätzungen haben Philbeck und Loomis (1997) unter verschiedenen Sichtbedingungen (dunkler Raum vs. beleuchteter Raum) untersucht. Selbstleuchtende Objekte mussten in Betrachterdistanzen zwischen 79 und 500 cm geschätzt werden. Die Ergebnisse zeigen, dass die Antworten outputunabhängig sind, das heißt, kein Unterschied zwischen den verbalen und motorischen Schätzungen auftrat und die Schätzungen in dem beleuchteten Raum insgesamt sehr akkurat sind.

Neben den direkten Schätzmethoden werden auch indirekte Methoden angewendet, um die Wissenskomponente aus der Distanzschätzung auszuschließen. Hierbei werden andere perzeptive Variablen geschätzt und aus ihnen wird die wahrgenommene Distanz abgeleitet, z.B. Objektgröße und Objektverschiebung (Gogel, 1976). Gogel, Loomis, Newman und Sharkey (1985) haben die Ergebnisse aus zwei indirekten Verfahren (Distanzberechnung aufgrund der Objektgröße vs. Distanzberechnung aufgrund der Objektverschiebung) miteinander verglichen und konnten eine hohe Korrelation zwischen den Ergebnissen belegen (r= 0,98), allerdings waren die aus der Objektgröße resultierenden Distanzen etwa 20% größer.

Vergleiche zwischen direkten und indirekten Schätzmethoden im virtuellen Raum, dargestellt mit einem HMD, finden sich bei Knapp (1999). In seinem ersten Experiment mussten drei Distanzen (1 m, 2,5 m und 4 m) auf drei unterschiedliche Art und Weisen geschätzt werden (direkt: verbale Schätzung und Gehen, indirekt: manuelle Einstellung einer Öffnung, durch die man an der dargebotenen Distanz gerade so noch mit den Schultern hindurchpasst). Die Ergebnisse zeigen, dass sich die direkten Schätzergebnisse nicht voneinander Unterscheiden, die Distanzen werden um etwa 50% unterschätzt. Das indirekte Schätzurteil liefert eine Überschätzung in der 1 m-Bedingung und ebenfalls Unterschätzungen in den beiden anderen Bedingungen, die allerdings geringer sind als bei den direkten Urteilen. In einem zweiten Experiment wurden wieder drei Methoden (zwei direkte: verbale Schätzung und Gehen (Dreiecksverfahren[4]) und eine indirekte: verbale Schätzung der Objektgröße) bei der Schätzung von drei Distanzen (2 m, 6 m, und 18 m) miteinander verglichen. Hier zeigt sich, dass die virtuellen Distanzen unabhängig von der Schätzmethode ebenfalls um etwa 50% unterschätzt werden. In einem älteren Übersichtsartikel von DaSilva (1985) werden verschiedene Studien zur Distanzschätzung in der Realität zusammengefasst und trotz der Vielzahl an Experimenten sind allgemeine Aussagen über die egozentrische Distanzwahrnehmung schwierig, da sich die Methoden, Targets und Umgebungen stark voneinander unterscheiden.

In der virtuellen Realität sieht das Bild ähnlich aus. Es gibt eine Vielzahl von Untersuchungen im Bereich Tiefenwahrnehmung, aber ein Vergleich der Resultate oder gar eine Generalisierung scheint unmöglich. Allein die Verwendung verschiedener Darstellungsgeräte (HMD, Projektionswand, Desktop-VR) mit teilweise sehr unterschiedlichen visuellen Grundlagen (z.B. Akkommodationsdistanz) macht deutlich, dass die Tiefenwahrnehmung im virtuellen Raum auf einer sehr komplexen Kombination von Einflussfaktoren beruht.

Im Folgenden werden verschiedene empirische Studien vorgestellt, die die theoretische Grundlage der durchgeführten Experimente bilden, bzw. aus denen die bearbeiteten Fragestellungen abgeleitet wurden. Da die inhaltliche Ausrichtung der Arbeiten sehr breit ist, gliedert sich der nachfolgende Abschnitt grob in die Themenbereiche: (1) Vergleich zwischen Realität und virtueller Realität, (2) Tiefenhinweisreize und andere Einflussfaktoren und (3) Motorik und Wahrnehmung. Zum jeweiligen Themenbereich werden einzelne relevante Studien vorgestellt, die aufgrund der großen Heterogenität nicht in zusammengefasster Form berichtet werden.

---

[4]Dreiecksverfahren: ein Target wird präsentiert und der Betrachter muss es anschauen. Die Blickrichtung wird aufgezeichnet. Dann muss der Betrachter eine festgelegte Strecke mit geschlossenen Augen laufen und wird dann aufgefordert das Target wieder anzublicken, oder auf es zuzulaufen, die Blickrichtung, bzw. Gehrichtung wird aufgezeichnet. Aus dem sich ergebenen Dreieck, wird die wahrgenommene Distanz berechnet.

*4 Experimentelle Untersuchungen*

## (1) Vergleich zwischen Realität und virtueller Realität

Distanzschätzungen in der Realität liefern bis zu Entfernungen von 2 bis 3 m akkurate Ergebnisse (Gogel und Tietz, 1979; Philbeck und Loomis, 1997; Ooi, Wu und He, 2001). Die typischen Abweichungen bei größeren Entfernungen liegen zwischen 9 und 13% (Wright, 1995). In virtuellen Umgebungen werden Distanzen meist stärker unterschätzt (vgl. Knapp, 1999). Weitere direkte Vergleiche zwischen realer und virtueller Tiefenwahrnehmung liefern Lampton, McDonald und Singer (1995), Rolland, Gibson und Ariely (1995), Witmer und Sadowski (1998), Witmer und Kline (1998), Sahm, Creem-Regehr, Thompson und Willemsen (2005), Plumert, Kearney und Cremer (2004), Messing und Durgin (2005) und Plumert, Kearney, Cremer und Recker (2005). Die Ergebnisse und Aussagen aus diesen Studien werden im Folgenden chronologisch vorgestellt.

*Lampton, McDonald, Singer und Bliss (1995)*
Eine der ersten Studien, die sich mit dem Vergleich von realer und virtueller Welt bezüglich der Tiefenwahrnehmung befasst, stammt von Lampton, McDonald, Singer und Bliss (1995). In ihrem Artikel, der sich primär mit der Evaluierung einer Schätzprozedur beschäftigt, berichten die Autoren Schätzergebnisse aus virtuellen Umgebungen, dargestellt mit einem HMD, einem BOOM[5] und einem Computerbildschirm, sowie aus einer vergleichbaren realen Umgebung. Die Versuchspersonen mussten eine Distanz von 12,2 m (40 ft.) schätzen. Der Vergleich zwischen virtueller und realer Welt zeigt eine Unterschätzung in der realen Welt ($m_{real}$= 9,9 m) und hardwarespezifische Unterschiede in der virtuellen Welt. Am Monitor und mit dem BOOM wird die Distanz ebenfalls unterschätzt ($m_{Monitor}$= 10,3 m, $m_{BOOM}$= 9,5 m), mit dem HMD kommt es zu einer immensen Überschätzung ($m_{HMD}$= 23,7 m). Kritisch anzumerken ist an dieser Stelle, dass die Schätzungen in der realen und in der virtuellen Welt von zwei unterschiedlichen Versuchspersonengruppen stammen und keine Aussagen über die Vergleichbarkeit der

---

[5]BOOM = Binocular Omni-Oriented Monitor, kopfgeführtes Sichtgerät mit stereoskopischer Anzeige, auch „Head-Coupled Display"

beiden Gruppen, z.B. hinsichtlich ihrer visuellen Fähigkeiten, gemacht werden.

*Rolland, Gibson und Ariely (1995)*
Die Autoren untersuchten an sich selbst den Einfluss von Stereopsis auf die Tiefenwahrnehmung. Sie verwendeten hierzu ein see-through HMD-System mit dem man reale und virtuelle Objekte gleichzeitig sehen kann. Sie präsentierten jeweils zwei Objekte (lateraler Abstand 11 cm) in 80 und 120 cm Entfernung. Die Aufgabe bestand darin zu beurteilen, welches der beiden Objekte näher, bzw. weiter entfernt dargeboten wurde. Die Ergebnisse zeigen, dass die virtuellen Objekte weiter entfernt wahrgenommen werden, es kam also zu einer Überschätzung der wahren Distanz im peripersonalen Raum.

Im Jahr 1998 wurden zwei weitere Studien veröffentlicht, die sich mit dem Vergleich zwischen realer und virtueller Tiefenschätzung beschäftigen.

*Witmer und Sadowski (1998)*
Versuchspersonen mussten in einem realen Korridor nach einer zehnsekündigen Targetpräsentation blind zu sieben verschiedenen Positionen laufen (4,6 m, 9,1 m, 13,7 m, 18,3 m, 22,9 m, 27,4 m und 32 m). Die gleiche Aufgabe wurde in einem virtuellen Raum unter der Verwendung eines BOOMs und eines Laufbandes repliziert. Die Ergebnisse zeigen Unterschätzungen in beiden Bedingungen, wobei die virtuelle Abweichung durchschnittlich bei 15% und die reale bei nur 8% liegt. Außerdem nimmt der mittlere konstante Fehler in der VR-Bedingung mit zunehmender Distanz linear zu, das heißt, je größer die zu schätzende Distanz, desto größer die Unterschätzung.

*Witmer und Kline (1998)*
Ein ähnliches Setting wie bei Witmer und Sadowski (1998) wurde von Witmer und Kline (1998) verwendet. Allerdings mussten die Versuchspersonen hier verbale Schätzungen über sechs dargebotene Distanzen (3 m, 9,1 m, 15,2 m, 21,3 m, 27,4 m und 33,5 m) abgeben. Der Vergleich zwischen realer und virtueller Umgebung zeigt zum einen Unterschätzungen in bei-

den Bedingungen (53% virtuell und 28% real) und zum anderen, dass die geschätzten Werte sich proportional zu den wahren Werten verhalten. Die Exponenten aus der Stevenschen Potenzfunktion liegen bei 0,90 in der realen Welt und zwischen 0,93 und 1,01 in der virtuellen Welt.

*Willemsen und Gooch (2002)*
Die Autoren verglichen die Leistungen in einer Gehaufgabe in drei verschiedenen Umgebungen: real vs. photorealistisch vs. virtuell. Die beiden computergenerierten Umgebungen wurden in einem HMD dargeboten und die Versuchspersonen mussten blind drei Entfernungen abgehen: 2 m, 3,5 m und 5 m. Die Autoren nahmen an, dass die photorealistische Darstellung die Schätzleistung gegenüber der virtuellen Darstellung verbessern würde. Dies konnte nicht gezeigt werden. In der realen Umgebung waren die Schätzungen sehr genau, aber in den beiden anderen Umgebungen traten deutliche Unterschätzungen auf. Diese Studie liefert somit einen klaren Hinweis darauf, dass die abweichende Tiefenwahrnehmung in virtuellen Welten nicht auf die graphische Darstellung zurückzuführen ist, sondern dass die Displaytechnologie, in diesem Fall das HMD, die Abweichungen verursacht.

*Sahm, Creem-Regehr, Thompson und Willemsen (2005)*
Ebenfalls deutliche Unterschätzungen in VR konnten von Sahm, Creem-Regehr, Thompson und Willemsen (2005) in zwei verschiedenen Aufgaben (blindes Gehen vs. blindes Werfen) gezeigt werden. Die Versuchspersonen mussten entweder zu vier verschiedenen Positionen gehen (3 m, 4 m, 5 m und 6 m) oder einen Beutel an die entsprechende Position werfen. Es ist bekannt, dass Werfen als Schätzmethode in der realen Welt akkurate Ergebnisse liefert (z.B. Eby und Loomis, 1987). In beiden Aufgaben sind die Abweichungen im realen Raum im Vergleich zum virtuellen Raum sehr gering.

*Messing und Durgin (2005)*
In dieser Studie konnte ebenfalls unter Verwendung einer Gehaufgabe gezeigt werden, dass die Tiefenwahrnehmung mit einem HMD von der realen Tiefenwahrnehmung abweicht. Die Autoren variierten in der Realität

das Sichtfeld (engl. field of view, im Text mit FOV abgekürzt), um eine dem HMD vergleichbare visuelle Bedingung zu schaffen. In der HMD-Bedingung wurden die Distanzen zwischen 2 m und 7 m im Durchschnitt um 23% unterschätzt. In den realen Bedingungen unabhängig vom FOV nur um 4%. Die Unterschätzungen mit dem HMD waren allerdings konstant und nahmen nicht mit zunehmender Distanz, wie z.b. bei Witmer und Kline (1998), zu. Des Weiteren zeigt sich sowohl in den realen Bedingungen als auch in der virtuellen Bedingung ein hoher linearer Zusammenhang zwischen den dargebotenen und den geschätzten Distanzen.

*Plumert, Kearney, Cremer und Recker (2005)*
Eine der aktuellsten Studien in diesem Bereich von Plumert, et al. (2005) stellt drei Experimente vor, von denen zwei die Distanzwahrnehmung in einer realen und einer virtuellen Umgebung vergleichen. In Experiment 1 mussten Erwachsene einschätzen, wie lange es dauern würde zu einem Ziel zu gehen, in dem sie eine Stoppuhr betätigten, während sie eine Zielperson beobachteten, die zwischen 6,1 m und 36,6 m entfernt stand. In beiden Umgebungen wurde die Gehzeit für Distanzen, also auch die Distanzen selbst, über 12,2 m unterschätzt. Unterschiede zwischen den Umgebungen traten nicht auf. Im zweiten Experiment schätzen Erwachsene und Kinder die Gehzeit in der gleichen Aufgabe ein. Zusätzlich wurde die Sicht variiert (mit vs. ohne Sicht). Wiederum trat eine Unterschätzung der Zeit auf. Sowohl bei den Erwachsenen als auch bei den Kindern zeigten sich keine Unterschiede bezüglich der Umgebung. Die Autoren betonen jedoch, dass die Behauptung, dass virtuelle Umgebungen grundsätzlich zu einer Unterschätzung der Entfernungsinformation führen, voreilig sei, da die meisten Studien HMD-Systeme benutzten und diese nur ein begrenztes Sichtfeld zur Verfügung stellen (siehe Wu, Ooi und He, 2004).
Plumert et al. (2005) weisen darauf hin, dass wenig über die Distanzwahrnehmung an großen immersiven Displaysystemen bekannt ist. Solche Systeme bieten ein größeres Sichtfeld und erleichtern eventuell die Wahrnehmung von egozentrischen Distanzen. Die Ergebnisse aus dem ersten Experiment der Forschergruppe zeigen, dass die Schätzungen in der realen und der virtuellen Welt sich kaum unterscheiden. Dies könnte damit zusammenhän-

gen, dass keine HMDs benutzt wurden. Wenn die Versuchspersonen zuerst in der realen Welt schätzen mussten, waren die Ergebnisse für 12,2 und 18,3 m in beiden Umgebungen ziemlich genau. Größere Distanzen wurden unterschätzt. Fingen die Versuchspersonen in der virtuellen Welt an, waren die Urteile deutlich verzerrter. Dies haben auch schon Witmer und Sadowski (1998) gezeigt. Auch bei den Kindern waren die Schätzungen in beiden Umgebungen ähnlich. Allerdings unterschätzen die 10-jährigen Kinder die Entfernungen bei Distanzen über 12,2 m im Vergleich zu den wahren Werten. Bei den 12-Jährigen zeigten sich ähnliche Tendenzen, obwohl bis 12,2 m die Schätzungen in beiden Umgebungen genauer waren. Bei den Erwachsenen kam es vor allem bei Distanzen über 18,3 m zu Überschätzungen. Zusätzlich kann festgehalten werden, dass es keine Unterschiede zwischen den Schätzungen mit und ohne Sicht gab.

Fazit:
Die Tiefenwahrnehmung im virtuellen Raum unterscheidet sich von der in der Realität. Die meisten Studien belegen eine Unterschätzung der dargebotenen Distanzen im extrapersonalen Raum. Die einzige Studie, die peripersonale Distanzen verwendet hat (Rolland, Gibson und Ariely, 1995), zeigt für den Greifraum Überschätzungen. Es scheint so zu sein, dass ein hoher linearer Zusammenhang zwischen wahrgenommener und dargebotener Entfernung existiert, das heißt, dass relative Distanzen korrekt wahrgenommen werden. Um die auftretenden Abweichungen zu erklären, muss man sich zusätzlich mit dem Einfluss von Tiefenhinweisreizen und anderen Faktoren beschäftigen. Im nächsten Abschnitt wird deshalb ein Überblick über den Stand der Forschung in diesem Bereich gegeben.

## (2) Tiefenhinweisreize und andere Einflussfaktoren

Ziel vieler Studien, die sich mit dem Thema Tiefenwahrnehmung im virtuellen Raum beschäftigen, ist es, in der virtuellen Realität möglichst reale Bedingungen zu schaffen. Dazu werden einerseits Tiefenhinweisreize und andererseits hardwarespezifische Einflussfaktoren untersucht. Leider verwenden die meisten Forschergruppen zur Darstellung der virtuellen Umgebungen HMDs, so dass die Ergebnisse nur eingeschränkt verallgemeinert werden können. Im Folgenden werden entsprechende Forschungsergebnisse vorgestellt.

DER EINFLUSS VON TIEFENHINWEISREIZEN
*Wanger, Ferwerda und Greenberg (1992)*
Die Autoren haben als eine der ersten den Einfluss von Projektion (orthogonal[6] vs. perspektivisch[7]), Schatten, Objekttextur (einfarbig vs. Schachbrettmuster), Bodentextur (einfarbig vs. Schachbrettmuster), Bewegung (stationärer vs. sich automatisch bewegender Sichtwinkel) und Höhe (liegend vs. schwebend) auf die Tiefenwahrnehmung in künstlichen dreidimensionalen Umgebungen systematisch untersucht. Sie verwendeten eine einfache Desktopapplikation. Drei verschiedene Aufgaben mussten bearbeitet werden. In einer Positionierungsaufgabe musste eine virtuelle Kugel in der Mitte zwischen zwei anderen Kugeln positioniert werden, in einer Rotationsaufgabe ein Würfel in die gleiche Orientierung gebracht werden wie ein Referenzwürfel und in einer Skalierungsaufgabe die Größe einer Kugel der einer Referenzkugel angepasst werden. Die Ergebnisse zeigen, dass Schatten und perspektivische Projektion bei der Positionierung die Genauigkeit um 45,2 % bzw. 28,9 % verbessern. Die restlichen Hinweisreize zeigen keine Wirkung. In der Rotationsaufgabe verschlechtert sich die Rotationsgenauigkeit bei perspektivischer Projektion um 36,3 %, verbessert sich aber durch Bewegung um 9,6 % und durch Schatten um 3,6 %. Die Skalierungsgenauigkeit verbessert sich durch Schatten (37,0 %), Bewegung (15,6 %)

---
[6]3D Punkte werden im 90° Winkel auf die Projektionspunkte abgebildet, das heißt, parallele Geraden treffen senkrecht auf die Projektionsebene
[7]parallele Geraden werden so dargestellt, als würden sie sich in einem Fluchtpunkt treffen. Diese Art der Projektion wird als natürlicher empfunden.

und Objekttextur (3,3 %), verschlechtert sich allerdings in der schwebenden Bedingung um 13,3 % und durch perspektivische Projektion um 5,7 %. Es scheint also aufgabenspezifische Anforderungen an die Tiefenwahrnehmung und somit an die Tiefenhinweisreize zu geben, die dazu führen, dass je nach Aufgabenschwerpunkt verschiedene Hinweisreize effektiv sind. Die Wirkung von Schatten dominiert, wenn die Objektposition im dreidimensionalen Raum eine Rolle spielt (Positionierungs- und Skalierungsaufgabe). Es kann außerdem angenommen werden, dass sich in der Rotationsaufgabe der Einfluss der Bewegung des Sichtwinkels drastisch verbessern würde, wenn die Veränderung des Sichtwinkels an die Kopfbewegung gekoppelt wäre (Kopftracking).

*Surdick, Davis, King, Corso, Shapiro, Hodges und Elliot (1994)*
In dieser Studie wurde die Effektivität von sieben Tiefenhinweisreizen (relative Helligkeit, relative Größe, relative Höhe, lineare Perspektive, Verkürzung, Texturgradient und Stereopsis) als Funktion der Betrachterdistanz erfasst. Sie verwendeten zur Darstellung ebenfalls eine Desktopapplikation, die allerdings im Gegensatz zu o.g. Studie von Wanger et al. (1992) schon mit einem stereoskopischen Display (Desktop-VR) ausgestattet war. Die Aufgabe bestand darin zu beurteilen welcher Stimulus, von zwei gleichzeitig dargebotenen näher erscheint. Der Referenzstimulus wurde in 100 und 200 cm Entfernung dargeboten und die zu beurteilenden Stimuli z.B. für die 200 cm-Bedingung bei 196, 197, 198, 199, 200, 201, 202, 203 und 204 cm. Die effektivsten Tiefenhinweisreize in beiden Bedingungen waren lineare Perspektive, Verkürzung und Texturgradient. Der uneffektivste Hinweisreiz war die relative Helligkeit. Stereopsis erwies sich als effektiv in der 100 cm-Bedingung, allerdings nicht in der 200 cm-Bedingung. Dieses Ergebnis stimmt mit Befunden aus der Realität überein, die eine Abnahme der visuellen Tiefensensitivität mit zunehmender Betrachterdistanz bezüglich stereoskopischer Informationen belegen (z.B. Nagata, 1993). Das gleiche Experiment haben Surdick, Davis, King und Hodges (1997) drei Jahre später noch einmal publiziert. In dieser Veröffentlichung wird noch zusätzlich angemerkt, dass die Effektivität von relativer Helligkeit, relativer Höhe und relativer Größe mit zunehmender Distanz abnimmt. Dies stimmt nicht mit

den Daten von Nagata (1993) überein. In der Realität nimmt die Tiefensensitivität von Helligkeit und Größe erst bei einer Betrachterdistanz von über 100 m ab (vgl. Allgemeiner Theorieteil, Grundlagen Tiefenwahrnehmung, S.38).

Die Studien von Wanger et al. (1992) und Surdick et al. (1994, 1997) geben erste Hinweise auf relevante Aspekte der Tiefenwahrnehmung in virtuellen Anwendungen. Allerdings sind die Ergebnisse auf die heutigen Applikationen aufgrund der technischen Entwicklungen im VR-Bereich nur bedingt übertragbar da, z.b. Schatten in neuen komplexen Softwareprogrammen selten integriert sind, weil die Berechnung in Echtzeit eine große Herausforderung darstellt.

*Witmer und Kline (1998)*
In einer sehr einfachen VR-Umgebung (BOOM mit Positionstracking und stereoskopischem Display) wurde der Einfluss von Objektgröße und Textur auf die Tiefenwahrnehmung mit dem Ziel die Genauigkeit von Distanzschätzungen zu verbessern untersucht. Sechs Distanzen zwischen 3 m und 33,5 m mussten verbal geschätzt werden und es zeigte sich ein Einfluss der Objektgröße, aber kein Einfluss der Textur. Das größere Objekt wurde näher wahrgenommen und das kleinere weiter entfernt, was darauf zurückgeführt werden kann, dass die Versuchspersonen keine Information über die Objektgröße hatten und somit die geschätzte Distanz von der Objektgröße, bzw. dem retinalen Bild des Objekts, beeinflusst wurde. Um eine Konfundierung von Distanzschätzungen durch die Objektgröße zu vermeiden, muss der Betrachter genau wissen, wie groß die dargestellten Objekte sind. Die Ergebnisse von Witmer und Kline (1998) liefern also keinerlei praktische Hinweise darauf, wie man die Genauigkeit der Tiefenwahrnehmung in virtuellen Räumen verbessern kann.

*Sinai, Krebs, Darken, Rowland und McCarley (1999)*
Die Autoren untersuchten ebenfalls egozentrische Distanzurteile im virtuellen Raum und variierten die Textur und die Objektgröße. Die Versuchspersonen mussten eine virtuelle Abgleichaufgabe ausführen. Dazu blickten

sie in einem HMD in einen Raum in L-Form, in dessen einem Korridor ein Testobjekt, eine Säule in 5, 10, 20 und 30 m Entfernung positioniert war und sich im anderen Korridor das Vergleichsobjekt, eine Fahnenstange, befand. Die Versuchspersonen konnten immer nur eines der beiden Objekte sehen, durften aber zur Distanzschätzung so oft hin und her schauen wie sie wollten. Die wahrgenommenen Entfernungen wurden gemessen, in dem die Versuchspersonen das Vergleichsobjekt in die gleiche Entfernung wie das Testobjekt bringen mussten. Die Autoren fanden signifikante Effekte für die Bodenstruktur unter dem Testobjekt, aber nicht für die Bodenstruktur unter dem Vergleichsobjekt oder die Säulengröße. Die Versuchspersonen überschätzten die Entfernung des Testobjekts um 7%.

*Hu, Gooch, Creem-Regehr und Thompson (2002)*
Ebenfalls auf der Suche nach effektiven Tiefenhinweisreizen in virtuellen Umgebungen variierten Hu, et al. (2002) die Darstellungsmethode (stereoskopisch[8] vs. biokular[9]), Schatten und Reflektionen. Zur Darstellung der VR-Umgebung wurde ein HMD mit einem FOV von 40,5° verwendet. Da die Autoren Empfehlungen für interaktive immersive Umgebungen aus ihren Daten ableiten wollten, verwendeten sie keine verbale Schätzaufgabe, sondern zwei motorische Aufgaben. Zum einen mussten die Versuchspersonen einen virtuellen Klotz auf einem Tisch abstellen, in dem sie einen echten Klotz bewegten, der an ein haptisches Feedbackgerät (PHANToM) angeschlossen war (Experiment 1). Zum anderen mussten sie manuell den Abstand zwischen einem Klotz und dem Tisch bestimmen, in dem sie den Finger über eine reale Skala bewegten (Experiment 2). Die Analyse der Daten erfolgte anhand von Regressionsanalysen und zeigt, dass in Experiment 1 unter stereoskopischer Sichtbedingung und bei Anwesenheit von Schatten und Reflektionen eine aufgeklärte Varianz von etwa 75 % erreicht wird. Ohne Reflektionen werden etwa 69 % und ohne Schatten etwa 50 % erreicht, wobei allein die stereoskopische Darbietungsweise (ohne Schatten und ohne Reflektionen) etwa 53% Varianz aufklärt. Bei biokularer Darstellung sinkt der Determinationskoeffizient unter 0,4, aber auch hier klärt die

---
[8] jedes Auge sieht das Bild aus einem geringfügig anderen Winkel, wie in der Realität
[9] jedes Auge sieht dasselbe Bild

Anwesenheit von Schatten mehr Varianz auf (ca. 32 %) als die von Reflektionen (ca. 17 %). Wird in der biokularen Bedingung auf beide piktoralen Reize verzichtet, beträgt der Determinationskoeffizient ca. 0,1. In der gleichen Bedingung in Experiment 2 liegt der Wert nur bei etwa 0,05. Allerdings zeichnen sich hier geringere Unterschiede zwischen den restlichen Bedingungskombinationen ab: alle Determinationskoeffizienten bis auf den für biokulare Darstellung mit Reflektionen (ca. 0,28) liegen über 0,65. Den größten Anteil an aufgeklärter Varianz unter stereoskopischer Darstellung liefert die Kombination aus Schatten und Reflektionen (ca. 84 %). Zusammenfassend kann aus den Ergebnissen von Hu, Gooch, Creem-Regehr und Thompson (2002) festgehalten werden, dass die stereoskopische Darbietungsform wichtig für die Tiefenwahrnehmung in HMDs ist und dass die Darbietung von Schatten ein hilfreiches Tiefenkriterium darstellt. Zusätzlich bemerken die Autoren, dass die relativen Distanzen von den Versuchspersonen ähnlich wahrgenommen wurden, die Urteile also intraindividuell stabil waren, allerdings traten interindividuell große Unterschiede auf, die deskriptiv leider nicht beschrieben wurden.

Vergleichbare interindividuelle Differenzen und intraindividuelle Stabilitäten wurden von Lampton, McDonald, Singer und Bliss (1995) und Armbrüster, Heber, Valvoda, Kuhlen, Fimm und Spijkers (2005) berichtet. Die Ergebnisse aus einer verbalen Schätzaufgabe von Armbrüster et al. (2005) zeigen, dass in einer einfachen virtuellen Umgebung, die mit einem BARCO Baron™ Rückwandprojektionstisch dargestellt wurde, systematische Unterschätzungen der Distanzen (60 - 330 cm) auftreten. Den Versuchspersonen stand in diesem Experiment nur stereoskopische Information zur Verfügung. Die Objekte in unterschiedlichen Tiefen hatten dieselbe retinale Größe und somit lieferte die Objektgröße keine Tiefeninformation. Die Abweichungen bewegten sich zwischen 22,7% für die Entfernung von 90 cm und 43,1% für die Entfernung von 330 cm. Die Versuchspersonen gaben innerhalb ihres individuellen Referenzrahmens stabile Schätzergebnisse an und Regressionsanalysen zeigten einen hohen signifikanten linearen Zusammenhang zwischen den skalierten und den geschätzten Werten ($R^2 = 0{,}995$). Allerdings waren die interindividuellen Unterschiede zwischen den Versuchspersonen immens.

## DER EINFLUSS VON TECHNISCHEN FAKTOREN

Neben den vorgestellten Studien, die sich mit Tiefenhinweisreizen und im Fall von Hu, Gooch, Creem-Regehr und Thompson (2002) auch gleichzeitig der Darstellungsform (stereoskopisch vs. biokular), beschäftigt haben, richten andere Forschergruppen ihr Augenmerk stärker auf die technischen Faktoren der VR-Systeme und ihren Einfluss auf die Tiefenwahrnehmung.

*Kline und Witmer (1996)*
So haben Kline und Witmer (1996) neben dem Einfluss von Geschlecht, Wandtextur (emergent vs. nicht-emergent) und der Auflösung der Wandtextur (fein (512 x512), grob (16x16), ohne Textur) auch die Auswirkungen des Sichtfeldes (FOV) untersucht. Das FOV spielt vor allem bei der Verwendung von kopfbasierten Ausgabegeräten eine große Rolle, da es bei vielen gängigen Modellen zwischen etwa 30° und 145° (horizontal) liegt (Bungert, 2006) und somit einen sehr eingeschränkten Blick in die virtuelle Welt bietet. Je moderner und teurer das HMD, desto größer normalerweise auch das FOV. Kline und Witmer (1996) verglichen 140° (vertikal 90°) mit 60° (vertikal 38,5°) und erlaubten während der verbalen Schätzaufgaben keine Kopfbewegungen, um den Effekt von Bewegung einzuschränken und konstant zu halten. Sie variierten zwölf Distanzen zwischen 30 cm und 366 cm. Die Ergebnisse zeigen, dass in der 140° Bedingung die Distanzen unterschätzt und in der 60° Bedingung überschätzt werden. Keine signifikanten Haupteffekte konnten für Geschlecht, Wandtextur und Auflösung gefunden werden. Allerdings zeigen Interaktionen zwischen Distanz und Wandtextur, Auflösung und FOV, dass die piktoralen Hinweisreize bei nahen Entfernungen wirken und bei weiten nicht. Die akkuratesten Schätzergebnisse traten in der 140°-Bedingung mit einer emergenten, feinen Textur auf.

*Egglestone, Janson und Aldrich (1996)*
Ebenfalls mit dem Einfluss des FOV (60° (vertikal 60°) vs. 100° (vertikal 60°)) und der Auflösung (1280x1024 vs. 640x480), sowie zusätzlich der Sichtbedingung (stereoskopisch vs. biokular) und dem Kontrast (einfache vs. multiple Helligkeitslevel) befassten sich Egglestone, Janson und Ald-

rich (1996). In einer Skalierungsaufgabe mussten die Probanden in zwei virtuelle Korridore blicken und ein Objekt in 3 m Entfernung in einem der Korridore so skalieren, dass es die gleiche Größe, wie ein Referenzobjekt in dem anderen Korridor hatte. Die Referenzobjekte wurden bei 3,0 m, 18,3 m und 36,6 m dargeboten. Hier handelt es sich also nicht primär um Distanzwahrnehmung im virtuellen Raum, sondern um Größenkonstanz in einer VR-Applikation. Die Ergebnisse zeigen keinen Effekt des FOV, sondern nur Haupteffekte für die Distanz - je weiter weg, desto größer wird das Objekt skaliert - und die Auflösung - bei höherer Auflösung wird das Objekt größer skaliert. Unerwarteter Weise richtet sich die Skalierung nicht nach dem Gesetz der Größenkonstanz[10], sondern nach dem Emmertschen Gesetz[11]. Für die Tiefenwahrnehmung im virtuellen Raum bedeutet das entweder, dass die Versuchspersonen ihre Urteile nicht auf die pure Wahrnehmung stützen, sondern logische Schlussfolgerungen einfließen lassen, oder, dass im Setting von Egglestone et al. (1996) die virtuelle Umgebung aus technischen Gründen keine Größenkonstanz in der visuellen Wahrnehmung erzeugen konnte. Die Autoren beschreiben diesen Umstand wie folgt *„It is not clear what is missing from a VE or how this deficiency could be corrected. [...] The VR development community needs tools to facilitate understanding how properties of VR systems influence human perceptual, cognitive, and motor control performance."*.

In den nachfolgenden Jahren befassten sich verschiedene Gruppen mit den technischen Defiziten von VR-Applikationen im Bereich Wahrnehmung und der Frage danach, welchen Einfluss diese haben und wie man sie überwinden kann.

---

[10]Größenkonstanz: konstante anschauliche Größe, wenn sich die Größe des Nezthautbildes in Abhängigkeit von der Entfernung des distalen Objektes verändert (Häcker und Stapf, 2004, S.502)

[11]Emmertsches Gesetz: die lineare Größe des auf einem Projektionsschirm beobachteten Nachbildes ist proportional der Entfernung des Projektionsschirms vom Auge. Die Fläche des beobachteten Nachbildes ist also proportional dem Quadrat der Entfernung (Häcker und Stapf, 2004, S.241).

*Waller (1999)*
In dieser Studie wurde die Wahrnehmung von Interobjektdistanzen untersucht und der Grad der Immersion (Desktop-VR vs. HMD) und die Anwesenheit einer Gittertextur (anwesend vs. abwesend) variiert. Des Weiteren wurde das Geschlecht als abhängige Variable analysiert. Die Versuchspersonen mussten den Abstand zwischen zwei Objekten schätzen und durften hierzu durch den virtuellen Raum navigieren. Dies unterscheidet Wallers Studie von den bislang vorgestellten, da in früheren Experimenten die dynamische Interaktion mit der virtuellen Welt nicht gestattet war und die Probanden immer stationär im virtuellen Raum positioniert waren. Waller zeigte, dass die Probanden in allen Bedingungen die Distanz überschätzen. Die Anwesenheit der Gittertextur reduzierte die Überschätzungen sowohl in der Desktop- als auch in der HMD-Bedingung signifikant. Deskriptiv zeigt sich ebenfalls ein Vorteil der immersiven Umgebung (HMD). Die Analyse der Stevenschen Potenzfunktionen für die Schätzungen zeigt einen Haupteffekt für das Geschlecht. Die männlichen Probanden erreichen im Mittel einen Exponenten von 0,92 und die weiblichen 0,85. Deskriptiv schneidet ebenfalls die immersive Umgebung (0,91) besser ab als die Desktopapplikation (0,85). Die Autoren berichten zudem, dass die Distanzwahrnehmung in virtuellen Umgebungen variabler ist als in der Realität, wo in ähnlichen Aufgaben die Exponenten deutlich über 0,90 liegen (vgl. DaSilva, 1982, 1985; Levin und Haber, 1993). In einem zweiten Experiment zeigte Waller (1999) zusätzlich, dass Feedback die Schätzleistung in virtuellen Umgebungen signifikant verbessert und dass mit zunehmendem FOV (50° vs. 80° vs. 100°) die Überschätzungen größer werden. Die akkuratesten Ergebnisse wurden mit einem FOV von 80° in der Feedbackbedingung erreicht.

*Gaggioli und Breining (2001)*
Die Autoren variierten in einem Experiment die Objektgeometrie (einfach vs. komplex), die Art der graphischen Darstellung (Wireframe (= Drahtgittermodell), Flat Shading[12] (= einfaches Schattierungsverfahren aus dem eine eckige unrealistische Erscheinung entsteht), Gouraud Shading (= Farbinterpolationsshading, bei dem weiche fließende Formen entstehen) und

---

[12]Shading = Simulation der Oberflächeneigenschaften von Objekten

Gouraud Shading mit Flächennormalen) und die stereoskopische Darbietung (stereoskopisch vs. monokular). In einer verbalen Schätzaufgabe mussten sechs Distanzen geschätzt werden (15, 30, 45, 60, 75, 90 cm) und zur Darstellung wurde eine Wand einer CAVE verwendet. In den monokularen Bedingungen wurden alle Distanzen unterschätzt. Die stereoskopische Darbietung führte zu leichten Überschätzungen, die deutlich akkurater waren. Insgesamt wurde die einfache Objektform hinsichtlich der Entfernung genauer geschätzt und in Bezug auf die graphische Darstellung zeigt sich, dass Gouraud Shading mit Flächennormalen und Flat Shading die akkuratesten Ergebnisse liefern und dass der relative Fehler beim Gouraud Shading am größten ist. Das bedeutet, dass für die Tiefenwahrnehmung in einer virtuellen Umgebung die Qualität der graphischen Darstellung anscheinend eine untergeordnete Rolle spielt, da selbst die Darstellung als Drahtgittermodell zu akkurateren Ergebnissen führt als das komplexere Gouraud Shading Verfahren.

*Thompson, Willemsen, Gooch, Creem-Regehr, Loomis und Beall (2004)*
Ebenfalls mit der Qualität der Darstellung und der Frage „Does the Quality of Computer Graphics Matter when Judging Distances in Visually Immersive Environments?" beschäftigten sich Thompson, et al. (2004). Sie verglichen Distanzschätzungen von 5m, 10m und 15m, die anhand einer Gehaufgabe mittels Dreieckverfahren erfasst wurden, in einer realen Umgebung mit denen in drei virtuellen Umgebungen (360°-photorealistisch vs. einfache Computergraphik vs. Drahtgittermodell), die in einem HMD mit einem FOV von 42° dargestellt wurden. Die Ergebnisse zeigen, wie in vielen anderen Vergleichen zwischen Realität und virtueller Realität, dass die Tiefenwahrnehmung im realen Raum sehr akkurat ist (vgl. Willemsen und Gooch, 2002; Sahm, Creem-Regehr, Thompson und Willemsen 2005; Plumert, Kearney, Cremer und Recker, 2005). Die Schätzergebnisse in den drei virtuellen Umgebungen unterscheiden sich nicht. Unabhängig von der Qualität der Darstellung werden die dargebotenen Distanzen deutlich unterschätzt. Mögliche Erklärungen hierfür wären zum einen der eingeschränkte FOV und der auftretende Akkommodation-Konvergenz-Konflikt, da gerade im HMD die virtuelle Akkommodationsdistanz sehr gering ist.

*4 Experimentelle Untersuchungen*

*Knapp und Loomis (2004)*
Um dem Einfluss des FOV in HMD-Anwendungen besser bestimmen zu können, haben Knapp und Loomis (2004) in einer Studie den Einfluss eines eingeschränkten FOV in der Realität untersucht, in dem sie HMD-Sichtbedingungen simulierten. Die Versuchspersonen mussten sechs Distanzen zwischen 2 m und 15 m schätzen (verbales Schätzen vs. Gehaufgabe) und das FOV wurde dabei durch eine HMD-Attrappe variiert (180° (vertikal 120°) vs. 58° (vertikal 43°)). Die Unterschiede zwischen den beiden FOV-Bedingungen belaufen sich auf 5,6% in der motorischen Aufgabe und 1,2% in der verbalen Aufgabe. Dies entspricht in etwa den Abweichungen, die auch Messing und Durgin (2005) ermittelt haben. Die Daten von Knapp und Loomis (2004) zeigen, dass das eingeschränkte FOV keinen signifikanten Einfluss auf die Schätzungen hat. Die Autoren haben somit belegt, dass andere Faktoren für die gravierenden Abweichungen in der Tiefenwahrnehmung im virtuellen Raum bei der Verwendung von HMDs verantwortlich sein müssen. Das FOV spielt anscheinend nur eine untergeordnete, bzw. moderierende Rolle (vgl. Waller, 1999).

Fazit:
Bezüglich des Einflusses von Tiefenhinweisreizen und technischen Faktoren auf die Tiefenwahrnehmung kann festgehalten werden:

- stereoskopische Darbietung ist sinnvoll und wichtig
- es treten intraindividuelle Stabilitäten und interindividuelle Unterschiede auf
- Auflösung, graphische Darstellung und FOV bei HMDs scheinen irrelevant zu sein, bzw. eine untergeordnete Rolle zu spielen
- Feedback erweist sich als sinnvoll zur Verbesserung der Distanzschätzungen
- peripersonal treten eher Überschätzungen auf
- extrapersonal kommt es zu leichten bis gravierenden Unterschätzungen
- die meisten Studien verwenden HMDs oder einfache Desktopapplikationen
- Insgesamt ist die Ergebnislage sehr uneinheitlich

## (3) Motorik und Wahrnehmung

Da die beiden Untersuchungen zur Tiefenwahrnehmung im virtuellen Raum, die in dieser Arbeit vorgestellt werden, im Hinblick auf die Experimente zum Greifen im virtuellen Raum durchgeführt wurden, ist der Zusammenhang zwischen Motorik und Wahrnehmung, neben der reinen Tiefenwahrnehmung an dieser Stelle von besonderem Interesse.

Servos (2000) hat monokulare und binokulare Distanzschätzungen in einer verbalen und einer motorischen Aufgabe in der Realität miteinander verglichen. Die Variation der Outputtransformation (verbal vs. motorisch) sollte zeigen, ob Distanzunterschätzungen in visuell-gesteuerten Greifaufgaben in der Realität eine Folge von rein visueller Distanzunterschätzung sind oder ob eine implizite Ungenauigkeit in der Kalibrierung der Hinlangbewegung durch das visuomotorische System der Grund für auftretende Unterschätzungen sein könnte. Servos, Goodale und Jakobson (1992) und Servos und Goodale (1994) zeigten, dass monokulare Sicht zu einer Verschlechterung der motorischen Leistung führt (längere Bewegungszeiten, niedrigere Höchstgeschwindigkeiten, etc.). Aus neuropsychologischer Sicht liegen außerdem Befunde vor (Goodale, Milner, Jakobson und Carey, 1991; Goodale, Meenan, Bülthoff, Nivolle, Murphy und Racicot, 1994; Milner und Goodale, 1995), die darauf hinweisen, dass die neuronalen Substrate der visuellen Wahrnehmung und mit ihnen assoziierten kognitiven Urteile unabhängig von denen der visuellen Kontrolle von Hand- und Gliedmaßenbewegungen sind. Man nimmt an, dass die Distanzinformationen, die der initialen Programmierung von Greifbewegungen zu Grunde liegen, sich von denen unterscheiden, die man für die rein visuelle Beurteilung von Distanzen benötigt. Das erste Experiment von Servos (2000) sollte zeigen, ob sich monokulare von binokularen Distanzschätzungen in zwei Aufgaben voneinander unterscheiden. Die Versuchspersonen mussten fünf Distanzen (20, 25, 30, 35, und 40 cm) zum einen verbal und zum anderen motorisch (Zeigeaufgabe) schätzen. Die Ergebnisse zeigen einen signifikanten Haupteffekt für die Distanz, das heißt, die Distanzen werden als unterschiedlich wahrgenommen, aber keinen Einfluss der Sichtbedingung oder der Outputtransformation. Insgesamt sind die Schätzungen sowohl monokular als auch binokular sehr genau. Beide Outputtransformationen führen zu geringen

Überschätzungen der Distanzen, wobei die verbalen Schätzungen genauer sind als die motorischen. In einem zweiten Experiment variierte Servos (2000) wiederum die Outputtransformation (verbal vs. motorisch) und die Sichtbedingung (monokular vs. binokular) bei der Schätzung von drei Distanzen (20, 30 und 40 cm). Allerdings mussten die Versuchspersonen nun nach den Objekten greifen und die Darbietungszeit wurde auf 500 ms begrenzt. Diese Zeit ist vergleichbar mit der Zeit, die zur Initialisierung von Greifbewegungen benötigt wird (vgl. Servos et al., 1992; Servos und Goodale 1994). Abermals zeigt sich in der verbalen Aufgabe, dass die Schätzungen sich in den beiden Sichtbedingungen - monokular vs. binokular - nicht voneinander unterscheiden und sehr genau sind. Deskriptiv wird die 20 cm-Distanz eher unterschätzt und die 40 cm-Distanz eher überschätzt. In der Greifaufgabe beeinflusst die Sichtbedingung jedoch die Hinlang- und Greifbewegung. Die Transportkomponente weist in der monokularen Bedingung eine größere Bewegungszeit, eine geringere Höchstgeschwindigkeit und eine längere Abbremsphase auf, allerdings bleibt der lineare Zusammenhang zwischen Distanz und Bewegungszeit erhalten. Frühere Studien hatten gezeigt, dass dieser lineare Zusammenhang unter monokularen Sichtverhältnissen abnimmt (vgl. Jeannerod, 1988; Jakobson und Goodale, 1991; Servos et al., 1992; Servos und Goodale, 1994). Die Greifkomponente wird ebenfalls beeinflusst: in der monokularen Bedingung ist die maximale Apertur kleiner als in der binokularen Bedingung.

Zusammenfassend kann an dieser Stelle festgehalten werden, dass die verbalen Schätzungen und das Zeigen im ersten Experiment im Gegensatz zur Hinlang- und Greifbewegung im zweiten Experiment nicht von der Sichtbedingung (monokular vs. binokular) beeinflusst werden.

Fazit:
Im realen Raum scheint es zwei Repräsentationen für den visuellen Raum zu geben: eine für die Wahrnehmung und eine für Aktionen (Bewegungen). In den verbalen Aufgaben bei Servos (2000) und auch in der Zeigeaufgabe, die keiner Zeitbeschränkung unterlag, basieren die Schätzergebnisse auf rein visueller Information, die vom ventralen System verarbeitet wird (vgl.

Goodale und Milner, 1992; Milner und Goodale, 1995). In der Greifaufgabe indessen beruht die Distanzschätzung auf einer schnellen visuomotorischen Aktion, die primär dorsal gesteuert wird (vgl. Culham, 2004). Bezüglich des Einflusses monokularer und binokularer Sichtbedingungen, bzw. Hinweisreize, auf die Effizienz von Greifbewegungen, zeigen neuere Studien, dass auch monokulare Hinweisreize allein akkurates Greifen unterstützten (Watt und Bradshaw, 2000, 2003; Knill und Kersten, 2004), allerdings dominieren binokulare Informationen die visuomotorische Kontrolle (Knill, 2005).

## 4.2.3 Eine explorative Studie

Die erste Studie zur Tiefenwahrnehmung im virtuellen Raum sollte die Fragen klären, mit welcher Genauigkeit Versuchspersonen unter Verwendung des in Kapitel Allgemeiner Methodenteil - verwendete VR-Technologien (S.41) vorgestellten Versuchsaufbaus die Position von virtuellen Objekte wahrnehmen und ob sich auch in diesem Setting interindividuelle Differenzen und intraindividuelle Stabilitäten bezüglich der Tiefenwahrnehmung im virtuellen Raum abzeichnen (vgl. Armbrüster et al., 2005). Hierzu wurden drei verschiedene virtuelle Versuchsumgebungen variiert (keine Umgebung, offene Umgebung und geschlossene Umgebung, vgl. Abbildung 4.7, S.112) in denen jeweils die Position von einer bzw. die Position von zehn gleichzeitig dargebotenen Kugeln in zehn verschiedenen Distanzen (40 - 500 cm) verbal geschätzt werden musste. Des Weiteren wurde untersucht, ob mit einer einfachen metrischen Hilfe (virtuelles Maßband) eine Verbesserung der Schätzleistung erreicht werden kann.
Es wird erwartet, dass die verbalen Schätzleistungen in der geschlossenen Umgebung am akkuratesten sind, da hier der Raum mit linearer Perspektive den besten Tiefeneindruck liefern sollte. Außerdem sollte die gleichzeitige Darstellung der zehn Kugeln zu einer korrekteren Schätzleistung führen, da die zehn Kugeln in Beziehung zueinander eingeschätzt werden können und als eine Art Referenzrahmen dienen. Die Bedingungen, in denen das Maßband dargeboten wird, sollten ebenfalls höhere Schätzgenauigkeiten aufweisen, als die Bedingungen ohne Maßband. Bezüglich der Schätzleistungen insgesamt wird auf Grundlage der existierenden Literatur (vgl. Theorie S.83, ff) erwartet, dass sich VR-spezifische Überschätzungen im peripersonalen Raum (40 - 100cm) und Unterschätzungen im extrapersonalen Raum (250 - 500 cm) abzeichnen.
Bezüglich der subjektiven Beurteilung der Versuchsbedingungen wird erwartet, dass die Versuchspersonen das Maßband als hilfreich einschätzen und den geschlossenen Raum präferieren, da hier in beiden Fällen metrische Zusatzinformationen zur Verfügung stehen, die die Beurteilung der Schätzleistung positiv beeinflussen sollten.

## 4.2.3.1 Methode

**Aufgabe** - Die Aufgabe der Versuchspersonen in dieser Studie war es Distanzen im virtuellen Raum zu schätzen. Sie sahen eine oder gleichzeitig zehn rote Kugeln in einer virtuellen Umgebung und mussten verbal die wahrgenommene Distanz zwischen sich selbst und der jeweiligen Kugel in Zentimetern angeben. Die Schätzergebnisse wurden von dem Versuchsleiter notiert.

**Apparatur** - Die virtuellen Umgebungen wurden auf einer Rückwandprojektionsfläche (240 cm x 180 cm) mit einem Stereobeamer der Marke TAN (Auflösung 1024x768 Pixel) dargeboten. Die Versuchspersonen trugen passive Filterbrillen, um die dreidimensionalen Bilder wahrnehmen zu können und ihre Kopfbewegungen wurden mit dem elektromagnetischen Trackingsystem der Firma Ascension Technology Corporation (Flock of Birds®) erfasst. Zur Programmierung der experimentellen Paradigmen und zur Steuerung des Versuchsablaufs wurde die ReactorMan-Software des Rechen- und Kommunikationszentrums der RWTH Aachen verwendet.

**Unabhängige und abhängige Variablen** - Als unabhängige Variablen wurden die virtuelle Umgebung (keine Umgebung, offene Umgebung und geschlossener Umgebung), die Objektentfernung (40, 60, 80, 100, 150, 200, 250, 300, 350, 400, 450, 500 cm), ein Maßband (Anwesenheit vs. Abwesenheit) und die Präsentationsart (Einzeldarbietung vs. Zehnerdarbeitung) variiert. Zusätzlich wurde der dreidimensionale Raum (peripersonal (40 - 100 cm) vs. extrapersonal (150 - 500 cm)) als Faktor behandelt. Diese fünf Faktoren gingen als Innersubjektfaktoren in die Analysen ein. Nahsichtigkeit, Fernsichtigkeit und binokulare Fähigkeit der Versuchspersonen wurden als Zwischensubjektfaktoren betrachtet.

*Virtuelle Umgebung.* Drei verschiedene virtuelle Umgebungen wurden in dieser Studie miteinander verglichen (Abbildung 4.7). Die erste Umgebung wird als „keine Umgebung" bezeichnet. In dieser Bedingung werden die Zielreize in einer unendlichen, blauen virtuellen Umgebung dargeboten, die keinerlei Tiefeninformation enthält. Die Versuchspersonen sind somit komplett auf ihre binokularen Fähigkeiten angewiesen. Die zweite Umgebung - „offene Umgebung" - bietet den Eindruck einer Wiese und eines Himmels, so dass die Unendlichkeit durch einen Horizont etwas eingeschränkt wird. Allerdings besitzen die ausgewählten Texturen keine Texturgradienteninformationen und bieten somit auch keine Tiefeninformation. Im Gegensatz dazu enthält die dritte Umgebung sekundäre Tiefeninformation aus der linearen Perspektive. Es handelt sich hier um eine „geschlossene Umgebung", die aus einem grauen Raum besteht, der im virtuellen Modell 540 cm breit, 800 cm lang und 380 cm hoch ist.

**Abbildung 4.7:** *Tiefenwahrnehmung 1: Virtuelle Umgebungen von links nach rechts: keine Umgebung, offene Umgebung und geschlossene Umgebung mit jeweils einem Zielreiz.*

*Distanz und Raum.* Die Zielreize wurden in zehn verschiedenen Distanzen präsentiert, vier davon lagen im peripersonalen Raum (40, 60, 80, 100 cm) und sechs im extrapersonalen Raum (150, 200, 250, 300, 400, 500 cm).

*Maßband.* Die Anwesenheit bzw. Abwesenheit eines virtuellen Maßbandes wurde in allen drei Umgebungen variiert. Das Maßband war eine flaches gelb-weiß gestreiftes Band, das sich vor der Versuchsperson in Bodenhöhe befand. Die Versuchspersonen bekamen die Information, dass das Band genau unter ihrer Nasenspitze beginnt und jedes Segment genau einen Meter lang ist.

*Präsentationsart.* In der Einzelbedingung wurden die Reize einzeln zentral präsentiert und in der Zehnerbedingung so, dass man alle Kugeln gleichzeitig sehen konnte, ohne dass Verdeckungen auftraten.

**Teilnehmer** - 11 männliche und 12 weibliche Personen nahmen an dem Experiment teil. Ihr Alter lag zwischen 19 und 32 Jahren (mittleres Alter 25,8). Alle Versuchspersonen hatten normale Sehschärfe - teilweise korrigiert. Die Ergebnisse des TITMUS Vision Testers ergaben für Nahsicht einen mittleren Wert von 1,23 (sd= 0,1) und für Fernsicht einen mittleren Wert von 1,20 (sd= 0,2). Die binokulare Fähigkeit der Versuchspersonen lag zwischen 30 und 95 Shepard-Frey Prozenten (M= 85,0, sd= 27,9).

**Prozedur** - Als erstes mussten die Versuchspersonen einen Fragebogen zur Erfassung demographischer Daten (Alter, Geschlecht, Schulbildung) ausfüllen. Danach wurde die Sehfähigkeit anhand dreier Untertests des TITMUS Vision Testers bestimmt (siehe nächster Abschnitt), um prüfen zu können, ob die visuelle Leistung in einem Zusammenhang mit der Schätzleistung steht, bzw. die Genauigkeit der Tiefenwahrnehmung im virtuellen Raum beeinflusst. Die Versuchspersonen mussten zur Bestimmung der Nahsichtigkeit und Fernsichtigkeit jeweils 14-mal entscheiden, welcher Ring aus einer Vierergruppe geschlossen ist. Die binokulare Fähigkeit wurde in 9 Schritten getestet, hier musste entschieden werden, welcher Ring aus einer Vierergruppe aus der Ebene heraus schwebt. Zusätzlich wurde mit einem Augenabstandsmessgerät (Pupil Distance Meter PH600 von NIDEK Co., Ltd) der Augenabstand jeder Versuchsperson bestimmt, um diesen in die VR-Software als individuellen Parameter eingeben zu können (vgl. Theorie S.84, ff).

Während des anschließenden Experiments trugen die Versuchspersonen die passive Stereobrille und saßen 100 cm von der Rückwandprojektionsfläche entfernt. Sie wurden instruiert sich während des Experimentes so wenig wie möglich zu bewegen. Es war allerdings erlaubt geringfügige Kopfbewegungen zu machen. Diese Bewegungen wurden von dem elektromagnetischen Headtrackingsystem aufgezeichnet und dazu verwendet die Betrachterperspektive online zu aktualisieren. Nachdem die Versuchspersonen die Instruktionen auf einem schwarzen Hintergrund gelesen hatten, wurde die erste virtuelle Umgebung mit einem 45 cm entfernten Zielreiz dargeboten. Nun wurden die Versuchspersonen dazu angehalten, das Target von allen Seiten zu betrachten und nach ihm zu greifen, damit sie sich an die

*4 Experimentelle Untersuchungen*

3D-Projektion gewöhnen konnten und vertraut mit der virtuellen Umgebung wurden. Außerdem bekamen sie einen Tennisball in die Hand, der die gleiche Größe wie das dargestellte Target hatte. Sie durften den Tennisball neben die virtuelle Kugel halten und ihn auch in die virtuelle Kugel hineinstecken. Dies geschah, um sicher zu stellen, dass alle Versuchspersonen den gleichen Größeneindruck der virtuell dargebotenen Kugeln hatten. Im Anschluss starteten die Schätzdurchgänge. Zuerst wurden die zehn einzelnen Kugeln (40 - 500 cm) randomisiert dargeboten und die Versuchspersonen mussten die Entfernung zwischen sich selbst und der Kugel verbal in Zentimeter schätzen. Die Werte wurden von dem Versuchsleiter notiert. Dann wurden alle Kugeln auf einmal in derselben virtuellen Umgebung präsentiert und erneut mussten die 10 Entfernungen geschätzt werden. Danach wiederholte sich die Schätzprozedur in der jeweiligen Umgebung, die nun mit dem Maßband ergänzt wurde. Dieses Vorgehen wiederholte sich für jede virtuelle Umgebung, wobei immer die Bedingung ohne Maßband vor der Bedingung mit Maßband präsentiert wurde. Insgesamt gaben die Versuchspersonen demnach 120 Schätzungen ab (10 (Distanz) x 2 (Präsentationsart) x 2 (Maßband) x 3 (virtuelle Umgebung)). Die Reihenfolge der drei virtuellen Umgebungen wurde zwischen den Versuchspersonen randomisiert. Es gab keine Zeitbeschränkungen, das heißt, dass die Versuchspersonen die Kugeln so lange betrachten durften wie sie wollten. Allerdings war es nicht gestattet, in die virtuelle Szene hineinzugreifen. Zwischen den einzelnen Blöcken, also immer nach 10 Schätzungen, sollten die Versuchspersonen laut von 200 in Siebenerschritten rückwärts zählen, um das Abspeichern der Schätzergebnisse im Kurzzeitgedächtnis zu minimieren. Nachdem die Distanzen in allen Bedingungen geschätzt wurden, füllten die Versuchspersonen den Nachbefragungsbogen (siehe S.115) aus.

*Sehtest.* Die Untertests 1 (Sehschärfe beide Augen, weit), 4 (Stereotiefenwahrnehmung) und 9 (Sehschärfe beide Augen, nah) des TITMUS Vision Testers wurden verwendet, um die visuellen Fähigkeiten der Versuchspersonen zu bestimmen. Test Nummer 1 misst Fernsichtigkeit in Snellen-Äquivalenten, bzw. Snellen-Dezimalen. Ein Wert von 20/20 (bzw. 1,0) entspricht einem an jungen Erwachsenen normierten unbeeinträchtigtem Fernvisus. Der maximal erreichbare Wert liegt bei 20/13 (1,5). Test Nummer 4 bestimmt die Fähigkeit zur binokularen Wahrnehmung in Bogensekunden bzw. Shepard-Fry Prozenten. Ein Wert von 50 Bogensekunden (bzw. 70% nach Shepard-Frey) bedeutet hier, dass der Proband ein Winkelauflösungsvermögen hat, das es ihm ermöglicht, einen Unterschied von 50 Bogensekunden wahrzunehmen. Nach der Shepard-Frey Formel entspricht dies 70% des theoretischen Maximums an stereoskopischem Sehen. Test Nummer 9 misst Nahsichtigkeit in Snellen-Äquivalenten. Wiederum bedeutet ein Wert von 14/14 (bzw. 1,0) einen unbeeinträchtigten Nahvisus bei jungen Erwachsenen. Der Maximalwert liegt in diesem Untertest bei 14/10 (1,4).

*Nachbefragung.* Der Nachbefragungsbogen war in drei theoretische Bereiche eingeteilt. Die Versuchspersonen mussten Fragen zu körperlichen Beschwerden, der virtuellen Erfahrung und dem Experiment beantworten. Als erstes wurde die Frage „Sind bei Ihnen während des Experiments körperliche Beschwerden aufgetreten?" mit Ja oder Nein beantwortet. Traten Beschwerden des allgemeinen Befindens (Schwindel und/oder Unwohlsein) oder körperlicher Art (Augenbeschwerden und/oder Kopfschmerzen) auf, so konnten diese auf einer 3-stufigen Skala (leicht, mittel, schwer) beurteilt werden. Für die Auflistung weiterer Beschwerden stand ein Freitextfeld zur Verfügung. Für die Erfassung der subjektiven Einschätzung der virtuellen Erfahrung konnten 11 Aussagen auf vier Dimensionen (siehe Tabelle 4.6) mittels einer 5-stufigen Skala (-2= nicht zutreffend, -1= eher nicht zutreffend, 0= weder noch, 1= eher zutreffend, 2= zutreffend) bewertet werden.

Die verwendeten Fragen stammen aus mehreren Presencefragebögen (Parent, 1998; Dinh, Walker, Song, Kobayashi und Hodges, 1999; Banos, Botella, Villa, Perpina und Alcaniz, 2000; Larsson, Västfjäll und Kleiner, 2001) und wurden von der Autorin im Hinblick auf die Relevanz für das Experiment ausgewählt.
Der dritte Teil des Fragebogens beinhaltete sechs spezifische Aussagen über das Experiment, bzw. die drei virtuellen Umgebungen, die wieder auf einer 5-stufigen Skala bewertet werden mussten und eine Rangreihenaufgabe. Jede Aussage musste für jede virtuelle Bedingung geratet werden. Die

| Dimension | Frage |
|---|---|
| Presence | (1) Ich hatte das Gefühl, in einem virtuellen Raum zu sein. |
| | (2) Ich hatte das Gefühl, nur Bilder zu sehen, wie im Kino oder TV. |
| | (3) Ich konnte mir den virtuellen Raum vorstellen. |
| | (4) Der virtuelle Raum und die dargestellten Objekte erschienen mir realistisch. |
| | (5) Ich hatte den Eindruck, das ich mit der Hand in die virtuelle Welt hinein langen und ein Objekt greifen/berühren konnte. |
| Externale Bewusstheit | (6) Die reale Umgebung - das Labor - war mir nicht mehr bewusst. |
| | (7) Ich war mir jeder Zeit bewusst, dass ich mich in einem realen Raum - in einem Labor - befinde. |
| Qualität | (8) Ich habe die virtuelle Welt klar und deutlich gesehen. |
| | (9) Die Qualität der Darstellung war gut. |
| Vergnügen | (10) Ich war enttäuscht von der Erfahrung im virtuellen Raum. |
| | (11) Die virtuelle Erfahrung hat mich fasziniert. |

**Tabelle 4.6**: *Virtuelle Realität - Nachbefragung: 11 Aussagen bezüglich der virtuellen Erfahrung auf den 4 Dimensionen Presence, externale Bewusstheit, Qualität und Vergnügen.*

Aussagen lauteten: (1) Der Tiefeneindruck war realistisch, (2) Die Objekte in der virtuellen Realität erschienen geometrisch korrekt. Sie hatten die richtige Größe und Entfernung zu mir, (3) Ich hatte einen dreidimensionalen Eindruck von der dargestellten Umgebung und den Objekten, (4) Ich konnte die Entfernungen der Objekte gut einschätzen, (5) Die Objekte wurden alle in der gleichen Entfernung gezeigt und (6) Ich empfand das Maßband als hilfreich. Frage 5 diente als Kontrollfrage, um abzuklären, ob die Versuchspersonen wirklich verschiedene Distanzen wahrgenommen haben. Abschließend wurden die Versuchspersonen gebeten, die drei Umgebungen in eine Rangreihe von guter Tiefeneindruck bis schlechter Tiefeneindruck zu bringen.

### 4.2.3.2 Ergebnisse

Die Ergebnisse der Studie werden in drei Abschnitten vorgestellt. Im ersten Abschnitt werden die Schätzergebnisse auf einer quantitativen Basis besprochen. Hierzu werden sie in Unterschätzungen, Treffer und Überschätzungen eingeteilt, wobei ein Treffer in einem Toleranzbereich von plus/ minus 10% um den skalierten Wert liegt. Neben univariaten Varianzanalysen mit Messwiederholungen und deskriptiven Statistiken, werden die Ergebnisse von Korrelations- und Regressionsanalysen, die die Variablen Nahsichtigkeit, Fernsichtigkeit und binokulare Fähigkeit umfassen, vorgestellt. Der zweite Abschnitt beschreibt die numerischen Ergebnisse der Schätzungen. Anhand von Varianzanalysen mit Messwiederholungen wird der Einfluss der Innersubjektfaktoren „virtuelle Umgebung", „Objektentfernung", „Maßband" und „Präsentationsart", sowie der der Zwischensubjektfaktoren Nahsichtigkeit, Fernsichtigkeit und binokulare Fähigkeit analysiert. Außerdem werden ebenfalls Korrelationen und Regressionen berechnet. Im letzten Abschnitt werden die Ergebnisse des Nachbefragungsbogens vorgestellt, der anhand nicht-parametrischer Tests (Chi$^2$-Test und Friedman-Test) ausgewertet wurden. Das Signifikanzniveau liegt bei allen Analysen bei 5%.

**Unterschätzungen, Treffer und Überschätzungen**
Insgesamt gab jede Versuchsperson 120 Schätzungen ab (10x2x2x3). Im Durchschnitt wurden 62,2 (sd= 35,0) Unterschätzungen, 23,6 (sd= 13,1) Treffer und 34,2 (sd= 32,8) Überschätzungen aufgezeichnet. Eine ANOVA zeigt, dass die Unterschiede zwischen diesen Werten signifikant sind (F(2,44)= 7,4, p< 0,01). T-Test Ergebnisse zeigen einen hoch signifikanten Unterschied zwischen der Anzahl der Unterschätzungen und der Treffer (t22= 4,5, p< 0,01). Unterschätzungen und Überschätzungen unterscheiden sich nur auf einem 10% Niveau (t22= 2,0, p= 0,06) und der Unterschied zwischen Überschätzungen und Treffern erreicht kein signifikantes Niveau (t22= 1,4, p= 0,17). Dieses Muster findet sich in allen drei Umgebungen, wenn diese einzeln analysiert werden (Tabelle 4.7).

| Umgebung | klassifizierter Schätzwert | M | sd | F(2,21) |
|---|---|---|---|---|
| keine Umgebung | Unterschätzer | 21,5 | 11,8 | 23,6 |
| | Treffer | 7,3 | 4,3 | p< ,01 |
| | Überschätzer | 11,3 | 11,4 | |
| offene Umgebung | Unterschätzer | 21,2 | 12,3 | 11,3 |
| | Treffer | 8,0 | 5,5 | p< ,01 |
| | Überschätzer | 10,9 | 11,3 | |
| geschlossene Umgebung | Unterschätzer | 19,5 | 12,5 | 10,0 |
| | Treffer | 8,4 | 5,2 | p< ,01 |
| | Überschätzer | 12,0 | 11,5 | |

**Tabelle 4.7:** *Tiefenwahrnehmung 1: Klassifizierte Schätzwerte in den drei Umgebungen mit Mittelwert, Standardabweichung und F- und p-Werten, N= 23*

*4 Experimentelle Untersuchungen*

Vergleicht man die Umgebungen hinsichtlich der Anzahl der aufgetretenen Unterschätzer ($F(2,21)= 1,1$, $p= 0,35$), Treffer ($F(2,21)= 0,5$, $p= 0,61$) und Überschätzer ($F(2,21)= 1,1$, $p= 0,37$), so zeigt sich, dass diese sich nicht signifikant voneinander unterscheiden. Die unabhängigen Variablen Präsentationsart (Unterschätzer: $F(1,22)= 3,1$, $p= 0,10$; Treffer: $F(1,22)= 0,9$, $p= 0,35$; Überschätzer: $F(1,22)= 2,1$, $p= 0,16$) und Anwesenheit des Maßbandes (Unterschätzer: $F(1,22)= 0,01$, $p= 0,92$; Treffer: $F(1,22)= 0,7$, $p= 0,40$; Überschätzer: $F(1,22)= 0,2$, $p= 0,66$) haben ebenfalls keinen Einfluss auf die klassifizierten Schätzergebnisse. In Tabelle 4.8 finden sich die zugehörigen Mittelwerte, um das Bild zu komplettieren.

|  | Bedingung | Unterschätzer M | sd | Treffer M | sd | Überschätzer M | sd |
|---|---|---|---|---|---|---|---|
| Präsentationsart | Einzeldarbietung | 29,7 | 17,4 | 12,3 | 5,9 | 18,0 | 15,7 |
|  | Zehnerdarbietung | 32,4 | 18,4 | 11,4 | 7,7 | 16,2 | 17,5 |
| Maßband | ohne | 31,2 | 17,7 | 11,3 | 5,5 | 17,5 | 16,4 |
|  | mit | 31,0 | 18,3 | 12,3 | 8,3 | 16,7 | 17,4 |

**Tabelle 4.8:** *Tiefenwahrnehmung 1: Mittelwerte und Standardabweichungen der klassifizierten Schätzwerte für die Bedingungen Einzeldarbietung, Zehnerdarbietung, ohne Maßband und mit Maßband, N= 23*

Betrachtet man die Schätzergebnisse separat für den peripersonalen (40 - 100 cm) und extrapersonalen (150 - 500 cm) Raum (Previc, 1998), so zeigt sich, dass im peripersonalen Raum signifikant weniger Unterschätzungen ($F(1,22)= 16,0$, $p< 0,01$) und mehr Überschätzungen ($F(1,22)= 8,2$, $p< 0,01$) auftreten. Die prozentualen Verteilungen sind in Abbildung 4.8 dargestellt. Die Anzahl der Treffer im peripersonalen Raum ist ebenfalls höher als im extrapersonalen Raum ($F(1,22)= 8,5$, $p< 0,01$). Die Interaktion zwischen den klassifizierten Schätzergebnissen (Unterschätzer, Treffer, Überschätzer) und dem Raum (peri-, extrapersonal) wird ebenfalls signifikant ($F(2,21)= 8,1$, $p< 0,01$).

Die Korrelationen zwischen den visuellen Fähigkeiten (Nahsichtigkeit, Fernsichtigkeit, binokulare Fähigkeit) und den Schätzergebnissen ergeben einen linearen Zusammenhang zwischen der Anzahl der Unterschätzungen und der binokularen Fähigkeit ($r= 0,64$, $p< 0,01$), sowie der Anzahl der Überschätzungen und der binokularen Fähigkeit der Versuchspersonen ($r= -0,70$,

*4.2 Tiefenwahrnehmung im virtuellen Raum*

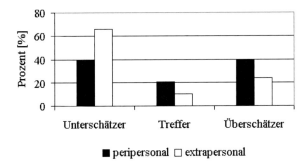

**Abbildung 4.8:** *Tiefenwahrnehmung 1: Prozentuale Anzahl an Unterschätzern, Treffern und Überschätzern im peripersonalen (schwarze Balken) und extrapersonalen (weiße Balken) Raum.*

$p< 0,01$). Die Determinationskoeffizienten und somit die aufgeklärten Varianzen betragen im Fall der Unterschätzungen 0,40 und für die Überschätzungen 0,49.

Betrachtet man auch hier die linearen Zusammenhänge zwischen der binokularen Fähigkeit und den Unter- und Überschätzern für den peri- und den extrapersonalen Raum getrennt, ergibt sich für beide Räume ein ähnliches Bild. Im peripersonalen Raum (40 - 100 cm) liegt der Zusammenhang bezüglich der Unterschätzer bei $r= 0,46$ ($p< 0,05$) und bezüglich der Überschätzer bei $r= -0,52$ ($p< 0,05$). Im extrapersonalen Raum (150 - 500 cm) zeigen sich stärkere Zusammenhänge von $r= 0,64$ ($p< 0,01$) für die Unterschätzer sowie $r= -0,70$ ($p< 0,01$) für die Überschätzer.

Die Auswertung der Unterschätzungen, Treffer und Überschätzungen impliziert, dass die Versuchspersonen in allen drei Umgebungen dazu tendieren, die dargebotenen Entfernungen zu unterschätzen, und dass sowohl die binokulare Fähigkeit der Probanden als auch der dreidimensionale Raum, in dem die Reize dargeboten werden, eine wichtige Rolle für die Tiefenwahrnehmung im virtuellen Raum spielen.

## Numerische Schätzergebnisse

Im Folgenden werden die numerischen Absolutwerte der abgegebenen verbalen Schätzungen analysiert. Die Ergebnisse einer ANOVA mit Messwiederholung mit den Faktoren virtuelle Umgebung(3), Distanz (10), Anwesenheit des Maßbandes (2) und Präsentationsart (2) ergeben einen signifikanten Haupteffekt für die Distanz ($F(9,198)= 104,5$, $p< 0,01$) und eine signifikante Interaktion ($F(9,198)= 4,5$, $p< 0,01$) zwischen Distanz (40 - 500 cm) und Präsentationsart (Einzeldarbietung vs. Zehnerdarbietung). Paarweise Vergleiche (t-Tests) der zehn skalierten Distanzen mit den zugehörigen durchschnittlichen Schätzergebnissen zeigen keine signifikanten Unterschiede bis zu einer Distanz von 300 cm (Tabelle 4.9). Die Schätzergebnisse für die 400 cm und 500 cm Bedingung sind allerdings deutlich geringer als die skalierten Werte. Die Unterschiede belaufen sich prozentual auf 19,6% bzw. 21,2%.

| skalierte Distanz | geschätzte Distanz | sd | t | p | delta [%] |
|---|---|---|---|---|---|
| 40 | 39,8 | 13,0 | -0,1 | 0,95 | -0,3 |
| 60 | 65,1 | 18,2 | 1,4 | 0,19 | +8,6 |
| 80 | 89,2 | 23,1 | 1,9 | 0,07 | +11,5 |
| 100 | 110,9 | 32,4 | 1,6 | 0,12 | +10,9 |
| 150 | 146,2 | 49,6 | -0,4 | 0,71 | -2,6 |
| 200 | 178,5 | 66,5 | -1,6 | 0,14 | -10,7 |
| 250 | 222,9 | 84,3 | -1,5 | 0,14 | -10,9 |
| 300 | 260,6 | 106,7 | -1,8 | 0,09 | -13,1 |
| 400 | 321,7 | 128,4 | -2,9 | <0,01 | -19,6 |
| 500 | 394,1 | 157,4 | -3,2 | <0,01 | -21,2 |

**Tabelle 4.9:** *Tiefenwahrnehmung 1: Skalierte und geschätzte Distanzen (in cm) mit Standardabweichung (sd), t-Wert, p-Wert und der Abweichung in Prozent.*

In einem zweiten Schritt wurden die Daten mit einer ANOVA mit Messwiederholung und dem Zwischensubjektfaktor Geschlecht und den Kovariaten Fernsichtigkeit, Nahsichtigkeit und binokulare Fähigkeit analysiert. Es traten keine Effekte auf, das heißt, weder das Geschlecht noch die visuellen Fähigkeiten der Versuchspersonen haben einen Einfluss auf die Distanzschätzungen. Regressionsanalysen zeigen einen hohen linearen Zusammenhang zwischen den skalierten und den geschätzten Werten mit einem Determinationskoeffizient von $R^2= 0,994$ und einem Korrelationskoeffizienten von $r= 0,997$. Auf individueller Ebene liegen die Determinationskoeffizienten zwischen 0,930 und 0,995.

Betrachtet man den Distanzeffekt, das heißt, die Tatsache, dass sich die geschätzten Distanzen in allen Bedingungskombinationen voneinander unterscheiden, so erweist sich dieser als robust (Tabelle 4.10). Das bedeutet, dass die Versuchspersonen unabhängig von der Bedingung (virtuelle Umgebung, Anwesenheit des Maßbandes, Präsentationsart) die Ziele in unterschiedlichen Entfernungen wahrnehmen.

| Maß-band | keine Umgebung | | offene Umgebung | | geschlossene Umgebung | |
|---|---|---|---|---|---|---|
| | Einzel-darbietung $F(9,14)$ | Zehner-darbietung $F(9,14)$ | Einzel-darbietung $F(9,14)$ | Zehner-darbietung $F(9,14)$ | Einzel-darbietung $F(9,14)$ | Zehner-darbietung $F(9,14)$ |
| ohne | 46,3, p< ,01 | 13,9, p< ,01 | 17,7, p< ,01 | 14,0, p< ,01 | 40,0, p< ,01 | 11,2, p< ,01 |
| mit | 11,6, p< ,01 | 21,4, p< ,01 | 13,2, p< ,01 | 46,3, p< ,01 | 14,0, p< ,01 | 22,7, p< ,01 |

**Tabelle 4.10:** *Tiefenwahrnehmung 1: F- und p-Werte für die Kombinationen aus den Faktoren virtuelle Umgebung (keine Umgebung, offene Umgebung, geschlossene Umgebung), Maßband (nein, ja) und Präsentationsart (Einzeldarbietung, Zehnerdarbietung).*

## Subjektive Daten

Die Ergebnisse werden in Anlehnung an die drei inhaltlichen Bereiche des Nachbefragungsbogens: körperlichen Beschwerden, virtuelle Erfahrung und Fragen zum Experiment, in drei Abschnitten vorgestellt. Die subjektiven Daten mit ordinalem Niveau wurden mit nicht-parametrischen Testverfahren ausgewertet (Chi$^2$-Test und Friedman-Test).

*Körperliche Beschwerden.* Die Versuchspersonen berichten insgesamt wenig von körperlichen Beschwerden. 18 Personen (78,3%) verspürten keine Beschwerden ($\chi^2_1$= 7,3, p< 0,01). Von den fünf Personen, die Beschwerden berichteten, waren drei männlich und zwei weiblich. Eine Versuchsperson verspürte leichten Schwindel, mittlere Augenbeschwerden und leichte Kopfschmerzen, eine andere leichtes Unwohlsein und leichte Kopfschmerzen und drei weitere Personen berichten jeweils von leichten Kopfschmerzen, leichten Augenbeschwerden und leichtem Unwohlsein. Auf Basis dieser Ergebnisse kann davon ausgegangen werden, dass die virtuelle Erfahrung keine schwerwiegenden körperlichen Probleme verursacht hat und dass die objektiven Daten nicht durch körperliche Beschwerden konfundiert sind.

*virtuelle Erfahrung.* Bezüglich der Erfahrung in der Virtuellen Realität wurden 11 Aussagen auf vier Dimensionen beurteilt. Mittelwerte, Modalwerte und die Ergebnisse der Chi$^2$-Tests finden sich in Tabelle 4.11.

| Dimension | Aussage | Mittelwert | Modalwert | Chi$^2$-Wert | p |
|---|---|---|---|---|---|
| Presence | (1) Ich hatte das Gefühl, in einem virtuellen Raum zu sein. | 1,3 | 1 | 26,4 | <,01 |
|  | (2) Ich hatte das Gefühl, nur Bilder zu sehen, wie im Kino oder TV. | -1,4 | -2 | 28,5 | <,01 |
|  | (3) Ich konnte mir den virtuellen Raum vorstellen. | 1,4 | 2 | 30,3 | <,01 |
|  | (4) Der virtuelle Raum und die dargestellten Objekte erschienen mir realistisch. | 0,1 | -1 | 9,4 | <,05 |
|  | (5) Ich hatte den Eindruck, das ich mit der Hand in die virtuelle Welt hinein langen und ein Objekt greifen/berühren konnte. | 1,0 | 1 | 19,4 | <,01 |
| externale Bewusstheit | (6) Die reale Umgebung - das Labor - war mir nicht mehr bewusst. | 0,0 | 1 | 5,9 | 0,21 |
|  | (7) Ich war mir jeder Zeit bewusst, dass ich mich in einem realen Raum - in einem Labor - befinde. | 1,0 | 2 | 8,1 | 0,09 |
| Qualität | (8) Ich habe die virtuelle Welt klar und deutlich gesehen. | 1,4 | 1 | 30,3 | <,01 |
|  | (9) Die Qualität der Darstellung war gut. | 0,0 | 1 | 8,1 | 0,09 |
| Vergnügen | (10) Ich war enttäuscht von der Erfahrung im virtuellen Raum. | -1,2 | -2 | 19,0 | <,01 |
|  | (11) Die virtuelle Erfahrung hat mich fasziniert. | 1,0 | 0; 2 | 7,2 | 0,13 |

**Tabelle 4.11:** *Tiefenwahrnehmung 1: Mittelwerte und Modalwerte für die Aussagen des Nachbefragungsbogens bezüglich der virtuellen Realität inklusive Chi$^2$- und p-Werten (5-stufige Skala: -2= nicht zutreffend, -1= eher nicht zutreffend, 0= weder noch, 1= eher zutreffend, 2= zutreffend)*

Die subjektive Beurteilung der Virtuellen Realität fällt sehr positiv aus. Bezüglich der Dimension Präsenz/Immersion kann festgehalten werden, dass die Versuchspersonen das Gefühl hatten, in einem virtuellen Raum zu sein (Aussage 1 und 5) und dass sie sich die virtuelle Welt vorstellen konnten und nicht das Gefühl hatten, in einem Kino oder vor einem Fernseher zu sitzen (Aussage 2 und 3). Der Realismus der Virtuellen Realität wurde mit „eher nicht zutreffend" bewertet (Aussage 4). Hier zeigt der Chi$^2$-Test allerdings kein signifikantes Ergebnis. Betrachtet man die Modalwerte für Aussage 6 und 7, so wird deutlich, dass die externale Bewusstheit während der virtuellen Erfahrung nicht aufgehoben wurde. Die Qualitätsurteile (Aussage 8 und 9) unterscheiden sich hinsichtlich der Mittelwerte. Die virtuelle Welt wurde klar und deutlich gesehen, aber die Qualität der Darstellung wird im Mittel mit „weder noch" beurteilt. Betrachtet man jedoch die Modalwerte, so wird deutlich, dass die Versuchspersonen die Qualität der virtuellen Darbietung eher positiv bewerten. Bezüglich der Dimension Vergnügen kann festgehalten werden, dass die Versuchspersonen von der virtuellen Erfahrung nicht enttäuscht waren (Aussage 10). Hinsichtlich der Faszination (Aussage 11) ergaben sich zwei Tendenzen: entweder beurteilten die Versuchspersonen die Erfahrung als neutral (30,4%) oder waren fasziniert von der virtuellen Erfahrung (56,5%).

*Experiment.* Im letzten Teil des Nachbefragungsbogens sollten die Versuchspersonen Aussagen zum Experiment selbst beantworten (Tabelle 4.12). Zur Analyse der Rangreihen wurden Friedman-Tests angewendet.

| Aussage | Rangreihe | $Chi^2$-Wert | p |
|---|---|---|---|
| (1) Der Tiefeneindruck war realistisch. | 1 geschlossene Umgebung<br>2 offene Umgebung<br>3 keine Umgebung | 15,4 | < ,01 |
| (2) Die Objekte in der virtuellen Umgebung erschienen geometrisch korrekt.<br>Sie hatten die richtige Größe und Entfernung zu mir. | 1 geschlossene Umgebung<br>2 offene Umgebung<br>3 keine Umgebung | 12,1 | < ,01 |
| (3) Ich hatte einen dreidimensionalen Eindruck von der dargestellten Umgebung und den Objekten. | 1 geschlossene Umgebung<br>2 offene Umgebung<br>3 keine Umgebung | 16,2 | < ,01 |
| (4) Ich konnte die Entfernungen der Objekte gut einschätzen. | 1 geschlossene Umgebung<br>2 offene Umgebung<br>3 keine Umgebung | 18,6 | < ,01 |
| (5) Die Objekte wurden alle in der gleichen Entfernung gezeigt. | - | 2,0 | 0,37 |
| (6) Ich empfand das Maßband als hilfreich. | - | 0,1 | 0,93 |

**Tabelle 4.12:** *Tiefenwahrnehmung 1: Aussagen des Nachbefragungsbogens über das Experiment und die Rangreihen (basierend auf Friedman-Tests) der virtuellen Umgebungen, inklusive $Chi^2$-Werte und p-Werte.*

Insgesamt wird die geschlossene Umgebung bevorzugt. Dies zeigen die signifikanten Ergebnisse der ersten vier Aussagen, die sich mit dem Realismus des Tiefeneindrucks (1), der korrekten Geometrie der Szene (2), der Dreidimensionalität der Szene (3) und einem Selbsturteil über die Qualität der Schätzung (4) beschäftigten. Die Kontrollfrage, ob die Objekte alle in der gleichen Entfernung wahrgenommen wurden (5), wurde erwartungsgemäß für alle Umgebungen verneint. Aussage 6, die klären sollte, ob das Maßband als hilfreich erachtet wurde, zeigt, dass die Versuchspersonen in keiner Umgebung einen Nutzen von dem Maßband hatten. Die letzte Frage des Nachbefragungsbogens komplettiert die subjektiven Einschätzungen der virtuellen Umgebungen. Die Versuchspersonen sollten hier die drei Umgebungen bezüglich des Tiefeneindrucks in eine Rangreihe, von gut nach schlecht, bringen. Die resultierende Rangreihe zeigt erneut, dass subjektiv die geschlossene Umgebung am besten abschneidet: Rang 1 „geschlossene Umgebung", Rang 2 „offene Umgebung" und Rang 3 „keine Umgebung" ($\chi^2_2 = 21{,}5$, p< 0,01).

### 4.2.3.3 Diskussion

Die Studie wurde durchgeführt, um Informationen über die Tiefenwahrnehmung im virtuellen Raum unter Verwendung des in Kapitels 3.1 (S.41) beschriebenen Versuchsaufbaus zu erhalten. Ziel war es, die Frage zu beantworten, ob in sehr einfachen virtuellen Welten eine konstante Tiefenwahrnehmung erzeugt werden kann und ob der Tiefeneindruck gegebenenfalls durch einfache Manipulationen verbessert werden kann. Hierzu wurde die virtuelle Umgebung (keine Umgebung, offene Umgebung und geschlossene Umgebung), die Anwesenheit eines virtuellen Maßbandes und die Anzahl der dargebotenen Reize (Einzeldarbietung und Zehnerdarbietung) variiert und in einem zweiten Schritt die Tiefenwahrnehmung im peripersonalen Raum und im extrapersonalen Raum miteinander verglichen. Des Weiteren wurde der Einfluss visueller Fähigkeiten (Fernsichtigkeit, Nahsichtigkeit und binokulare Fähigkeit) auf die Tiefenwahrnehmung analysiert, um eventuell bestehende Zusammenhänge bei der Interpretation der Ergebnisse berücksichtigen zu können.

TIEFENWAHRNEHMUNG IN DER VIRTUELLEN REALITÄT
Es kann festgehalten werden, dass die dargestellten Distanzen unabhängig von der virtuellen Umgebung in der korrekten Reihenfolge wahrgenommen wurden. Dies entspricht weitestgehend den vorgestellten Ergebnissen von

## 4.2 Tiefenwahrnehmung im virtuellen Raum

Witmer und Kline (1999), Servos (2000), Hu et al. (2002), Armbrüster et al. (2005) und Messing und Durgin (2005). Jedoch wurden die virtuellen Distanzen in allen Bedingungsvariationen unterschätzt, was ebenfalls als typisches Phänomen in VR-Applikationen betrachtet werden kann. Die Hypothese, dass der geschlossene Raum die Tiefenwahrnehmung verbessern würde, bestätigte sich somit nicht. Die subjektiven Daten weisen allerdings darauf hin, dass die Versuchspersonen die geschlossene Umgebung deutlich präferierten und das Gefühl hatten, in ihr eine bessere Schätzleistung zu erbringen. Hinsichtlich der Anwesenheit des virtuellen Maßbandes und der Anzahl der dargebotenen Reize ergaben sich keine Effekte. Weder die metrische Hilfe, noch die zusätzlichen Reize verbesserten die Schätzleistung.

Neben den systematischen Variationen in den virtuellen Umgebungen wurde der Einfluss visueller Fähigkeiten auf die Tiefenwahrnehmung im virtuellen Raum untersucht. Es wurde angenommen, dass Fernsichtigkeit und Nahsichtigkeit keinen Einfluss auf die Schätzergebnisse haben würden, da ihr Beitrag zur Tiefenwahrnehmung sehr gering ist. Dies konnte auch gezeigt werden. Ein Zusammenhang zwischen binokularer Fähigkeit und Tiefenwahrnehmung wurde allerdings erwartet, da die Versuchspersonen hauptsächlich auf primäre Tiefenhinweisreize (okulomotorische und stereoskopische Informationen) vertrauen mussten. Es zeigte sich, dass je besser die binokularen Fähigkeiten, desto höher die Anzahl an Unterschätzungen und je schlechter die binokularen Fähigkeiten, desto höher die Anzahl an Überschätzungen. Der Anteil an aufgeklärter Varianz liegt im Falle der Unterschätzungen bei 40% und im Falle der Überschätzungen bei 49%. Die Anzahl der Treffer unterscheidet sich nicht in Abhängigkeit der binokularen Fähigkeit. Dieses Ergebnis macht deutlich, dass es wichtig ist, Informationen über die binokularen Fähigkeiten der Versuchspersonen zu erheben, wenn man Applikationen in der virtuellen Realität verwendet und die Tiefenwahrnehmung für die Aufgabe eine Rolle spielt. Konfundierende Effekte können so kontrolliert werden, in dem man entweder die Versuchspersonen selektiert oder die binokulare Fähigkeit als Kovariate in entsprechende Datenauswertungen mit einbezieht.

Da aus der Aufmerksamkeitsforschung (vgl. Previc, 1998) und auch aus der Literatur zur Tiefenwahrnehmung (vgl. Cutting und Vishton, 1995) bekannt ist, dass sich der dreidimensionale Raum, der uns umgibt, in verschiedene Substrukturen einteilen lässt, wurden die Schätzergebnisse in einer weiteren Analyse für den peripersonalen und den extrapersonalen Raum separat betrachtet. Der peripersonale Raum umfasst Distanzen bis zu einem Meter und wird auch als Greifraum bezeichnet. Alle Distanzen über einem Meter werden als extrapersonal bezeichnet. Aus anderen Studien (z.b. Rolland, et al., 1995; Gaggioli und Breining, 2001 (monokulare Bedingung); Servos, 2000 (erstes Experiment); Sinai, et al., 2002) ist bekannt, dass im peripersonalen Raum tendenziell eher Überschätzungen auftreten. In dieser Studie treten im peripersonalen Raum prozentual weniger Unterschätzungen (40% vs. 66%), mehr Treffer (20% vs. 10%) und mehr Überschätzungen (40% vs. 24%) auf. Dieses Ergebnis sollte jedoch mit Vorsicht interpretiert werden. Die beiden dreidimensionalen Strukturen könnten die Ursache für die gefundenen Unterschiede sein. Es besteht aber auch die Möglichkeit, dass hardwarespezifische Interaktionen zu diesem Ergebnis führten. Die Projektionsfläche befand sich einen Meter von der Versuchsperson entfernt, das heißt, dass der peripersonale Raum vor der Abbildungsoberfläche dargestellt wurde und der extrapersonale Raum hinter der Abbildungsoberfläche. Daraus resultieren verschiedene Parallaxen für die beiden dreidimensionalen Räume. Peripersonal werden die Objekte mit einer negativen (gekreuzten) Parallaxe dargeboten und extrapersonal mit einer positiven (ungekreuzten) Parallaxe. Die Unterschiede zwischen den beiden Räumen könnten somit auch auf dieses rein visuelle Phänomen zurückzuführen sein. Weiter Studien, z.B. in einer CAVE, könnten zeigen, ob es sich um ein Artefakt des Versuchsaufbaus oder um den Einfluss des dreidimensionalen Raums handelt.

SUBJEKTIVE BEURTEILUNGEN

Die subjektiven Urteile bezüglich der Erfahrung im virtuellen Raum fallen sehr positiv aus. Die Versuchspersonen berichten nur in wenigen Fällen von leichten körperlichen Beschwerden und hatten das Gefühl, in einem virtuellen Raum zu sein, konnten sich diesen vorstellen und beurteilten die Qualität der Darstellung als zufrieden stellend. Sie verloren allerdings nicht die externale Bewusstheit. Alles in allem bereitete ihnen die virtuelle Erfahrung Vergnügen und die wenigsten Versuchspersonen waren enttäuscht.

ZUSAMMENFASSUNG UND IMPLIKATIONEN
Die Studie zeigt, dass die Tiefenwahrnehmung in der verwendeten virtuellen Versuchsanordnung unzureichend ist, das heißt, die Schätzwerte deutlich von den skalierten Entfernungen abweichen, und einfache Manipulationen den Tiefeneindruck nicht verbessern konnten. Allerdings scheinen die Abweichungen interindividuell stabil zu sein. Insgesamt werden die Distanzen eher unterschätzt und abhängig von der binokularen Fähigkeit der Versuchspersonen ergeben sich stabile intraindividuelle Muster.

Offen bleibt die Frage, ob die Abweichungen allein auf virtuelle Faktoren der Versuchsanordnung zurückgeführt werden können oder ob auch die Art und Weise der Schätzung (Outputtransformation) - in diesem Fall verbal - zu Abweichungen zwischen den „wahren" und den geschätzten Distanzen geführt hat. Um dies zu klären, wurde in einem zweiten Experiment die Tiefenwahrnehmung im virtuellen peripersonalen Raum unter zu Hilfenahme zweier anderen motorischer Schätzmethoden untersucht (siehe S.82, ff). Dies geschah ebenfalls im Hinblick auf die Untersuchungen zum Thema Greifen im virtuellen Raum (siehe S.141, ff). Es sollte geklärt werden, ob und wie groß die wahrgenommenen Distanzabweichungen sind, wenn mit der eigenen Hand in die virtuelle Szene hinein gegriffen wird, um anhand dieser Daten eventuell auftretende Effekte beim Greifen erklären zu können. Die Versuchspersonen mussten deshalb in der nachfolgenden Untersuchung nicht mehr verbal die dargebotenen Distanzen wiedergeben, sondern sollten mit ihren eigenen Händen zeigen, wo sie ein Objekt im virtuellen Raum wahrnehmen. Aufgrund der Präferenz des geschlossenen Raumes in dieser Studie wurden in der zweiten Untersuchung zur Tiefenwahrnehmung die Reize in dieser Versuchsumgebung dargeboten.

## 4.2.4 Der virtuelle peripersonale Raum und der Einfluss von verschiedenen Outputtransformationen

In der zweiten Studie soll untersucht werden, wo Personen virtuelle Reize im peripersonalen Raum (Greifraum) wahrnehmen und ob es im Vergleich zu der vorangehenden Studie eine Verbesserung bringt, wenn die Versuchspersonen ihr Schätzurteil nicht verbal, sondern motorisch abgeben müssen[13]. Hierzu wurden zwei Outputtransformationen variiert: Zeigen und Abgleichen. Unter Outputtransformation wird in diesem Zusammenhang die Transformation von wahrgenommenem visuellem Input in eine motorische Antwort verstanden. In der Zeigeaufgabe mussten die Versuchspersonen mit dem Zeigefinger die Position einer virtuellen Kugel angeben und in der Abgleichaufgabe musste ein realer Tennisball an die Position einer gleich großen virtuellen Kugel gehalten werden.

Es wurde erwartet, dass die Entfernungen im peripersonalen Raum, wie in der ersten Studie und auch wie z.B. bei Rolland, et al. (1995) und Servos (2000) überschätzt werden würden. Die Abweichungen zu den wahren Werten sollten jedoch geringer sein als bei den verbalen Schätzungen, da das Zeigen bzw. Abgleichen allein auf die Wahrnehmung der Position zurückgeführt werden kann, unabhängig vom Wissen über das metrische System und einer mentalen Repräsentation von Entfernungen im Zentimeterbereich.

Aufgrund des Akkommodation-Konvergenz-Konflikts sollte es zu einem Unterschied zwischen den beiden Outputtransformationen kommen, da in der Zeigeaufgabe die Augen auf die Projektionsfläche akkommodieren und in der Abgleichaufgabe sowohl auf die Projektionsfläche, als auch auf den realen Gegenstand, der in die virtuelle Szene eingebracht wird. Da der virtuelle Konvergenzwinkel in der Abgleichaufgabe eher mit dem realen Konvergenzwinkel übereinstimmt, sollte der Abgleich geringere Abweichungen in der Tiefenwahrnehmung und somit akkuratere Schätzungen produzieren.

---

[13]Ein Teil der Ergebnisse wurde veröffentlicht: Armbrüster, Wolter, Valvoda, Kuhlen, Fimm und Spijkers (2006).

## 4.2.4.1 Methode

**Aufgabe** - Die Versuchspersonen mussten im peripersonalen Raum die Entfernung von virtuell dargebotenen Kugeln schätzen. Sie sahen jeweils eine von 27 roten Kugeln (Abbildung 4.9) und hatten die Aufgabe, die Position der Kugel mit dem Zeigefinger anzuzeigen (Zeigeaufgabe) oder die Position der virtuellen Kugel mit einem realen Tennisball zu matchen (Abgleichaufgabe). Die Distanzen wurden von dem Versuchsleiter mit einem Maßband gemessen und notiert.

**Apparatur** - Die virtuelle Umgebung wurde wieder auf einer Rückwandprojektionsfläche (240 cm x 180 cm) mit einem Stereobeamer (Auflösung 1024x768 Pixel) dargeboten. Die Versuchspersonen trugen passive Filterbrillen und die Bewegungen des Kopfes wurden mit dem elektromagnetischen Trackingsystem der Firma Ascension Technology Corporation (Flock of Birds®) erfasst. Zur Programmierung der Paradigmen und zur Steuerung des Versuchsablaufs wurde die ReactorMan-Software des Rechen- und Kommunikationszentrums der RWTH Aachen verwendet.

**Unabhängige und abhängige Variablen** - Als unabhängige Variablen gingen die Art der Outputtransformation (Zeigen vs. Abgleichen), die Distanz (15 cm, 30 cm und 45 cm), die vertikale Anordnung der Objekte (unten, Mitte, oben) und die horizontale Position (rechts, zentral, links) in die Datenanalyse ein. In Abbildung 4.9 sind die 27 Targetpositionen dargestellt.

Die Versuchspersonen sahen nie alle Objekte auf einmal. In den Schätzdurchgängen wurde immer nur ein Objekt präsentiert.
Als abhängige Variablen wurden die wahrgenommenen Distanzen, die mit einem Maßband gemessen wurden, aufgezeichnet. Auf die ausführliche Analyse der kodierten Werte (Unterschätzungen, Überschätzungen, Treffer) wird in dieser Studie verzichtet, da davon ausgegangen wird, dass die gemessenen Distanzen eine höhere Aussagekraft besitzen und hinsichtlich der Präzision die motorischen Schätzungen deutlich genauer sind, als die verbalen Schätzungen aus der ersten Studie.

## 4 Experimentelle Untersuchungen

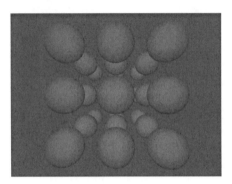

**Abbildung 4.9:** *Tiefenwahrnehmung 2: Anordnung der 27 Objektpositionen.*

**Teilnehmer** - 12 Personen nahmen an dem Experiment teil, sechs Männer und sechs Frauen im Alter zwischen 23 und 34 Jahren (mittleres Alter 27,7). Alle Versuchspersonen waren Rechtshänder (Oldfield Handedness Inventory, Oldfield, 1971) und ihre - teilweise korrigierte - Sehschärfe (Nahsicht: M= 1,3, sd= 0,1 und Fernsicht: M= 1,3, sd= 0,3) lag im normalen Bereich (TITMUS Vision Tester). Die binokulare Fähigkeit der Versuchspersonen bewegte sich zwischen 50 und 95 Shepard-Frey Prozenten (M= 84,5, sd= 16,0).

**Prozedur** - Die Versuchspersonen saßen 75 cm vor der Projektionswand mit dem Kopf auf einer Kopfstütze, die so adjustiert wurde, dass jeder die mittlere zentrale Kugel in der Mitte waagerecht fixieren konnte. Die Versuchspersonen wurden instruiert, den Kopf nicht aus der Stütze zu nehmen, durften aber kleine Kopfbewegungen nach links und rechts machen. Diese Bewegungen wurden von dem elektromagnetischen Trackingsystem (siehe Kapitel Allgemeine Methoden, S.45) aufgezeichnet und die 3D-Bilder der jeweiligen Blickrichtung angepasst. Dies gewährleistete einen ausreichenden Tiefeneindruck.
Bevor die Versuchsbedingungen präsentiert wurden, hatten die Versuchspersonen die Möglichkeit eine virtuelle Kugel (Durchmesser 6,6 cm) in einer Entfernung von 40 cm mit einem gleichgroßen Tennisball zu vergleichen. Sie durften nach ihr greifen, etc. Die virtuelle Kugel hatte die

gleiche Größe wie die Zielreize in den experimentellen Bedingungen. In dieser Gewöhnungsphase sollten die Versuchspersonen sich zum einen an die virtuelle Welt gewöhnen und zum anderen einen Größeneindruck der später präsentierten Reize bekommen. Die beiden Bedingungen - Zeigen und Abgleichen - wurden danach in Blöcken in randomisierter Reihenfolge dargeboten.

In der Zeigeaufgabe mussten die Versuchspersonen mit ihrem Zeigefinger die Kugel von unten in der Mitte antippen, wenn sie sich in der mittleren und oberen Ebene befanden, und von oben, wenn sie sich in der untersten Ebene befanden. Die Entfernung zwischen der angegebenen Position und dem Nasenrücken wurde mit einem Maßband gemessen. In der Abgleichaufgabe musste ein realer Tennisball genau an die Stelle gehalten werden, an der die virtuelle Kugel erschien. Der Abstand zwischen Nasenrücken und oberstem Punkt des Tennisballs wurde mit einem Maßband bestimmt.

*Sehtest.* Wie in der ersten Studie zur Tiefenwahrnehmung wurden die Versuchspersonen in den Untertests 1 (Sehschärfe beide Augen, weit), 4 (Stereotiefenwahrnehmung) und 9 (Sehschärfe beide Augen, nah) des TITMUS Vision Testers getestet.

*Nachbefragung.* Zur Erfassung der subjektiven Urteile über körperlichen Beschwerden und die virtuellen Erfahrung (vgl. Tabelle 4.6) wurden die gleichen Aussagen, wie in der vorangehenden Studie verwendet. Die Aussagen zum Experiment wurden der aktuellen Studie angepasst und auf einer 5-stufigen Skala (-2= nicht zutreffend, -1= eher nicht zutreffend, 0= weder noch, 1= eher zutreffend, 2= zutreffend) sollten die folgenden Aussagen beurteilt werden: (1) Der Tiefeneindruck war realistisch, (2) Die Objekte in der virtuellen Realität erschienen mir geometrisch korrekt. Sie hatten die richtige Größe und Entfernung zu mir und (3) Ich hatte einen dreidimensionalen Eindruck.

**Analyse der Daten** - Für die Berechnungen wurden die gemessenen Schätzergebnisse in Prozent transformiert, da nur so eine Vergleichbarkeit der Ergebnisse gewährleistet werden konnte. Die dargestellten Distanzen waren

15 cm, 30 cm und 45 cm von der Betrachterebene entfernt. Da drei vertikale Ebenen und drei horizontale Positionen variiert wurden, befanden sich nur die zentral in der Mitte dargestellten Kugeln in den jeweiligen Entfernungen. Die Entfernungen der restlichen Kugeln wurden anhand des Strahlensatzes berechnet. Hinzu kommt, dass die Versuchspersonen in der Zeigeaufgabe von unten, bzw. oben die Position der Kugel angeben sollten und hier die Position des Zeigefingers gemessen wurde und in der Abgleichaufgabe der oberste Punkt des Tennisballs als Messpunkt diente. Daher war ein Vergleich der gemessenen Distanzen nur mit korrigierten Werten möglich. In der Zeigeaufgabe wurden die skalierten Werte dementsprechend um 3,3 cm nach oben oder unten verschoben und in der Abgleichaufgabe um 3,3 cm nach unten. Die resultierenden Entfernungen zwischen 15,36 cm und 47,98 cm sind in Tabelle 4.13 aufgelistet. In der ersten Spalte finden sich die skalierten Positionen ausgehend vom Nullpunkt (0/0/0) des virtuellen Koordinatensystems, der sich in Höhe der mittleren vertikalen Kugeln auf der Projektionsfläche befand. Der erste Wert spezifiziert den z-Wert (Entfernung von der Projektionsfläche), der zweite den y-Wert (Verschiebung nach oben oder unten) und der dritte den x-Wert (Verschiebung nach rechts oder links). Ein Wert von 15/-10/0 bedeutet dementsprechend, dass die Kugel 15 cm vor der Projektionsfläche und 10 cm unterhalb der mittleren Position dargeboten wurde. Die Beschreibung der Position lautet 15-u-z (siehe zweite Spalte in Tabelle 4.13), das heißt, 15 cm entfernt unten zentral.

### 4.2.4.2 Ergebnisse

In zwei Abschnitten werden die Ergebnisse der Studie vorgestellt. Der erste Abschnitt behandelt die objektiven Daten aus den Schätzaufgaben und der zweite die subjektiven Daten aus dem Nachbefragungsbogen. Neben univariaten Varianzanalysen mit Messwiederholungen und deskriptiven Statistiken werden die Ergebnisse von Korrelations- und Regressionsanalysen dargestellt. Die subjektiven Daten werden mit nicht-parametrischen $Chi^2$-Tests ausgewertet. Das Signifikanzniveau liegt bei allen Analysen bei 5%.

4.2 Tiefenwahrnehmung im virtuellen Raum

| skalierte Position | Beschreibung der Position | Entfernung (cm) | korrigierte Entfernung (cm) - Zeigeaufgabe | korrigierte Entfernung (cm) - Abgleichaufgabe |
|---|---|---|---|---|
| 15/-10/0 | 15-u-z | 18,03 | 20,05 | 16,43 |
| 15/-10/-10 | 15-u-l | 20,62 | 22,40 | 19,23 |
| 15/-10/+10 | 15-u-r | 20,62 | 22,40 | 19,23 |
| 15/0/0 | 15-m-z | 15,00 | 15,36 | 15,36 |
| 15/0/-10 | 15-m-l | 18,03 | 18,33 | 18,33 |
| 15/0/+10 | 15-m-r | 18,03 | 18,33 | 18,33 |
| 15/+10/0 | 15-o-z | 18,03 | 16,43 | 20,05 |
| 15/+10/-10 | 15-o-l | 20,62 | 19,23 | 22,40 |
| 15/+10/+10 | 15-o-r | 20,62 | 19,23 | 22,40 |
| 30/-10/0 | 30-u-z | 31,62 | 32,82 | 30,74 |
| 30/-10/-10 | 30-u-l | 33,17 | 34,31 | 32,32 |
| 30/-10/+10 | 30-u-r | 33,17 | 34,31 | 32,32 |
| 30/0/0 | 30-m-z | 30,00 | 30,18 | 30,18 |
| 30/0/-10 | 30-m-l | 31,62 | 31,79 | 31,79 |
| 30/0/+10 | 30-m-r | 31,62 | 31,79 | 31,79 |
| 30/+10/0 | 30-o-z | 31,62 | 30,74 | 32,82 |
| 30/+10/-10 | 30-o-l | 33,17 | 32,32 | 34,31 |
| 30/+10/+10 | 30-o-r | 33,17 | 32,32 | 34,31 |
| 45/-10/0 | 45-u-z | 46,10 | 46,92 | 45,50 |
| 45/-10/-10 | 45-u-l | 47,17 | 47,98 | 46,58 |
| 45/-10/+10 | 45-u-r | 47,17 | 47,98 | 46,58 |
| 45/0/0 | 45-m-z | 45,00 | 45,12 | 45,12 |
| 45/0/-10 | 45-m-l | 46,10 | 46,22 | 46,22 |
| 45/0/+10 | 45-m-r | 46,10 | 46,22 | 46,22 |
| 45/+10/0 | 45-o-z | 46,10 | 45,50 | 46,92 |
| 45/+10/-10 | 45-o-l | 47,17 | 46,58 | 47,98 |
| 45/+10/+10 | 45-o-r | 47,17 | 46,58 | 47,98 |

**Tabelle 4.13**: *Tiefenwahrnehmung 2: Korrigierte Referenzwerte (cm) für alle Kugeln und beide Aufgaben (Zeige- und Abgleichaufgabe). Skalierte Position: z-Wert/y-Wert/x-Wert in cm, Beschreibung der Position: o= oben, m= Mitte, u= unten, l= links, z= zentral, r= rechts*

**Objektive Daten**

ANOVAs mit dem Faktor Outputtransformation für die einzelnen Zielreize zeigen hoch signifikante Unterschiede zwischen den prozentualen Schätzergebnissen aus beiden Aufgaben (Tabelle 4.14). Die Distanzen in der Abgleichaufgabe werden unterschätzt (Wert < 100%) und in der Zeigeaufgabe überschätzt (Wert > 100%).

Eine ANOVA mit Messwiederholung mit den Innersubjektfaktoren Outputtransformation (Zeigen vs. Abgleichen), Distanz (15 cm, 30 cm, 45 cm),

4 Experimentelle Untersuchungen

| Entfernung | Zielposition | Abgleich (%) | Zeigen (%) | F(1,11) | p |
|---|---|---|---|---|---|
| 15 | u-z | 82,2 (23,1) | 124,9 (28,3) | 21,0 | <,01 |
| 15 | u-l | 72,8 (20,9) | 132,1 (45,6) | 12,9 | <,01 |
| 15 | u-r | 76,7 (26,8) | 142,3 (36,1) | 38,0 | <,01 |
| 15 | m-z | 82,2 (12,7) | 140,3 (29,9) | 41,7 | <,01 |
| 15 | m-l | 76,8 (20,8) | 132,3 (31,5) | 27,5 | <,01 |
| 15 | m-r | 76,2 (23,7) | 143,7 (39,1) | 19,2 | <,01 |
| 15 | o-z | 73,9 (26,7) | 145,4 (29,3) | 30,9 | <,01 |
| 15 | o-l | 64,1 (21,6) | 141,0 (33,0) | 37,9 | <,01 |
| 15 | o-r | 75,1 (25,2) | 149,3 (39,5) | 24,1 | <,01 |
| 30 | u-z | 74,1 (16,8) | 110,5 (9,9) | 61,9 | <,01 |
| 30 | u-l | 68,2 (21,6) | 107,2 (9,9) | 33,4 | <,01 |
| 30 | u-r | 74,1 (20,4) | 111,3 (12,8) | 34,7 | <,01 |
| 30 | m-z | 81,0 (12,5) | 123,3 (15,4) | 69,3 | <,01 |
| 30 | m-l | 65,0 (24,7) | 114,5 (7,7) | 37,9 | <,01 |
| 30 | m-r | 68,8 (25,9) | 121,2 (18,8) | 24,9 | <,01 |
| 30 | o-z | 71,7 (15,5) | 125,8 (15,9) | 75,1 | <,01 |
| 30 | o-l | 73,1 (14,8) | 120,3 (14,5) | 46,3 | <,01 |
| 30 | o-r | 76,3 (13,7) | 124,3 (14,3) | 69,2 | <,01 |
| 45 | u-z | 66,2 (22,4) | 110,2 (12,9) | 28,6 | <,01 |
| 45 | u-l | 75,6 (11,9) | 107,3 (12,5) | 29,2 | <,01 |
| 45 | u-r | 74,1 (11,5) | 110,3 (7,8) | 141,4 | <,01 |
| 45 | m-z | 70,4 (11,9) | 106,1 (13,0) | 30,0 | <,01 |
| 45 | m-l | 70,6 (18,7) | 105,3 (8,2) | 34,3 | <,01 |
| 45 | m-r | 77,0 (12,7) | 101,5 (20,6) | 16,3 | <,01 |
| 45 | o-z | 73,1 (7,2) | 98,4 (20,0) | 11,7 | <,01 |
| 45 | o-l | 72,7 (9,5) | 105,8 (7,8) | 90,7 | <,01 |
| 45 | o-r | 76,4 (12,4) | 104,9 (5,2) | 55,2 | <,01 |

**Tabelle 4.14:** *Tiefenwahrnehmung 2: Ergebnisse der Abgleich- und der Zeigeaufgabe in Prozent (Mittelwerte und Standardabweichungen) für alle Ziele inklusive ANOVA-Ergebnisse (F-Wert und p-Wert); o= oben, m= Mitte, u= unten, l= links, z= zentral, r= rechts*

vertikale Anordnung (oben, Mitte, unten) und horizontale Position (rechts, zentral, links) zeigt signifikante Haupteffekte für die Faktoren Outputtransformation (F(1,11)= 62,6, p< 0,01) und Distanz (F(2,10)= 24,1, p< 0,01). Das bedeutet, dass die Versuchspersonen die Distanzen überschätzen, wenn sie die Position der Zielreize mit dem Zeigefinger anzeigen (M= 120,7%, sd= 13,0), und unterschätzen, wenn sie sie mit dem Tennisball abgleichen (M= 73,6%, sd= 14,5). Des weitern zeigt sich, dass die Distanzen unterschiedlich wahrgenommen werden. Die 15 cm-Kugeln werden insgesamt leicht überschätzt (M= 107,3%, sd= 15,0), die 30 cm-Kugeln leicht unterschätzt (M= 95,0%, sd= 9,0) und die 45 cm-Kugeln deutlich unterschätzt (M= 89,2%, sd= 4,9). Zusätzlich werden die Interaktionen Outputtransformation x vertikaler Anordnung ($F(2,22)= 11,0$, $p< 0,01$), Outputtransformation x vertikale Anordnung ($F(2,22)= 6,8$, $p< 0,01$), Distanz x vertikaler Anordnung ($F(2,22)= 2,8$, $p< 0,05$) und die dreifache Interaktion Outputtransformation x Distanz x vertikale Anordnung ($F(1,11)= 4,5$, $p< 0,01$) signifikant. In Abbildung 4.10 ist die Dreifachinteraktion dargestellt und man erkennt deutlich, dass die Distanz in der Abgleichaufgabe einen deutlich geringeren Einfluss hat als in der Zeigeaufgabe.

Betrachtet man die beiden Aufgaben (Zeigen vs. Abgleichen) separat, so zeigen sich in der Zeigeaufgabe signifikante Haupteffekte für die Distanz ($F(2,10)= 13,3$, $p< 0,01$) und die vertikale Anordnung ($F(2,10)= 5,2$, $p< 0,05$), sowie deren Interaktion ($F(4,8)= 17,1$, $p< 0,01$). Die Überschätzungen sind hier bei den 15 cm-Kugeln am ausgeprägtesten ($M= 139,0\%$, $sd= 7,7$) und bei den 45 cm-Kugeln am geringsten ($M= 105,5\%$, $sd= 3,8$). Die Ergebnisse für die 30 cm-Kugeln liegen in der Mitte mit einem Mittelwert von $117,6\%$ ($sd= 3,8$). Paarweise Vergleiche zeigen, dass alle Distanzkombinationen sich signifikant ($p< 0,01$) voneinander unterscheiden. Betrachtet man die vertikale Anordnung, so liegen die Schätzergebnisse für die unteren Kugeln am nächsten an den skalierten Werten ($M= 117,3\%$, $sd= 12,7$), gefolgt von den mittleren Kugeln ($M= 120,9\%$, $sd= 15,5$) und den oberen Kugeln ($M= 123,9\%$, $sd= 18,6$). In der Abgleichaufgabe hat keiner der Faktoren einen Einfluss.

Wie schon aus den Daten in Tabelle 4.14 deutlich wird, treten in der Abgleichaufgabe mehr Unterschätzungen und in der Zeigeaufgabe mehr Überschätzungen auf. Dies wird ebenfalls durch hoch signifikante t-Test Ergebnisse belegt: die mittlere Anzahl an Unterschätzungen ($M= 25,3$; $sd= 2,5$)) in der Abgleichaufgabe ($t11= 22,8$, $p< 0.01$) liegt deutlich über der in der Zeigeaufgabe ($M= 2,3$; $sd= 2,8$). Überschätzungen treten hingegen im Mittel in der Abgleichaufgabe nur $0,4$ ($sd= 0,7$) und in der Zeigeaufgabe dagegen $19,3$ ($sd= 4,8$) auf ($t11= 14,0$, $p< 0.01$). Hinsichtlich der Treffer ($t11= 3,3$, $p< 0.01$) schneidet die Zeigeaufgabe besser ab, hier liegt der mittlere Wert bei $5,4$ ($sd= 3,6$) im Gegensatz zur Abgleichaufgabe mit $1,3$ ($sd= 1,8$). Korrelations- und Regressionsanalysenanalysen zwischen der Anzahl der

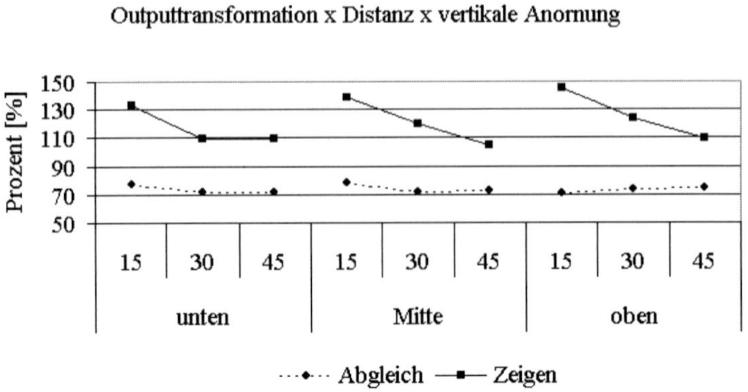

## 4 Experimentelle Untersuchungen

Outputtransformation x Distanz x vertikale Anornung

[Diagramm: Prozent [%] auf der y-Achse (50–150), x-Achse zeigt Werte 15, 30, 45 für die Gruppen unten, Mitte, oben. Legende: Abgleich, Zeigen]

**Abbildung 4.10:** *Tiefenwahrnehmung 2: Dreifache Interaktion Outputtransformation x Distanz x vertikale Anordnung.*

Unter- und Überschätzungen und der binokularen Fähigkeit der Versuchspersonen zeigen keine signifikanten linearen Zusammenhänge.

**Subjektive Daten**
Der Nachbefragungsbogen war in drei theoretische Bereiche unterteilt, die nun auch zur Strukturierung des folgenden Abschnitts dienen. Zuerst werden die körperlichen Beschwerden beschrieben, dann die Urteile zur virtuellen Erfahrung und abschließend die Urteile zum Experiment selbst.

*Körperliche Beschwerden.* Zwei weibliche Versuchspersonen berichteten von körperlichen Beschwerden. Eine klagte über leichte Nackenschmerzen und die Zweite über leichten Schwindel und leichte Kopfschmerzen. Die restlichen 83,3% waren komplett beschwerdefrei ($\chi^2_1 = 5,3$, $p < 0,05$).

*Virtuelle Erfahrung.* Die Erfahrung im virtuellen Raum wurde von den Versuchspersonen auf vier Dimensionen (Presence, externale Bewusstheit, Qualität und Vergnügen) bewertet. Dazu beurteilten sie 11 Aussagen auf einer 5-stufigen Skala (-2= nicht zutreffend, -1= eher nicht zutreffend, 0=

weder noch, 1= eher zutreffend, 2= zutreffend). Die Ergebnisse dieses Teils der Befragung sind in Tabelle 4.15 aufgelistet.

| Dimension | Aussage | Mittelwert | Modalwert | Chi$^2$-Wert | p |
|---|---|---|---|---|---|
| Presence | (1) Ich hatte das Gefühl, in einem virtuellen Raum zu sein. | 0,3 | 1 | 7,2 | 0,13 |
| | (2) Ich hatte das Gefühl, nur Bilder zu sehen, wie im Kino oder TV. | -1,3 | -1 | 13,8 | < ,01 |
| | (3) Ich konnte mir den virtuellen Raum vorstellen. | 0,8 | 1 | 8,8 | 0,07 |
| | (4) Der virtuelle Raum und die dargestellten Objekte erschienen mir realistisch. | 0,7 | 1 | 8,0 | 0,09 |
| | (5) Ich hatte den Eindruck, das ich mit der Hand in die virtuelle Welt hinein langen und ein Objekt greifen/berühren konnte. | 1,2 | 2 | 11,3 | < ,05 |
| externale Bewusstheit | (6) Die reale Umgebung - das Labor - war mir nicht mehr bewusst. | -0,6 | -2 | 2,2 | 0,71 |
| | (7) Ich war mir jeder Zeit bewusst, dass ich mich in einem realen Raum - in einem Labor - befinde. | 1,6 | 2 | 23,8 | < ,01 |
| Qualität | (8) Ich habe die virtuelle Welt klar und deutlich gesehen. | 0,8 | 1 | 12,2 | < ,05 |
| | (9) Die Qualität der Darstellung war gut. | 0,9 | 1 | 13,8 | < ,01 |
| Vergnügen | (10) Ich war enttäuscht von der Erfahrung im virtuellen Raum. | -0,4 | 0 | 8,8 | 0,07 |
| | (11) Die virtuelle Erfahrung hat mich fasziniert. | 0,2 | 0; 1 | 9,7 | < ,05 |

**Tabelle 4.15:** *Tiefenwahrnehmung 2: Mittelwerte und Modalwerte für die Aussagen des Nachbefragungsbogens bezüglich der virtuellen Realität inklusive Chi$^2$- und p-Werten (5-stufige Skala: -2= nicht zutreffend, -1= eher nicht zutreffend, 0= weder noch, 1= eher zutreffend, 2= zutreffend)*

Bezüglich der Dimension Presence zeigen die Ergebnisse, dass 58,3% der Versuchspersonen das Gefühl hatten, in einem virtuellen Raum zu sein (1) und 91,7% nicht das Gefühl hatten, nur Bilder zu sehen (2). 83,3% hatten den Eindruck, die virtuellen Objekte ergreifen, bzw. berühren zu können (5). Neun der zwölf Versuchspersonen konnten sich den virtuellen Raum vorstellen (3) und acht sagten, dass sowohl der Raum als auch die Objekte eher realistisch erschienen (4). Die beiden Fragen zur externalen Bewusstheit (6 und 7) belegen, wie in der ersten Studie, dass die externale Bewusstheit während der virtuellen Erfahrung nicht abnahm und die Versuchspersonen sich über ihre Anwesenheit im Labor die ganze Zeit bewusst waren. Die Qualität der virtuellen Darstellung wird positiv bewertet (8 und

9) und Bezug nehmend auf die Dimension Vergnügen zeigt sich ein neutrales Bild. Die Versuchspersonen bewerten die virtuelle Erfahrung weder als enttäuschend (10) noch sind sie übermäßig fasziniert (11). Obwohl bei der Frage nach der Faszination 41,7% angeben, dass sie eher fasziniert waren.

*Experiment.* Die Aussagen, die inhaltlich zum Experiment beurteilt werden mussten, lauteten: (1) Der Tiefeneindruck war realistisch, (2) Die Objekte in der virtuellen Realität erschienen mir geometrisch korrekt. Sie hatten die richtige Größe und Entfernung zu mir und (3) Ich hatte einen dreidimensionalen Eindruck. $Chi^2$-Tests zeigen keine signifikanten Unterschiede bezüglich der Urteile. Deskriptiv wird der Tiefeneindruck eher als realistisch (Modalwert 1), die zweite Aussage mit weder noch (Modalwert 0) und der dreidimensionale Eindruck als sehr gut (Modalwert 2) beurteilt.

### 4.2.4.3 Diskussion

Ziel dieses Experimentes war es, näher zu untersuchen, wo Personen virtuelle Reize im Greifraum wahrnehmen. Im Gegensatz und als Ergänzung zur vorangehenden Studie wurden keine verbalen Schätzungen von den Versuchspersonen abgegeben, sondern es wurden motorische Antworten gemessen, die in einer Zeigeaufgabe und einer Abgleichaufgabe abgegeben wurden. In der Zeigeaufgabe mussten die Versuchspersonen mit dem Zeigefinger die Position eines virtuellen Reizes angeben und in der Abgleichaufgabe mussten sie einen realen Gegenstand dort positionieren, wo sie den virtuellen Reiz wahrnahmen.

TIEFENWAHRNEHMUNG IN DER VIRTUELLEN REALITÄT ABHÄNGIG VON DER OUTPUTTRANSFORMATION
Die Datenanalyse zeigt deutlich, dass sich die beiden Outputtransformationen (Zeigen vs. Abgleichen) voneinander unterscheiden und abhängig von der Aufgabe unterschiedliche Abweichungen in der Tiefenwahrnehmung auftreten. Von einer Outputunabhängigkeit der Schätzergebnisse, wie z.B. bei Philbeck und Loomis (1997), kann in diesem Fall also nicht die

*4.2 Tiefenwahrnehmung im virtuellen Raum*

Rede sein, obwohl es sich hier um motorische Antworten gehandelt hat. Beim Zeigen wird die Entfernung überschätzt, wie bei den verbalen peripersonalen Schätzungen der ersten Untersuchung, und beim Abgleichen unterschätzt. Ein Grund hierfür könnte der Akkommodation-Konvergenz-Konflikt sein, der in der Zeigeaufgabe deutlicher auftritt, da hier beim Betrachten des virtuellen Objektes auf die Projektionsfläche akkommodiert wird. Beim Abgleichen akkommodiert das Auge hingegen auf dem realen Gegenstand, der sich in der Hand der Versuchsperson befindet.

Hinsichtlich variierter Distanz, vertikaler Anordnung und horizontaler Position treten in der Abgleichaufgabe keine Unterschiede auf. Die durchschnittliche Abweichung beträgt hier 26,4%. In der Zeigeaufgabe zeigt sich ein Einfluss der Distanz (15 cm, 30 cm, 45 cm) und der vertikalen Anordnung (unten, Mitte, oben) auf die Schätzergebnisse. Die Versuchspersonen sind in der Lage die Distanz der 30 cm- und der 45 cm- entfernten Kugel relativ korrekt anzugeben. Die prozentualen Abweichungen belaufen sich auf 17,6%, bzw. 5,5%. Die Distanz der 15 cm- Kugel wird allerdings deutlich überschätzt (39,0%). Bezüglich der vertikalen Anordnung zeigt sich, dass die untersten Kugeln mit der geringsten Abweichung geschätzt werden (17,3%), gefolgt von den mittleren (20,9%) und den oberen (23,9%). Wiederum könnte der Akkommodation-Konvergenz-Konflikt einen Erklärungsansatz für dieses Ergebnismuster liefern. In der Abgleichaufgabe tritt nur ein geringer Konflikt auf, da der reale Gegenstand am Ende der Aufgabe, zum Zeitpunkt der Distanzmessung, den virtuellen überdeckt und somit die Augen auf den realen Tennisball akkommodieren. In der Zeigeaufgabe treten abhängig von der dargestellten Distanz verschiedene Akkommodationsdifferenzen auf (vgl. Abbildung 4.5, S.85). In der 15 cm- Bedingung ist diese am größten und in der 45 cm- Bedingung am geringsten. Allerdings kann der Akkommodation-Konvergenz-Konflikt nicht den Effekt der vertikalen Anordnung erklären, denn hier wäre die Akkommodationsdifferenz für die unteren und die oberen Kugeln gleich, da die Versuchspersonen zentral vor der mittleren Kugelreihe saßen. Die experimentellen Daten zeigen aber deutlich geringere Abweichungen für die unteren Kugeln.

## SUBJEKTIVE BEURTEILUNGEN

Die subjektiven Urteile bezüglich der Erfahrung im virtuellen Raum fallen wie in der ersten Untersuchung zur Tiefenwahrnehmung sehr positiv aus. Nur zwei Versuchspersonen berichten von leichten körperlichen Beschwerden und die Ergebnisse bezüglich der fünf erfassten Dimensionen (Presence, externale Bewusstheit, Qualität und Vergnügen) zeigen ein zufrieden stellendes Bild. Das Gefühl in einem virtuellen Raum zu sein, wurde erzeugt, obwohl die Versuchspersonen die externale Bewusstheit nicht verloren. Wichtig ist hier anzumerken, dass die Versuchspersonen (83,3%) das Gefühl hatten, sie könnten mit der Hand in die virtuelle Welt hineingreifen und ein Objekt greifen oder berühren.

## ZUSAMMENFASSUNG UND IMPLIKATIONEN

Aus den Untersuchungen zur Tiefenwahrnehmung im virtuellen Raum kann abgeleitet werden, dass in der verwendeten VR-Applikation die dargebotenen Distanzen im extrapersonalen Raum unterschätzt werden. Im peripersonalen Raum liegt eine outputtransformationsabhängige Wahrnehmungsverzerrung der Distanzen vor, die in erster Linie auf den Akkommodation-Konvergenz-Konflikt zurückzuführen ist. Es bleibt allerdings die Frage offen, welche Auswirkungen eine reale Greifbewegung in einer virtuellen Szene auf die Tiefenwahrnehmung hat. Die Ergebnisse aus der zweiten Studie zur Tiefenwahrnehmung deuten darauf hin, dass ein realer Gegenstand, auf den akkommodiert werden kann, zu einer Unterschätzung der virtuellen Distanzen führt. Die Hand als realer „Gegenstand" könnte also dementsprechend zu einer Unterschätzung der Greifdistanzen führen. Allerdings könnte man ebenfalls davon ausgehen, dass sich ähnliche Effekte wie in der Zeigeaufgabe zeigen, da beim Greifen die visuelle Aufmerksamkeit eher auf das Objekt, als auf die eigene Hand gerichtet ist. Um vergleichbare Bedingungen zu schaffen, wird in den nachfolgenden Experimenten zum Greifen im virtuellen Raum wieder der geschlossene Raum als Versuchsumgebung verwendet und außerdem eine Zeigeaufgabe analog zur vorgestellten Aufgabe in den experimentellen Ablauf integriert.

## 4.3 Greifen im virtuellen Raum

### 4.3.1 Einleitung

Zum Thema Greifen im virtuellen Raum wurden zwei Experimente in Anlehnung an die klassischen Perturbationsexperimente von Paulignan et al. (1991a,b) durchgeführt[14]. In den nachfolgenden Unterkapiteln wird die theoretische Grundlage der Experimente dargestellt. Hierbei liegt der Fokus zum einen auf den klassischen Perturbationsexperimenten, die im realen Raum die Bewegungskontrolle beim Greifen in Abhängigkeit von plötzlich auftretenden Perturbationen von Position und Größe untersucht haben und zum anderen auf dem aktuellen Stand der Forschung bezüglich Greifexperimenten in der Virtuellen Realität. Im Anschluss daran werden die beiden Studien vorgestellt.

### 4.3.2 Theorie

#### 4.3.2.1 Einführung Greifen allgemein

Parallele Verarbeitung, ein bekanntes Konzept im Bereich der Organisation von sensorischen Systemen, kann als operationales Prinzip für die Organisation des motorischen Systems herangezogen werden. Diese Möglichkeit wurde von verschiedenen Autoren für verschiedene Aspekte der motorischen Kontrolle vorgeschlagen. Zum Beispiel haben Favilla, Hening und Ghez (1989) über Argumente berichtet, die für eine parallele Spezifikation von Bewegungsmerkmalen, wie Bewegungsrichtung und Bewegungsamplitude sprechen. In gleichem Zusammenhang findet sich eine Erklärung für die Generierung von komplexen Aktionen, die simultan verschiedene muskuloskeletale Segmente anspricht, die sich zwischen paralleler senso-

---

[14]Ein Teil der Ergebnisse wurde veröffentlicht: Armbrüster, Wolter, Kuhlen, Fimm und Spijkers (2007).

rischer Informationsverarbeitung und paralleler Kontrolle des motorischen Outputs bewegt (Jeannerod, 1981; Paillard, 1982). Dieser Erklärungsansatz postuliert die Existenz von funktionalen Einheiten, die durch spezifische Input-Output-Verhältnisse charakterisiert sind und die auf die Generierung von Aktionskomponenten spezialisiert sind. Ein Prototyp einer solchen Aktion ist das Greifen (siehe auch Allgemeine Theorie, Grundlagen Greifen, S.21). Hier wird die hinlangende Armbewegung, die die Hand zum Zielobjekt bringt, parallel zu den Fingerbewegungen ausgeführt, die in Antizipation auf das Zugreifen ausgeführt werden. Folglich ist der Input des visuomotorischen Kanals, der auf das Greifen spezialisiert ist, abgestimmt auf die sichtbare Objektgröße und der Output ist verbunden mit den distalen Muskeln, die den Griff generieren. Der andere Kanal, der für den proximalen Aspekt der Bewegung zuständig ist, muss offensichtlich eine andere Struktur und einen anderen Aktivierungsmodus haben. Demzufolge muss das motorische System, das für Hinlang- und Greifbewegungen zuständig ist, aus separaten Modulen bestehen. Bei Primaten konnte gezeigt werden, dass auf anatomischer Ebene die kortikofugalen Wege (efferente Bahnen), die die Motoneuronen für proximale und distale Muskeln anregen, voneinander getrennt sind (Lawrence und Kuypers, 1968). Der inferiore Bereich des prämotorischen Areals 6, welcher eine wichtige Rolle in der visuomotorischen Transformation spielt, besteht aus zwei Sektoren, einem, der hauptsächlich Neurone beinhaltet, die mit proximalen Bewegungen in Verbindung stehen und einem, der Neurone enthält, die für distale Bewegungen verantwortlich sind (Rizolatti, Camarda, Fogassi, Gentilucci, Luppino und Matelli, 1988).

Funktional ähnliche, aber weniger direkte Belege, stammen von Jeannerod (1986), der die Effekte von Läsionen im menschlichen zerebralen Kortex beschrieben hat. Theorien, die sich mit paralleler Aktivierung beschäftigen, haben allerdings ein inhärentes Problem. Es ist schwierig zu erklären, wie die verschiedenen Systeme, die separat, aber mehr oder weniger gleichzeitig aktiviert werden, koordiniert werden, so dass die gewünschte Aktion resultiert. Im Falle des Greifens stellt sich die Frage, wie die Subaktionen (Transport der Hand zur korrekten Position, Öffnung der Finger, etc.) miteinander verknüpft sind, um das übergeordnete Ziel - Griff nach einem Objekt - zu erreichen. Folgt man dieser Argumentation wäre ein Modell, das komplette Parallelität der motorischen Komponenten postuliert, unrealistisch. Demzufolge beinhalten die meisten Theorien, die multiple Gliedmaßenaktionen beschreiben, spezifische Mechanismen, die für die zeitliche und räumliche Koordination der Komponenten verantwortlich sind (Bernstein, 1967; Arbib, 1981).

Das Greifen eines Objekts basiert auf der Verarbeitung von Informationen in zwei hypothetischen visuomotorischen Kanälen: einem für extrinsische Objekteigenschaften (z.b. räumliche Position des Objekts) und einem für intrinsische Objekteigenschaften (z.b. Form und Größe). Ein Weg, um die Frage zu klären, wie die beiden Komponenten einer Greifbewegung (Transport- und Greifkomponente) mit diesen Kanälen korrespondieren, ist, eine Situation zu schaffen, in der unerwartete Veränderungen bezüglich des Inputs einer der beiden Kanäle auftreten und zu beobachten, wie die Bewegung reorganisiert wird und das motorische System adaptiert. Man spricht hier von Perturbationsexperimenten. Falls Transport- und Greifkomponente unabhängig voneinander sind, sollte ein Positionswechsel des Objekts nur die Transportkomponente und nicht die Greifkomponente beeinflussen, eine Größenveränderung hingegen die Greifkomponente und nicht die Transportkomponente.

### 4.3.2.2 Klassische Perturbationsexperimente

Zwei klassische Studien zu diesem Thema stammen aus der Arbeitsgruppe von Paulignan (Paulignan, MacKenzie, Marteniuk und Jeannerod, 1991a; Paulignan, Jeannerod, MacKenzie und Marteniuk, 1991b).

POSITIONSPERTURBATION
*Paulignan, MacKenzie, Marteniuk und Jeannerod (1991a)*
Die erste Studie (Paulignan, MacKenzie, Marteniuk und Jeannerod, 1991a) beschäftigte sich mit den Effekten von Ortsperturbationen. Die Versuchspersonen mussten 10 cm hohe Rundholzstäbe mit einem Durchmesser von 1,5 cm so akkurat wie möglich mit Daumen und Zeigefinger ergreifen und

anheben. Die Stäbe wurden an drei verschiedenen Positionen präsentiert (10°, 20° und 30° rechts der senkrechten Körperachse) und die Greifdistanz betrug 36 cm. Die Stäbe waren beleuchtet und sobald die Beleuchtung eingeschaltet wurde, sollte die Versuchsperson den Stab ergreifen. Zu Beginn des Experiments musste 10-mal nach jedem Stab gegriffen werden (blocked trials = Kalibrierungstrials). Danach folgen 100 Trials bei denen jeweils der mittlere Stab (20°) aufleuchtete und dann in 20% der Durchgänge die Beleuchtung nach der Bewegungsinitiierung zu einem der anderen Stäbe „sprang" (perturbierte Trials), so dass die Versuchsperson ihre Hand zu der neuen Position orientieren musste. Die 80 unperturbierten Trials dienten als Kontrolldurchgänge. Die Bewegungscharakteristika dieser perturbierten Durchgänge wurden mit denen der Kontrolldurchgänge verglichen.

Paulignan et al. (1991a) konnten zeigen, wie schnell Bewegungen, die einer Perturbation folgen reorganisiert werden. Während die Handgelenkskorrektur nicht bis 250 - 290 ms nach der Perturbation beendet ist (d.h., einer Dauer, die mit einer typischen Reaktionszeit verbunden ist), steigt die Gesamtbewegungszeit im Mittel nur um etwa 100 ms an. Dieser augenscheinliche Widerspruch wird durch eine zeitliche Reskalierung des kinematischen Musters der korrigierten Bewegung erklärt: die Beschleunigungs- und Geschwindigkeitshöchstwerte treten früher auf als in der Kontrollbedingung, die Zeitintervalle zwischen den kinematischen Landmarken hat sich verkürzt und die Dauer der finalen Abbremsphase nach dem zweiten Geschwindigkeitshöchstwert war kürzer (235 ms vs. 300 ms in den Kontrolltrials). All dies deutet darauf hin, dass die erste Subbewegung in Richtung initialem Target kurz nach der Perturbation unterbrochen wurde und dass die zweite Subbewegung schneller ausgeführt wurde, als eine normale Bewegung in Richtung der gleichen Targetposition. Die Zeit, die für die Korrektur benötigt wird, war länger, wenn das Target nach rechts sprang. Dies kann durch die höhere Komplexität der motorischen Reorganisation erklärt werden, da bei den rechtsperturbierten Trials das Agonist-Antagonist-Muster der Muskelkontraktion von einer Flexion von Ellenbogen und Handgelenk auf eine Extension umgekehrt werden muss.

*Senso-motorische Integration.* Die Tatsache, dass die ersten entdeckbaren Unterschiede zwischen den perturbierten und nicht-perturbierten Trials etwa 100 ms nach der Perturbation auftraten (zum Zeitpunkt des ersten Beschleunigungshöchstwertes) verdient besondere Beachtung. Die Dauer von 100 ms, scheint mit der minimalen Verzögerung zu korrespondieren, die für visuelle und/oder propriozeptive Reafferenzen benötigt wird, um die ablaufende Bewegung zu beeinflussen (visuomotorischer Integrationszyklus). Für die visuelle Modalität existieren Belege für eine schnelle Verarbeitung von visueller Information für die Bewegungskontrolle. Zelaznik, Hawkins und Kisselburg (1983) fanden heraus, dass die Anwesenheit von visuellem Feedback während der Bewegung einen positiven Effekt auf die Genauigkeit für Bewegungen mit einer Dauer von unter 120 ms hat. Außerdem berichten die Autoren für sehr kurze Bewegungen (< 70 ms), dass kein Effekt der Anwesenheit bzw. Abwesenheit des visuellen Feedbacks auf Distanzfehler gefunden wurde, obwohl Richtungsfehler durch visuelles Feedback reduziert wurden (siehe ebenfalls Elliott und Allard, 1985; Blouin, Bard, Teasdale und Fleury, 1993). Weitere Belege, die für eine kontinuierliche Onlinekontrolle von Bewegungen sprechen, stammen von Spijkers und Lochner (1994) und Spijkers und Spellerberg (1995). In beiden Studien wurden Zielbewegungen und der Einfluss von visuellem Feedback untersucht. Es konnte gezeigt werden, dass gerade die visuelle Kontrolle in der ersten Bewegungsphase eine entscheidende Rolle für die Genauigkeit in der Endphase der Bewegung spielt. Außerdem wurde belegt, dass die visuomotorische Integrationszeit unter 150 ms liegt (siehe auch Carlton, 1981).
Für die propriozeptive Modalität wird die Zeit zur Verarbeitung der kinästhetischen reafferenten Signale auf 70 - 100 ms geschätzt (z.B. Lee und Tatton, 1975; Evarts und Vaughn, 1978; Johansson und Westling, 1987). Die kurze Latenz der Korrekturen in der Studie von Paulignan et al. (1991a) kann mit dem verglichen werden, was beobachtet wird, wenn Veränderungen der Targetposition kurz vor Bewegungsbeginn auftreten. In diesem Fall beginnt die Reorganisation der Bewegung nach einer längeren Verzögerung, so dass die Bewegungszeit sich bis zu 300 ms verlängert (vgl. Georgopoulos et al., 1981; Soechting und Lacquaniti, 1983). Der Unterschied zwischen den beiden Situationen liegt darin, dass die Perturbationen, die während der Bewegung auftreten, eine Diskrepanz zwischen den visuellen

Signalen, die mit der neuen Targetposition verbunden sind, und den propriozeptiven Signalen, die von der Bewegung erzeugt werden, verursachen, die nicht auftritt, wenn die Perturbation vor Bewegungsbeginn geschieht. Obwohl im zweiten Fall eine neue Bewegung von Anfang an programmiert werden muss, kann im ersten Fall die Korrektur aus einem direkten Vergleich zwischen Targetpositionssignalen und Gliedmasssignalen entstehen. Eine Änderung der räumlichen Target-Gliedmaß-Konfiguration würde automatisch eine Reorganisation der motorischen Befehle triggern. Der dynamische Charakter der abweichenden Gliedmaßpositionssignale würde deren schnellere Verarbeitung erklären.

*Variabilität der Bewegungstrajektorien.* Der zweite Punkt, der diskutiert werden muss, betrifft die Variabilität der Bewegungstrajektorien. Die Variabilität der motorischen Leistung reflektiert das „Rauschen", das mit der Generierung der zentralen Impulse verbunden ist, die die Muskeln steuern. Es ist wahrscheinlich, dass diese Impulse in ihrer Rate, Dauer und relativem Timing von Trial zu Trial variieren, was zu einer Variabilität der Endpunkttrajektorien der Gliedmaße führt. Im Falle von relativ einfachen Bewegungen, wie dem Zeigen mit der Fingerspitze, kann die Variabilität quantifiziert werden, in dem der terminale Fehler des Fingers in Bezug auf die Targetposition gemessen wird. Im Falle von komplexeren Bewegungen, wie dem Hinlangen und Greifen, kann die Variabilität nicht durch einen globalen Index wie dem terminalen Fehler erklärt werden. Weil Greifen im Gegensatz zu Zeigen hohe Anforderungen an die Bewegungsgenauigkeit hat, wird bei diesem Bewegungstyp die Variabilität im finalen Teil der Trajektorie reduziert, so dass der terminale Fehler geringer ausfällt. Die Daten von Paulignan et al. (1991a) zeigen, dass die Variabilität nicht gleichmäßig über die Bewegungszeit verteilt ist: der räumliche Pfad divergiert im ersten Teil der Trajektorie und konvergiert vor Objektkontakt. Der Zeitpunkt, an dem der Weg zu konvergieren beginnt, befindet sich etwa dort, wo das Handgelenk die Höchstgeschwindigkeit erreicht. Das Ergebnis zeigt, dass die beiden Phasen des Hinlangens und Greifens (Beschleunigungs- und Abbremsphase) wahrscheinlich separat kontrolliert werden. Die Beschleunigungsphase reflektiert dabei hauptsächlich Mechanismen der Richtungskodierung der Bewegung. Während der Abbremsphase basieren die Kontrollmechanismen auf Interaktionen zwischen motorischen Outputsignalen und bewegungsspezifischen reafferenten Signalen (visuelle und propriozeptive). Bei Zeigebewegungen, die durch das Treffen der Targetfläche unterbrochen werden, ist es wahrscheinlich, dass die Abbremsphase reduziert ist und das wenig Zeit zur Optimierung übrig bleibt. Wie schon Marteniuk, Jeannerod, Athens und Dugas (1987) zeigten, haben vergleichbare Greif- und Zeigebewegungen verschiedene kinematische Profile. Während bei beiden Bewegungstypen die Höchstgeschwindigkeit etwa zum gleichen Zeitpunkt erreicht wird, sind die Hinlang- und Greifbewegungen länger und der prozentuale Anteil der Bewegungszeit, der zum Abbremsen benötigt wird, größer. Der Anstieg der Variabilität, der in den perturbierten Trials während der Beschleunigungsphase beobachtet wird, kann auf einfache Art und Weise erklärt werden. Es ist bekannt, dass bei Hinlangbewegungen die Variabilität mit der Bewegungsgeschwindigkeit korreliert (Schmidt, Zelaznik, Hawkins, Franck und Quinn, 1979). Nach der Perturbation wird die initiale Bewegung unterbrochen und die neue Bewegung wird in Richtung des neuen Targets gestartet. Um die Bewegungsdauer nicht um die 100 ms zu verlängern, die für das Stoppen der initialen Beschleunigung benötigt werden, muss die Bewegung offensichtlich schneller ausgeführt werden als in der Kontrollbedingung und die Variabilität der Richtungsimpulse war entsprechend erhöht.

*Kinematische Kopplung von Greif- und Transportkomponente.* Ein weiterer Aspekt ist die Tatsache, dass die Perturbation der Objektposition nicht nur, wie erwartet, die Handgelenkstrajektorie beeinflusst, sondern auch die Fingerbewegungen. Dieses Ergebnis erweitert frühere Befunde, die zeigen, dass die Greifkomponente durch die Änderung der Geschwindigkeit der Transportkomponente beeinflusst wird (z.B. Wallace und Weeks, 1988). Die kinematische Kopplung der beiden Komponenten, welche als ein Argument gegen die postulierte Unabhängigkeit interpretiert werden könnte, reflektiert die Aktivierung, die für die Koordinierung des Greifens verantwortlich ist. Es ist nicht erstaunlich, dass in Bedingungen mit schnellen Korrekturen diese Mechanismen offensichtlicher sind als in normalen Bedingungen. Der Grad der Kopplung von Transport und Griff könnte auch als Funktion des Perturbationstyps variieren.

GRÖSSENPERTURBATION
*Paulignan, Jeannerod, MacKenzie und Marteniuk (1991)*
Um diese Frage zu beantworten, untersuchten Paulignan et al. (1991b) in einer zweiten Studie die Effekte von Größenperturbationen. Es wurde wieder angenommen, dass die Reaktion des Greifsystems auf die perturbierte Komponente limitiert sein sollte und die andere Komponente unbeeinflusst bleiben sollte, falls die beiden Komponenten unabhängig voneinander arbeiten. Das heißt, dass eine Größenperturbation die Greifkomponente und nicht die Transportkomponente beeinflusst.

Die Haltung, die die Hand vor Objektkontakt einnimmt, repräsentiert das Endergebnis einer motorischen Sequenz, welche deutlich vor der Greifbewegung selbst beginnt. Die Finger beginnen sich während des Handtransports zur Objektposition hin zu bewegen und tragen zur finalen räumlichen Konfiguration bei. Arbib (1985) nennt dies „opposition space", in dem die relativen Positionen der Hand und des zu ergreifenden Objekts durch die Objekteigenschaften und Aufgabenanforderungen spezifiziert werden. Das „Preshaping" der Hand ist ein sehr stabiles motorisches Muster, das zuerst eine progressive Öffnung des Griffs mit einem Ausstrecken der Finger umfasst und dann ein Schließen des Griffs bis zur Übereinstimmung mit der Objektgröße. Der Zeitpunkt an dem die Apertur am größten ist - eine klar identifizierbare Landmarke - wird deutlich vor Objektkontakt in der Abbremsphase der Hand erreicht. Die Größe der maximalen Apertur korreliert mit der Objektgröße (Jeannerod, 1981, 1984; Wing, Turton und Fraser, 1986; Wallace und Weeks, 1988; Marteniuk, Leavitt, MacKenzie und Athens, 1990; Gentilucci, Castiello, Corradini, Scarpa, Umilta und Rizzolatti, 1991; Armbrüster und Spijkers, 2006). Diese Fingerbewegungen während des Greifens werden hauptsächlich von objektspezifischem visuellem Input vorherbestimmt. Bei gesunden Versuchspersonen wird die korrekte Fingerkonfiguration auch erreicht, wenn die Hand für die Person nicht sichtbar ist (Jeannerod, 1984). Da die Fingerbewegungen unabhängig von der Transportkomponente sind, müssen die beiden Komponenten der Greifbewegung miteinander verlinkt sein, so dass der Zeitverlauf der Fingerbewegungen mit dem der Transportbewegung übereinstimmt. Dies ist entscheidend für das antizipative Schließen des Griffs in enger Synchronie mit dem Erreichen des Objekts mit den Fingerspitzen. Frühes oder spätes Schließen resultiert in inakkuraten Griffen, die mit einer Kollision mit dem Objekt oder dem Zerbrechen eines fragilen Objekts einhergehen können. Die Koordination der Greifkomponente erfolgt allerdings nicht unabhängig. Die Mechanismen, die für das Erreichen eines richtig orientierten und korrekt großen Griffs verantwortlich sind, agieren gleichzeitig mit Mechanismen, die für den Handtransport zuständig sind.

Um die Natur der motorischen Koordination in diesem Modell zu erklären, wurde eine Reihe von Experimenten konzipiert, in denen der visuelle Input für die Griffformation (z.b. Objektgröße) oder für den Handtransport (Objektlokation) selektiv manipuliert wurde. Dies geschah unter Zuhilfenahme von entsprechenden Perturbationen während der Bewegung (siehe dazu auch Georgopoulos et al., 1981; Soechting und Lacquaniti, 1983; Goodale, Pélisson und Prablanc, 1986; Pélisson, Prablanc, Goodale und Jeannerod, 1986).

In dem Größenperturbationsexperiment von Paulignan et al. (1991b) wurden durchsichtige Objekte verwendet, die 35 cm entfernt von der Versuchsperson standen. Der kleinere Stab war 10 cm hoch und hatte einen Durchmesser von 1,5 cm und der größere war 6 cm hoch mit einem Durchmesser von 6 cm. Die Stäbe wurden von innen beleuchtet und sobald ein Stab illuminiert wurde, sollte die Versuchsperson nach ihm greifen.
Der erste Teil des Experiments bestand aus jeweils 10 geblockten Durchgängen pro Objektgröße (Kalibrierungstrials). Danach folgten 100 Trials von denen 80% ohne Perturbation, 10% mit G→K-Perturbation (von groß nach klein) und 10% mit K→G-Perturbation (von klein nach groß) dargeboten wurden. Die Größenperturbationen traten randomisiert nach dem Bewegungsanfang auf. Entweder vergrößerte sich das Objekt dadurch, dass die Beleuchtung plötzlich von dem kleineren Stab zum größeren Stab sprang

(K→G-Perturbation), oder verkleinerte sich, in dem die Beleuchtung vom größeren Stab zum kleineren Stab sprang (G→K-Perturbation). Durch jede Größenveränderung änderte sich ebenfalls die Greifdistanz, da die Position des Mittelpunkts der Objekte nicht verändert wurde. Diese Distanz ist bei dem kleineren Objekt größer. Dadurch, dass sich die Objekte nicht nur in der Breite, sondern auch in der Höhe unterschieden, führten die Versuchspersonen außerdem geringfügige Bewegungskorrekturen auf der senkrechten Achse durch, die aber in der Auswertung unberücksichtig blieben.

*Kinematische Kopplung von Greif- und Transportkomponente.* In den Kalibrierungstrials zeigt sich der Einfluss der Objektgröße nur in der Greifkomponente (z.b. maximale Apertur) und nicht in der Transportkomponente (z.B. Bewegungszeit). Ganz allgemein zeigen die Ergebnisse von Paulignan et al. (1991b) eine andere Entkopplung der beiden Komponenten als die Ergebnisse aus der Positionsperturbationsstudie (Paulignan et al., 1991a). Eine unerwartete Veränderung der Objektgröße produziert eine klare zeitliche Dissoziation zwischen den Komponenten. Die Transportkomponente wird zuerst abgeschlossen und das Handgelenk stoppt fast in der Nähe des Objekts. In der Zwischenzeit wird die Griffgröße readjustiert, damit die Finger die richtige Stellung einnehmen, bevor das Objekt berührt wird. Die Manipulation der intrinsischen Objekteigenschaft Größe, scheint sich also anders auf das System auszuwirken, als die Manipulation der extrinsischen Objekteigenschaft Position.

Die Bewegungszeiten in den Kontrolltrials sind insgesamt kürzer als in den Kalibrierungstrials (505 ms vs. 550 ms). Höchstgeschwindigkeit und Höchstabbremsung unterscheiden sich allerdings nicht. Die Verkürzung der Bewegungszeit geht hier auf eine Verkürzung der letzten Bewegungsphase zurück. Während der K→G-Perturbationen erhöht sich die Bewegungszeit um durchschnittlich 176 ms im Vergleich zu den „kleinen" Kalibrierungstrials, während der G→K-Perturbationen nur um 98 ms im Vergleich zu den „großen" Kalibrierungstrials. Da sich die Zeiten bis zur Erreichung der Höchstgeschwindigkeit und der Höchstabbremsung in den perturbierten Durchgängen nicht von den Kontrolldurchgängen unterscheiden, geht die Bewegungszeitverlängerung auf eine Verlängerung der Bewegungsphase nach dem Erreichen der Höchstabbremsung zurück. Wie erwartet wird auch die Griffformation durch die Perturbationen beeinflusst. Der Höchstwert der Apertur in den K→G-Durchgängen richtet sich zunächst nach der Größe des kleinen Stabs und steigt dann in Anlehnung an den großen Stab an. Der Zeitpunkt des zweiten Anstieges liegt durchschnittlich 330 ms nach dem Bewegungsanfang. In den G→K-Durchgängen zeigt sich hingegen nur eine geringfügige Verlängerung des abschließenden Umgreifens. Dies ist durch die Art der Größenperturbation zu erklären, da bei einer Veränderung von groß nach klein die ursprünglich geplante Apertur in der letzten Bewegungsphase einfach nur der kleineren Objektgröße angepasst werden muss. Diese relativ lange Zeit, die vergeht bis die Korrekturen bei den Größenperturbationen initiiert werden, kontrastiert die Schnelligkeit der Korrekturen bei Positionsperturbationen (ca. 100 ms). Die Differenz deutet eine Unabhängigkeit der zu Grunde liegenden Kontrollmechanismen der Greifkomponente, von denen der Transportkomponente an. Außerdem suggeriert die kinematische Kopplung der beiden Komponenten (sichtbar in der Verlängerung der Transportphase nach Erreichen der Höchstabbremsung während der Aperturkorrektur) die Existenz eines zusätzlichen Mechanismus, der der zeitlichen Koordination der beiden Komponenten dient.

Die Ergebnisse deuten darauf hin, dass die visuomotorischen Kanäle, die mit den beiden Komponenten korrespondieren, verschiedene Zeitkonstanten haben. Der Positionskanal, welcher sich mit der räumlichen Lokalisierung beschäftigt, kann Korrekturen sehr schnell generieren. Im Gegensatz dazu ist der Größenkanal, der komplexe Funktionen wie die Objekterkennung unterstützt, viel langsamer. Diese Überlegungen fügen neue Dimensionen zu der Annahme des parallelen Prozessierens hinzu, in dem temporale Differenzen zwischen den jeweiligen Komponenten angenommen werden. Es ist wahrscheinlich, dass die Zeitkonstante des durch die Perturbation aktivierten Kanals (Position oder Größe) das Timing der anderen Komponente einschränkt.

Aufbauend auf diesen beiden klassischen Studien haben weitere Forschergruppen den Einfluss von Positions- und/oder Größenperturbationen auf das Greifen analysiert (z.B. Castiello, Bennett und Paulignan, 1992; Castiello,

Bennett und Stelmach, 1993; Gentilucci, Daprati, Toni, Chieffi und Saetti, 1995; Paulignan, Frak, Toni und Jeannerod, 1997; Castiello, Bennett und Chambers, 1998; Gréa, Desmurget und Prablanc, 2000).

*Castiello, Bennett und Paulignan (1992)*
So haben Castiello, Bennett und Paulignan (1992) unter Verwendung eines visuellen Perturbationsparadigmas den Einfluss verschiedener Greifstrategien auf die Transportphase untersucht. Die Greifstrategie wurde durch die Objektgröße determiniert. Beim Ergreifen von kleinen Objekten - in diesem Fall 1,5 cm Durchmesser - wählt man natürlicherweise einen Präzisionsgriff mit Zeigefinger und Daumen. Bei größeren Objekten - in diesem Fall 6 cm Durchmesser - erfolgt ein Griff mit der ganzen Hand, das heißt, dass zur Stabilisierung alle vier Finger verwendet werden. Die Versuchspersonen mussten zuerst jeweils 10-mal nach dem kleinen und dem großen Objekt greifen. Danach folgten 100 Durchgänge, in denen randomisiert das kleine und das große Ziel zu ergreifen waren. In 20 % änderte sich die Zielgröße (Perturbationstrials) durch einen Sprung der Illuminierung. Die Ergebnisse zeigen, dass der Korrektur der Greifkomponente eine Veränderung der Abbremsphase der Transportkomponente voran ging. Die Daten sprechen für zwei visuomotorische Kanäle, weisen allerdings darauf hin, dass bei unerwarteten Anpassungen des distalen Programms (Greifkomponente), Modifikationen in beiden Kanälen stattfinden.

*Paulignan, Frak, Toni und Jeannerod (1997)*
Eine weitere systematische Untersuchung des Einflusses von Objektposition und Objektgröße auf Greifbewegungen stammt von Paulignan, Frak, Toni und Jeannerod (1997). Sie variierten systematisch die Position der Objekte und deren Größe. Außerdem wurde zusätzlich der Einfluss verschiedener Referenzrahmen (objektzentriert, kopfzentriert, unterarmzentriert) analysiert. Sowohl die Transport- als auch die Greifkomponente wurden durch die Distanz zwischen der Startposition und dem Objekt beeinflusst. Die Bewegungszeit, die Zeit bis zum Erreichen der Höchstgeschwindigkeit und die Zeit bis zum Erreichen der maximalen Apertur variierten als Funktion der Objektdistanz unabhängig von der Objektgröße. Die Variabilität des

räumlichen Weges (Handgelenk und Finger) nahm deutlich vor Objektkontakt ab, was als Indikator dafür angesehen werden kann, dass die finale Position von Daumen und Zeigefinger am Objekt ein kontrollierter Parameter der visuomotorischen Transformation während der Greifbewegung ist. Die Orientierung der Gegenspielerachse (= Linie, die die Fingerspitzen von Daumen und Zeigefinger am Ende der Greifbewegung verbindet, engl. opposition axis) veränderte sich, je nach dem welcher Referenzrahmen verwendet wurde. Bei objektzentrierter Betrachtung veränderte sich die Orientierung der Gegenspielerachse um etwa 10° von einer Objektposition zur nächsten. Bei den beiden körperzentrierten Referenzrahmen variierte diese Orientierung nicht. Dieses Ergebnis und die Tatsache, dass der Grad der Handgelenksflexion nur gering von der Objektposition beeinflusst wurde, zeigt, dass Greifbewegungen zu zylindrischen Objekten so organisiert sind, dass nur minimale Veränderungen der Haltung des Unterarms notwendig sind.

Zusammenfassend zeigen Paulignan et al. (1997), dass die Position der Finger am Objekt nicht unabhängig von der proximalen Komponente des Greifens ist. Das bedeutet, dass die Mechanismen, die die Selektion der Gegenspielerachse bestimmen nicht getrennt von denen sind, die die Handposition bestimmen und dementsprechend die Ergebnisse nicht für eine Unabhängigkeit der beiden Komponenten sprechen, sondern für eine Interdependenz der Mechanismen, die für den Abgleich von Objektposition, -orientierung und -größe verantwortlich sind.

*Castiello, Bennett und Chambers (1998)*
Castiello, Bennett und Chambers (1998) analysierten ebenfalls Hinlang- und Greifbewegungen und deren adaptive Antwort auf Positions-Größen-Perturbationen. Ziel war es, zu klären, wie die Integration der neuronalen Wege, die die Transport- und Greifkomponente modulieren, erreicht wird. Kleine (Durchmesser: 0,7 cm) und große (Durchmesser: 8 cm) Objekte mussten ergriffen werden, wobei in 20 von 100 Trials eine gleichzeitige Positions-Größen-Perturbation erfolgte (10 nach links, 10 nach rechts). Die Bewegungsdauer in den perturbierten Trials war deutlich höher als in den Kontrolltrials: bei den K→G-Perturbationen (klein - groß) um 250 ms und

*4 Experimentelle Untersuchungen*

bei den G→K-Perturbationen (groß - klein) um 180 ms. Diese Werte sind deutlich höher, als die aus Studien mit einfachen Perturbationen. Initiale Antwortzeichen auf die doppelte Perturbation traten quasi gleichzeitig in dem Transportparameter Höchstabbremsung und dem Greifparameter maximale Apertur auf. Allerdings wurden diese Veränderungen erst mehr als 400 ms nach Bewegungsanfang offensichtlich, also deutlich später als bei einfachen Perturbationen. Es wird angenommen, dass das Resultat der visuellen Veränderung der doppelten Perturbation Integrationszentren aktiviert, die als erstes den Informationsfluss zu den parallelen Kanälen versperren, um Zeit für die Reorganisation der Signale zu gewinnen. Das Ausbleiben einer sehr frühen Reaktion, wie bei den einfachen Perturbationen, führt zu der Annahme, dass dieser Ausblendmechanismus in einer sehr frühen Verarbeitungsphase tätig ist. Die Weiterverarbeitung dieser Information erfolgt dann durch die Integrationszentren, die eine Synchronisation und Koordination der Antworten beider Komponenten initiieren. Die Ergebnisse stützen die Annahme, dass neuronale Zentren existieren, die für die Integration paralleler Wege verantwortlich sind und die flexible steuern in welchem Ausmaß die Komponenten funktional gekoppelt sind. Gleichzeitig sprechen sie gegen die Unabhängigkeit der Komponenten, die von Jeannerod (1981) postuliert wurde.

Neben den Perturbationsstudien, die sich mit dem Einfluss von Änderungen von Objektposition und Objektgröße beschäftigen, wurden auch Studien durchgeführt, die den Einfluss plötzlicher mechanischer Störungen (z.B. Milner und Goodale, 1993; Glover, 1994; Jackson und Shaw, 2000; Brouwer, Georgiou, Glover und Castiello, 2006), Gewichtsveränderungen (z.B. Haggard und Wing, 1991, 1995) oder Orientierungsänderungen (z.B. Stelmach, Castiello und Jeannerod, 1994; Desmurget, Prablanc, Arzi, Rossetti, Paulignan und Urquizar, 1996; Desmurget und Prablanc, 1997) untersuchten. Da in dieser Arbeit der Fokus auf Positions- und Größenperturbationen liegt, werden Ergebnisse bezüglich anderer Manipulationen intrinsischer und/oder extrinsischer Objekteigenschaften nicht weiter ausgeführt.

### 4.3.2.3 Aktueller Stand der Forschung

Die direkte Manipulation von virtuellen Welten mit unseren Händen ist noch nicht sehr weit verbreitet, bzw. nur eingeschränkt möglich, da sie sehr hohe Ansprüche an die VR-Technologien stellt (vgl. Naumann und Israel, 2006). In den meisten Anwendungen werden handelsübliche Eingabegeräte für die Interaktion mit der virtuellen Umgebung verwendet, z.b. Flystick, Spacemouse oder Datenhandschuh. Mit diesen Eingabegeräten können basale Interaktionsaufgaben, Manipulationen (umfasst Selektieren, Positionieren und Orientieren von Objekten), Navigation und Systemkontrolle (Bowman, Kruijff, LaViola und Poupyrev, 2004) ausgeführt werden. Eine Zukunftsvision wäre die einfache intuitive Interaktion mit den Händen, ohne aufwendige Handschuhe, ohne Kabel, ohne reale Knöpfe und ohne reale Gegenstände. So wie man heute schon mit sehr komfortablen Brillen einen 3D-Eindruck erzeugen kann, so wird vielleicht in der Zukunft die direkte Manipulation mit den Händen möglich sein und das einzige, was dafür nötig sein wird, sind intelligente Mikrofaserhandschuhe, die sich anfühlen wie eine zweite Haut und mit denen man in virtuellen Umgebungen die Hände nutzen kann wie in der Realität. Diese Möglichkeit besteht allerdings heute noch nicht und in der Forschung beschäftigt man sich mit Fragen wie: ist virtuelles Greifen überhaupt mit realem Greifen vergleichbar, welche Art des Feedbacks benötigt man im virtuellen Raum, um erfolgreich Objekte zu greifen, welche Tiefeninformationen sind nötig, um Greifbewegungen in der virtuellen Realität zu kontrollieren, können virtuelle Applikationen für die psychomotorische Grundlagenforschung genutzt werden, usw.

In den folgenden Abschnitten werden drei Studien vorgestellt, die sich mit Greifbewegungen in virtuellen Räumen, bzw. zu virtuellen Zielen hin, beschäftigen (Kuhlen, 1998; Dubrowski, Bock, Carnahan und Jüngling, 2002; Hibbard und Bradshaw, 2003). Insgesamt ist die Anzahl der Veröffentlichungen in diesem Bereich sehr gering und die Vergleichbarkeit der Befunde schwierig, da es große Unterschiede zwischen den verwendeten VR-Technologien gibt und die Interpretation der Ergebnisse immer davon abhängig ist, ob Virtuelle Realität als Forschungsmethode oder als Forschungsgegenstand verwendet wurde.

*Kuhlen (1998)*
Eine der ersten Studien, die sich mit virtuellem Greifen beschäftigt hat, stammt von Kuhlen (1998). In seiner Dissertation wird das Bewegungsverhalten beim Greifen nach computergraphisch erzeugten virtuellen Objekten untersucht und mit dem beim Greifen nach realen Objekten verglichen. Acht Versuchspersonen mussten 10-mal nach einem realen Quader greifen und 10-mal nach einem vergleichbaren virtuellen Quader. Danach erfolgte eine randomisierte Darbietung von realem und virtuellem Quader und erneut musste nach jedem Quader 10-mal gegriffen werden. Der virtuelle Quader wurde mit einer Desktopapplikation dargestellt und damit die Versuchspersonen ihn dreidimensional wahrnehmen konnten, trugen sie eine Shutterbrille. Die Greifbewegungen wurden mit einem optoelektronischen System aufgezeichnet. Die beiden Quader hatten dieselbe Farbe (rot) und Größe (Kantenlänge 4 cm) und wurden 4 cm vor dem Bildschirm in einer Höhe von 23,5 cm über der Tischplatte platziert, bzw. projiziert. Die Greifdistanz betrug ungefähr 45 cm. In der virtuellen Bedingung gab es kein haptisches Feedback und auf die Verwendung einer anderen Feedbackart (visuell oder akustisch) wurde verzichtet.

Die Ergebnisse zeigen für den realen Quader charakteristische Bewegungsverläufe der Transport- und der Greifkomponente, die mit denen aus der einschlägigen Literatur (z.B. Jeannerod, 1981; Marteniuk et al., 1990) übereinstimmen. Der Vergleich des realen Greifens mit dem virtuellen Greifen zeigt, dass bezüglich der Transportkomponente signifikante Unterschiede in der maximalen Geschwindigkeit und der maximalen Abbremsung auftreten. Die erreichten Werte sind jeweils in der virtuellen Bedingung geringer. Die Gesamtbewegungszeit unterscheidet sich nicht. Sie liegt in beiden Bedingungen (real und virtuell) bei 830 ms. Die Analyse der Greifkomponente zeigt ein heterogenes Verhalten der Versuchspersonen beim Ergreifen des virtuellen Quaders. Kuhlen (1998) hat zwei Strategien identifiziert, die sich in zwei Subgruppen der Stichprobe abzeichnen. Fünf der acht Versuchspersonen korrigieren ihre Apertur sobald die Abbremsphase beginnt.

4.3 Greifen im virtuellen Raum

Im Vergleich zum realen Greifen resultiert daraus eine größere maximale Apertur, die allerdings zu einem vergleichbaren Zeitpunkt auftritt. Die restlichen Versuchspersonen öffnen hingegen die Finger sehr früh und schnell, wenn sie nach dem virtuellen Quader greifen müssen. Die maximale Apertur in der virtuellen Bedingung wird in dieser Gruppe etwa 300 ms vor der in der realen Bedingung erreicht. Kuhlen (1998) hat des Weiteren den Parameter Schließapertur analysiert. Hierbei handelt es sich um den Abstand zwischen Daumen und Zeigefinger, der am Ende des abgeschlossenen Griffs aufgezeichnet wird. In der realen Bedingung bedeutet das, dass die Versuchsperson den Quader berührt hat und in der virtuellen Bedingung, dass die Versuchsperson aufgrund der visuellen Information entscheidet, dass sie den Quader ergriffen hat. Die Schließapertur unterscheidet sich zwischen den Bedingungen nicht. Die Ergebnisse aus den randomisierten Durchgängen zeigen keine signifikanten Unterschiede zwischen der realen und der virtuellen Greifbedingung und Kuhlen (1998) merkt an, dass sich insgesamt das Verhalten beim Greifen des realen Quaders der beim Greifen des virtuellen Quaders beobachteten Strategie anpasst. Dies lässt sich anhand des Versuchsdesign erklären, da es sich um abhängige Messungen handelte, die sich natürlich gegenseitig beeinflussen.

Zusammenfassend kann zu den Ergebnissen von Kuhlen (1998) festgehalten werden, dass die Versuchspersonen in der Lage sind, die Apertur den Positionen der Seitenflächen des virtuellen Quaders anzupassen, dass es hinsichtlich der Transportkomponente keine gravierenden Unterschiede zwischen realem und virtuellem Greifen gibt und dass eine betrachterzentrierte Projektion eine geeignete Visualisierungstechnik zur Präsentation virtueller Greifobjekte ist. Das virtuelle Greifen ohne haptisches Feedback unterscheidet sich geringfügig von einer realen Greifbewegung. Einer Generalisierung dieser Aussage sollte allerdings kritisch begegnet werden, da in der berichteten Studie nur sehr grobe Maße zur Beschreibung der Greifbewegungen verwendet wurden. Die Analysen belegen jedoch, dass Virtuelle Realität eine geeignete Methode ist, um menschliches Greifverhalten zu untersuchen. Bei der Verwendung darf allerdings nicht unberücksichtigt bleiben, dass das fehlende haptische Feedback einen Einfluss auf die Greifkomponente haben kann.

Greiftheoretisch reihen sich die Ergebnisse von Kuhlen (1998) in die klassische Greifforschung ein. Jeannerod's „visuomotor channel hypothesis" (1981) wird durch die Tatsache unterstützt, dass sich keine Unterschiede in der Transportkomponente finden lassen, die Versuchspersonen sich allerdings in der Greifkomponente voneinander unterscheiden. Die beiden Komponenten werden also getrennt voneinander programmiert. Allerdings scheint es keine invariante Kopplung der Komponenten zu geben, wie Jeannerod (1981) sie postuliert hat, da die Unterschiede in der Greifkomponente sonst nicht erklärt werden könnten. Die Ergebnisse diesbezüglich sprechen für die Annahme von Marteniuk et al. (1990), die von einer funktionalen aufgabenspezifischen Kopplung ausgehen. Kuhlen (1998) nimmt an, dass das Greifen ohne haptisches Feedback eine höhere Anforderung darstellt und sich deshalb die Greifkomponenten in diesem abhängigen Versuchsdesign funktional dem erhöhten Schwierigkeitsgrad anpassen.

*Dubrowski, Bock, Carnahan und Jüngling (2002)*
Eine weitere Studie, die in diesem Zusammenhang für die vorliegende Arbeit relevant ist, stammt von Dubrowski, Bock, Carnahan und Jüngling (2002). Sie untersuchten grundlegende Mechanismen von menschlichen Greifbewegungen, in dem sie virtuelle Zielreize während der Hinlangbewegung perturbierten. Bevor die Studie und deren Ergebnisse vorgestellt werden, muss an dieser Stelle festgehalten werden, dass Dubrowski, Bock, Carnahan und Jüngling (2002) zwar virtuelle Reize verwendeten, die auch schon in anderen Studien (vgl. Bock, 1996; Bock und Jüngling, 1999) erfolgreich eingesetzt wurden, diese aber nicht mit den neusten virtuellen Applikationen vergleichbar sind. Es handelt sich bei der verwendeten Methode um eine sehr einfache virtuelle Applikation, die mittels Spiegelprojektion zweidimensionale Bilder von erleuchteten Scheiben darbietet.
Wie bei Paulignan et al. (1991a,b) wurden einfache Perturbationen der Größe und der Position analysiert, sowie zusätzlich die gleichzeitige Perturbation von Größe und Position. Eine ANOVA mit Messwiederholung mit

den Faktoren Komponente (Greifen vs. Transport), Perturbation (einfach vs. doppelt), Position (oben vs. unten) und Größe (klein vs. groß) für den Parameter Korrekturzeit (Intervall zwischen der Perturbation und dem Auftreten der Korrektur, die anhand einer 5 mm Abweichung von den Kontrolltrials definiert wurde) zeigt einen signifikanten Haupteffekt für den Faktor Komponente: die Korrektur der Greifkomponente erfolgt früher (31 ms) als die der Transportkomponente. Die Interaktionen Komponente x Perturbation und Komponente x Größe wurden ebenfalls signifikant und zeigen, dass die Korrekturzeit für die Greifkomponente bei den einfachen Perturbationen kürzer war als bei den doppelten Perturbationen und beim Wechsel von groß nach klein ebenfalls kleiner als von klein nach groß. Die Interaktion Perturbation x Größe wurde ebenfalls signifikant: die Korrekturzeit war bei den doppelten Perturbationen mit großen Zielreizen länger als in den drei anderen Bedingungen. Die Autoren bemerken an dieser Stelle, dass die verschiedenen signifikanten Interaktionen jeweils den Faktor Komponente umfassen und leiten daraus ab, dass sich die Abhängigkeit der Korrekturzeit von den Zielcharakteristika deutlich für die beiden Komponenten unterscheidet. Die Analyse der Reaktionszeiten (Zeit zwischen Bewegungsanfang und dem Überschreiten der Geschwindigkeit von 5 mm/s) zeigt einen Vorteil für die großen Zielreize. Auf sie wurde im Durchschnitt schneller reagiert. Die Greifbewegungszeit (abhängig von der Aperturgeschwindigkeit, über bzw. unter 5mm/s) war länger, wenn nur die Position geändert wurde, und die Transportbewegungszeit (abhängig von der Handgelenkgeschwindigkeit, über bzw. unter 5mm/s) nahm in den perturbierten Durchgängen im Vergleich zu den Kontrolltrials zu. Die Höchstgeschwindigkeit war geringer, wenn in den Kontroll- und Positionsperturbationstrials nach den kleinen Reizen gegriffen werden musste. Wie erwartet war die Greifamplitude bei den größeren Targets größer. Die Transportamplitude war für die oberen Targets, sowie die größeren Targets höher.

Die Daten von Dubrowski et al. (2002) zeigen, dass die beiden Komponenten unterschiedlich auf Perturbationen reagieren und somit nicht mit der „single-channel" Annahme von Smeets und Brenner (1999) übereinstimmen (siehe Allgemeiner theoretischer Hintergrund, Kontrolle von Greifbewegungen, S.26). Wie auch bei Paulignan et al. (1991a) konnte gezeigt werden, dass eine Positionsperturbation nicht nur die Transportkomponente modifiziert, sondern auch eine deutliche Veränderung in der Greiftrajektorie hervorruft, während keine vergleichbaren Cross-Effekte bei der Größenperturbation auftraten. Jedoch können Dubrowski et al. (2002) anhand einer nachfolgenden quantitativen kinematischen Analyse zeigen, das Cross-Effekte in beide Richtungen existieren, z.b. wurde die Greifbewegungszeit durch die Positionsperturbation und die Transportbewegungszeit durch die Größenperturbation beeinflusst. Außerdem zeigt sich auch, dass doppelte Perturbation nicht als lineare Kombination der einfachen Perturbationen erklärt werden können. Die Greifbewegungszeit nahm bei der Positionsperturbation zu, nicht aber bei der doppelten Perturbation von Position und Größe. Dieses Muster deutet darauf hin, dass Greif- und Transportkomponente nicht von zwei unabhängigen Kanälen kontrolliert werden, sondern das zwei wechselseitig gekoppelte Kanäle existieren oder alternativ eine ganzheitliche (holistische) Kommandostruktur. Eine Abgrenzung dieser beiden Hypothesen ist allerdings nur anhand der Analyse der Korrekturzeit möglich. Ein holistisches System sollte auf eine Veränderung der Targetgröße und Targetposition mit der gleichen Verzögerung reagieren, da beide Perturbationen auf den gleichen Kontrollmechanismus einwirken. Das müsste vor allem bei doppelten Perturbationen so sein, da das holistische System auf ein einziges Event reagiert. Im Gegensatz dazu würde man bei gekreuzt gekoppelten Kanälen erwarten, dass die Korrekturen zu unterschiedlichen Zeitpunkten beginnen können. Dementsprechend weisen signifikante Unterschiede zwischen der Greif- und der Transportkorrekturzeit auf gekoppelte Kanäle hin, während kein Unterschied weder für die eine noch für die andere Hypothese sprechen würde. Die experimentellen Ergebnisse von Dubrowski et al. (2002) zeigen, dass die Korrekturzeiten bei einfachen und doppelten Perturbationen für die beiden Komponenten unterschiedlich sind, was für eine Zwei-Kanal-Hypothese und gegen einen holistischen Ansatz spricht.

Einschränkend muss an dieser Stelle bemerkt werden, dass eine Veränderung der Größe immer gleichzeitig eine Positionsveränderung mit sich bringt, da die Ecken des Zielreizes ihre Position verändern. Servos et al. (1998) hat gezeigt, dass Versuchspersonen nach den Ecken eines Zieles greifen und nicht nach dem Objektmittelpunkt. Dementsprechend wäre eine Größenperturbation immer eine doppelte Perturbation, allerdings ist hier

dann die Positionsänderung wesentlich geringer als bei einer richtigen Positionsperturbation.
Die Unterschiede in den Korrekturzeiten stehen außerdem im Widerspruch mit den Ergebnissen von Castiello et al. (1998), die Doppelperturbationen mit realen Objekten untersuchten, und keine Korrekturzeitunterschiede zwischen der Greif- und der Transportkomponente fanden. Hierfür gibt es verschiedene Erklärungsansätze: erstens unterscheidet sich die Quantifizierung der Korrekturzeiten in den beiden Studien, zweitens gab es bei Dubrowski et al. (2002) kein haptisches Feedback, da es sich um virtuelle Targets handelte, und drittens können Objekte in natürlichen Umgebungen ihre Größe nicht so einfach wie ihre Position verändern. Auf Positionsänderungen wird mit Korrekturen der laufenden Bewegung reagiert, während bei Größenänderungen ein neues „Ziel" definiert werden muss, was mehr Zeit in Anspruch nimmt. Viertens traten bei Dubrowski et al. (2002) die Perturbationen immer 300 ms nach dem Erscheinen des Zielreizes auf und nicht direkt nach der Bewegungsinitiierung. Man könnte annehmen, dass die Versuchspersonen den Zeitpunkt des Auftretens der Perturbation antizipiert haben. Die Autoren versuchen, dieses Argument durch die geringe Auftretenswahrscheinlichkeit (25%) der Perturbationen zu entkräften.
Betrachtet man den Korrekturbeginn bei Paulignan et al. (1991a), Castiello et al. (1998) und Dubrowski et al. (2002) so stellt man Parallelen fest. Bei Paulignan et al. (1991a) änderten sich die Handgelenkbeschleunigung nach etwa 100 ms und die Richtung nach etwa 255 - 295 ms. Bei Castiello et al. (1998) zeigte sich ein Einbruch der Handgelenkgeschwindigkeit nach etwa 424 ms und Dubrowski et al. (2002) fanden eine divergierende Handgelenkposition nach 280 - 330 ms. Für die Greifkomponente zeigte sich bei Paulignan et al. (1991b) nach 330 ms ein Tiefpunkt in der Aperturgeschwindigkeit. Castiello et al. (1998) fanden eine deutliche Veränderung der Aperturposition nach 463 ms und Dubrowski et al. (2002) nach 230 - 330 ms. Zusammenfassend ist festzuhalten, dass die Daten von Dubrowski et al. (2002) für ein Zwei-Kanal-Modell der Greifkontrolle und gleichzeitig gegen eine Unabhängigkeit der beiden Kanäle sprechen.

*Hibbard und Bradshaw (2003)*
Neben den beiden vorgestellten Studien, die sich explizit mit dem Greifen von virtuellen Objekten beschäftigen, gibt es eine weitere Studie, die für diese Arbeit von Relevanz ist, da sie sich mit dem Greifen von realen und virtuellen Objekten in Abhängigkeit von der Tiefenwahrnehmung im peripersonalen Raum beschäftigt. Hibbard und Bradshaw (2003) untersuchten, ob beim Greifen binokulare Hinweisreize eine akkurate Tiefeninformation liefern. Hierzu verwendeten sie neben realen Objekten (elliptische Zylinder: 9 cm hoch mit Durchmessern von 3,2 x 5, 5 x 5 und 7,4 x 5 cm) disparitätsdefinierte virtuelle Objekte in zwei Entfernungen (30 und 50 cm).

Im täglichen Leben benötigen wir in wenigen Situationen Informationen über die absolute Form und Größe von Objekten oder über die Distanz zu Objekten. Eine Ausnahme ist hier das Greifen. Um ein Objekt zu greifen, brauchen wir genaue Informationen über das Objekt. Einerseits, um zu planen wohin die Hand transportiert werden muss, und andererseits, um den besten Griff auszuwählen. Die Ergebnisse von Hibbard und Bradshaw (2003) zeigen, dass binokulare Disparität in virtuellen Applikationen Greifbewegungen nach virtuellen Objekten unterstützt, aber kinematische Kennziffern, welche die erreichte Distanz und die wahrgenommene Größe der virtuellen Objekte reflektieren, deutliche Verzerrungen aufweisen. Die Ergebnisse zeigen, dass akkurate metrische Tiefeninformationen für die Kontrolle von Greifbewegungen nicht durch isolierte binokulare Hinweise gegeben werden.

Typischer Weise stehen dem visuomotorische System eine Reihe von Informationen zur Verfügung, um Greifbewegungen zu steuern. Die vorherrschende Meinung besagt, dass binokulare Informationen (binokulare Disparität und Konvergenzwinkel) von größter Bedeutung für die Spezifikation von Distanz, Größe und 3-D Form sind. Erstens können binokulare Informationen eine komplette Rekonstruktion der metrischen 3-D Struktur einer Szene erzeugen, zweitens haben Marotta, Behrmann und Goodale (1997) gezeigt, dass ein Patient mit Agnosie keinen adäquaten Griff produzieren kann, wenn er keine binokulare Information bekommt und drittens sind kinematische Kennziffern - vor allem der Greifkomponente - beim monokularen Greifen bei gesunden Versuchspersonen durch den Mangel an binokularer Information beeinträchtigt (Servos, Goodale and Jakobson, 1992;

Jackson, Jones, Newport und Pritchard, 1997; Watt und Bradshaw, 2000). Man nimmt an, dass der Zweck der menschlichen Stereopsis die Wiederherstellung einer metrischen Struktur einer Szene ist, was sowohl die Messung und als auch die Skalierung der binokularen Disparität erfordert. Allerdings ist das Ausmaß in dem binokulare Informationen wahrheitsgetreue Beurteilungen von Objekteigenschaften unterstützen fragwürdig. Johnston (1991), Todd, Tittle und Norman (1995), Bradshaw, Glennerster und Rogers (1996), Glennerster, Rogers und Bradshaw (1996), Bradshaw, Parton und Eagle (1998) und Bradshaw, Parton und Glennerster (2000) haben in Experimenten gezeigt, dass die Tiefenkonstanz alles andere als perfekt ist, die wahrgenommene Form verzerrt ist und die absolute Distanz falsch geschätzt wird. Zum Beispiel erscheinen Objekte größer und relativ gestreckt in der Tiefe, wenn sie nah präsentiert werden und kleiner und relativ gestaucht, wenn sie weiter weg präsentiert werden (Bradshaw et al., 1998; Brenner und van Damme, 1999; Johnston, 1991). Diese Verzerrungen sind konsistent mit falschen Distanzschätzungen, die bei der Skalierung von Disparitätsinformationen auftreten. Distanzen unter einem Meter werden überschätzt und Distanzen über einem Meter unterschätzt.

Das Ziel von Hibbard und Bradshaw war es herauszufinden, ob binokulare Information dazu verwendet werden kann, wahrheitsgetreue Informationen über Distanz, Größe und Form von virtuellen Objekten zu liefern, wenn diese Objekte in einer natürlichen Greifaufgabe ergriffen werden. Frühere Studien haben es nicht geschafft Disparitätsreize zu isolieren, da sie reale Objekte in realen Umgebungen untersucht haben. In der vorliegenden Studie wurden virtuelle disparitätsdefinierte Objekte verwendet, um die Rolle von binokularer Disparität bei der Kontrolle von Greifbewegungen aufzudecken. Hierzu wurden die Höchstgeschwindigkeit des Handgelenks und die maximale Apertur als Parameter verwendet, da sie indirekte Kennzahlen der wahrgenommenen Distanz und der wahrgenommenen Größe sind. Neben der virtuellen Bedingung gab es auch eine reale Bedingung, in der reale Objekte ergriffen werden mussten. Dies diente dazu, die Ergebnisse auch mit anderen Studien vergleichen zu können. Außerdem kann man mit den Ergebnissen der realen Bedingung eine theoretische Distanz und theoretische Größe berechnen, die auf den relativen Geschwindigkeiten und Aperturwerten aus den beiden Bedingungen basieren.

## 4 Experimentelle Untersuchungen

Insgesamt wurden neun Rechtshänder mit normaler oder korrigierter Sehschärfe und einer Stereopsis über 40 Bogensekunden (second of arc) untersucht. Die Versuchspersonen saßen an einem schwarzen Tisch mit dem Kopf in einer Kinnstütze. Die Augenhöhe betrug 17 cm über der Tischoberfläche. Der Startpunkt jedes Trials stellte ein im Durchmesser 2 cm großer Startknopf dar, welcher sich auf dem Tisch befand. Die Aufgabe bestand darin, hölzerne elliptische Zylinder mit einer Höhe von 9 cm und Durchmessern von 3,2 x 5,0, 5,0 x 5,0 und 7,4 x 5,0 zu ergreifen. Die Objekte wurden in zwei Entfernungen (30 und 50 cm) mit ihrer schmäleren Seite entweder in oder orthogonal zur Blickrichtung platziert. Daraus resultierten drei Objektbreiten und drei Objekttiefen. Die realen Objekte wurden von einer Schreibtischlampe beleuchtet. Der restliche Raum war dunkel. Die Versuchspersonen sahen die Objekte durch einen halb silbernen Spiegel, der in einem Winkel von 45° zu ihrer Körpermitte platziert war. Die Objekte waren schwarz angestrichen mit zufällig angeordneten weißen Tupfen (3 mm) und einer Dichte von 1 Tupfen/cm$^2$. Die virtuellen Objekte wurden durch Punktstereogramme auf einem TFT-Display dargestellt. Die Bewegungen wurden anhand dreier Marker (Daumen, Zeigefinger, Handgelenk) mit drei Kameras aufgezeichnet.

In zwei Versuchsblöcken bekamen die Versuchspersonen entweder das reale Objekt oder das virtuelle Objekt präsentiert. Jeder Block bestand aus 36 Durchgängen. Die Versuchspersonen wurden instruiert, die Objekte mit dem Daumen und dem Zeigefinger der rechten Hand zu ergreifen. Dabei gab es zwei Alternativen: Griff vorne-hinten vs. Griff links-rechts. Die Objekte wurden für 2 Sekunden gezeigt und dann ertönte ein Ton. Die Versuchsperson sollte so schnell wie möglich nach Ertönen des Tons das Objekt ergreifen. Sobald die Hand der Versuchsperson sich bewegte wurde die Deckenlampe ausgeschaltet, so dass alle Greifbewegungen ohne visuelles Feedback erfolgten (open loop). In der virtuellen Bedingung verschwand die Projektion, sobald die Hand der Versuchsperson anfing sich zu bewegen. Gleichzeitig wurde ein realer Holzzylinder auf den Tisch gestellt, um der Versuchsperson haptisches Feedback zu geben.

Hibbard und Bradshaw (2003) konnten für reale und virtuelle Objekte zeigen, dass die Höchstgeschwindigkeit des Handgelenks durch die Objektdistanz bestimmt wird und die Höchstapertur durch die Objektgröße. Hierbei spielen sowohl die Breite als auch die Tiefe der Objekte eine Rolle. Das weißt darauf hin, dass Informationen über Objektlokation und Objektgröße leicht verfügbar waren. Die Information über die Objektdistanz wurde durch die Vergenz und die Höhe der Objekte im Raum zur Verfügung gestellt. Diese beiden Informationsquellen sind sehr wichtig für die Greifkontrolle (Mon-Williams und Dijkermann, 1999; Marotta und Goodale, 1998; Watt und Bradshaw, 2002). Größeninformation wurde durch die retinale Größe der Abbildung (Breite) und binokulare Disparität (Tiefe) zur Verfügung gestellt. Die Autoren zeigen, dass diese Informationen für die Skalierung des Hinlangens und des Greifens während der Kontrolle der Greifbewegung ausreichend sind. Allerdings treten Verzerrungen bei der Verwendung dieser Informationen auf. Die Versuchspersonen verhalten sich, als wären die Objekte in der Entfernung von 50 cm kleiner, als Objekte in der 30 cm Bedingung und gleichzeitig wird die Distanz bei 50 cm unterschätzt. Außerdem zeigt sich, dass die geschätzte Größe bei 30 cm eher falsch geschätzt wird, während bei 50 cm eher die geschätzte Distanz falsch ist. Man sollte allerdings vorsichtig mit der Interpretation dieser Ergebnisse sein, da die auftretenden Differenzen zwischen realen und virtuellen Objekten mit einer größeren Greiföffnung (vgl., Kuhlen, 1998) und/oder einer langsameren Hinlangbewegung bei virtuellen Objekten zusammenhängen könnten. Die Studie von Hibbard und Bradshaw (2003) zeigt, dass das visuelle System nicht in der Lage ist, akkurate metrische Tiefeninformation für die Kontrolle von Greifbewegungen allein aus binokularer Disparitätsinformation abzuleiten. Dies ist für das Greifen in natürlichen Umgebungen nicht von allzu großer Bedeutung, da man im täglichen Leben viele Informationen über ein Objekt zur Verfügung hat und sich nicht alleine auf eine einzige Informationsquelle verlassen muss. Außerdem hat man beim realen Greifen immer visuelles Feedback zur Verfügung, welches eine online Adjustierung der Greifbewegung ermöglicht. Das bedeutet, dass sich das visuelle System auf relativ einfache Informationen verlässt, z.B. die relative Entfernung zwischen Finger und Objekt und das die metrische Tiefenstruktur der Welt für die Kontrolle einer Greifbewegung überhaupt nicht wahrgenommen werden muss.

## 4.3.3 Positionsperturbationen im virtuellen Raum

In der ersten Studie zum Thema Greifen im virtuellen Raum wird der Einfluss von Positionsperturbationen auf die Kontrolle von Greifbewegungen untersucht. Die Konzeption der Untersuchung orientiert sich an der klassischen Studie von Paulignan et al. (1991a). Virtuelle Realität bietet in diesem Kontext Manipulationsmöglichkeiten, die in der Realität nicht gegeben sind, da die Objektmanipulation physikalischen Grenzen unterliegt. Die Untersuchung liefert neben den Ergebnissen bezüglich der Perturbationen auch Daten über einfache virtuelle Greifbewegungen zu drei verschiedenen Positionen im virtuellen Raum, die als Kalibrierungsdurchgänge aufgezeichnet werden.

Ziel der Untersuchung war es, virtuelles Greifen ohne haptisches Feedback und die Auswirkungen von Positionsperturbationen auf die Greif- und Transportkomponente zu untersuchen. Hierzu griffen die Versuchspersonen nach virtuellen Objekten, die in den perturbierten Durchgängen ihre Position nach Bewegungsstart veränderten und von einer mittleren Position nach rechts oder links sprangen. Außerdem soll anhand einiger ausgewählter Parameter ein Vergleich zwischen dem Greifen nach einem realen Gegenstand und dem Greifen nach einem virtuellen Objekt zeigen, ob und in welchem Ausmaß sich die Transport- und/oder die Greifkomponente in den beiden Umgebungen unterscheiden.

Neben den Greifaufgaben mussten die Versuchspersonen die Kurzform der MLS (Allgemeiner Methodenteil, S.48), drei Aufgaben der TAP (Allgemeiner Methodenteil, S.53) und eine Zeigeaufgabe in Anlehnung an die Untersuchung zur Tiefenwahrnehmung im peripersonalen Raum (S.128, ff) ausführen.

Es wurde erwartet, dass die Greifbewegung in der virtuellen Realität realem Greifen entsprechen würde und sich lediglich das fehlende haptische Feedback auf die letzte Bewegungsphase auswirken würde, da hier das visuelle Feedback über das erfolgreiche Zugreifen eine länger Verarbeitungszeit benötigt.

Die Positionsperturbationen sollten sich in Anlehnung an die Ergebnisse aus früheren Studien deutlich auf die Transportkomponente auswirken. Unter Annahme einer Interdependenz zwischen den Mechanismen zur Kontrolle der Transport- und der Greifkomponente wird nicht davon ausgegangen, dass die Greifkomponente gänzlich unaffektiert bleibt, wie es die Theorie von Jeannerod („visuomotor channel hypothesis", 1988, vgl. Allgemeiner theoretischer Hintergrund, Grundlagen Greifen, Kontrolle von Greifbewegungen, S.26) vorhersagen würde.

Bezüglich der Tiefenwahrnehmung im peripersonalen Raum wird davon ausgegangen, dass sich ähnliche Effekte wie in der Zeigeaufgabe in der Untersuchung zum Thema Tiefenwahrnehmung im virtuellen peripersonalen Raum (vgl. S.128) zeigen. Es wird davon ausgegangen, dass die Objektpositionen überschätzt werden (vgl. hierzu auch die Ergebnisse von Rolland, Gibson und Ariely, 1995, S.93). Die Überschätzungen sollten sich sowohl in der vorgeschalteten Zeigeaufgabe zur Tiefenwahrnehmung, als auch in den Bewegungsdistanzen nachweisen lassen.

Hinsichtlich der subjektiven Urteile der Versuchspersonen wird angenommen, dass sich das fehlende haptische Feedback negativ auf die Beurteilung des virtuellen Greifens auswirkt, da in realen natürlichen Kontexten ein Ergreifen immer mit einer haptischen Wahrnehmung des Objektes verbunden ist.

### 4.3.3.1 Methode

**Aufgabe** - Die Versuchspersonen hatten die Aufgabe, virtuelle Holzquader mittels eines Präzisionsgriffs (vgl. Greifklassifikation nach Cutkosky und Howe (1990), Abbildung 2.3) zu ergreifen. Die Quader hatten eine Höhe von 10 cm und eine Grundfläche von 4 x 4 cm und waren in Anlehnung an die realen Holzquader aus den Untersuchungen zum Thema Greifen im realen Raum modelliert (siehe Abbildung 4.13). Ein 1 cm- breiter grüner Streifen im oberen Teil der Quader zeigte an, wo die Versuchspersonen die Objekte mit Daumen und Zeigefinger „berühren" sollten.

Die Quader wurden an drei verschiedenen Positionen dargeboten (siehe Abbildung 4.11 und Abbildung 4.13). Jede dieser Positionen hatte die gleiche

## 4 Experimentelle Untersuchungen

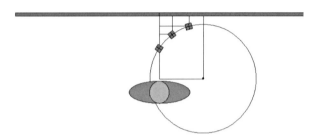

**Abbildung 4.11:** *Positionsperturbationsexperiment: Versuchsaufbau aus der Vogelperspektive*

Entfernung zum Startpunkt der Bewegung (horizontal 29,0 cm, dreidimensional 40,0 cm). Als Berechnungsgrundlage diente der Strahlensatz mittels dem auch die entsprechenden Orientierungen der Objekte berechnet wurden, damit jeweils eine Seitenfläche im rechten Winkel zur Linie zwischen Startposition und jeweiliger Quaderposition dargestellt wurde. Dies diente dazu, die Greifbewegungen konstant zu halten und unterschiedliche Abknickwinkel des Handgelenks zu vermeiden. Abbildung 4.12 zeigt schematisch wie die einzelnen Positionen und Winkel abgeleitet wurden. Als Ausgangspunkt der Berechnungen diente die Startposition von der aus die Entfernungen (a1, a2, a3 und b1, b2, b3) so berechnet wurden, dass die Quaderpositionen auf einem 29,0 cm Kreis im Abstand von 30° ($\alpha 2$ und $\alpha 3$) um die Startposition angeordnet waren (vgl. Abbildung 4.11 und Abbildung 4.13). Aus diesen Positionen wurden dann die x- (pos_links_x= 0,0; pos_orig_x= 6,958; pos_rechts_x= 19,635) und z-Koordinaten der virtuellen Welt berechnet (pos_links_z= 33,167; pos_orig_z= 19,865; pos_rechts_z= 11,825). Die Orientierung der Quader wurde durch den Wert der jeweiligen beta-Winkel bestimmt.

Im ersten Teil des Experiments (Kalibrierungstrials) mussten die Versuchspersonen einfache Greifbewegungen zu jeweils einer der Positionen ausführen. Sobald ein Quader in der virtuellen Szene erschien sollten sie so schnell und akkurat wie möglich nach ihm greifen. Ein erfolgreiches Ergreifen wurde durch ein Verfärben des Quaders angezeigt (siehe Abbildung 4.13, rechts). Nach diesem visuellen Feedback führten die Versuchspersonen die Hand zurück zur Startposition und warteten auf den nächsten

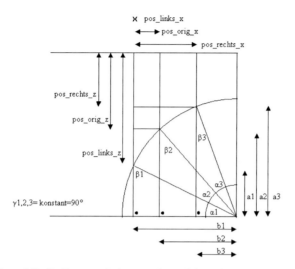

**Abbildung 4.12:** *Positionsperturbationsexperiment: Schematische Darstellung der Winkelberechnung zur Positionierung der virtuellen Objekte im Raum*

Durchgang. Zur Registrierung eines erfolgreichen Griffs dienten Boundingboxen[15] (Breite: 20 cm, Höhe: 15 cm, Tiefe: 25 cm), die die Objekte umschlossen und auf eine Kollision mit dem Handgelenkmarker reagierten. Im zweiten Teil des Experiments (Perturbationstrials) bestand die Aufgabe der Versuchspersonen darin, den mittleren Quader zu ergreifen, der allerdings in 50% der Durchgänge ca. 340 ms nach Verlassen der Startposition von der mittleren Position verschwand (vgl. Tabelle 4.19, S.183) und entweder rechts (25%) oder links (25%) auftauchte. Diese Perturbation wurde von einer „Lichtschranke" ausgelöst, die auf den Handgelenkmarker reagierte und durch eine Boundingbox definiert war, die sich 8 cm vor der Startposition von Daumen und Zeigefinger befand, das heißt, 47,5 cm entfernt von der Projektionsfläche. In diesen perturbierten Trials musste die Greifbewegung der neuen Position angepasst werden.

---

[15] Eine Boundingbox dient der Kollisionserkennung im virtuellen Raum. Sie ist nicht sichtbar für den Betrachter. Zeichnet das Trackingsystem eine Kollision zwischen der Boundingbox und einem definierten Marker aus, so wird ein Signal gegeben.

*4 Experimentelle Untersuchungen*

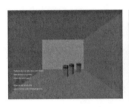

**Abbildung 4.13**: *Positionsperturbationsexperiment: Greifobjekte an den drei Positionen (links), einzelnes Target (Mitte), visuelles Feedback (rechts).*

**Apparatur** - Die virtuelle Umgebung wurde auf einer Rückwandprojektionsfläche (240 cm x 180 cm) mit einem Stereobeamer (Auflösung 1024x768 Pixel) dargeboten. Die Versuchspersonen trugen passive Filterbrillen und die Kopfbewegungen wurden mit einem optischen Trackingsystem erfasst. Zur Programmierung des Paradigmas und zur Steuerung des Versuchsablaufs wurde die ReactorMan-Software verwendet. Die Bewegungsaufzeichnung und das optische Tracking erfolgten mit dem Qualisys-System (30 Hz). Hierfür waren an der Brille und an der Hand (Daumen, Zeigefinger, Handgelenk) der Versuchspersonen reflektierende Marker angebracht. Bei den Markern an Brille und Handgelenk handelte es sich um 6DOF-Konfigurationen, die aus jeweils vier Einzelmarker bestanden. Die Bewegungen von Daumen und Zeigefinger wurden nur mit jeweils einem Marker aufgezeichnet.

**Unabhängige und abhängige Variablen** - Als unabhängige Variable wurde zur Analyse der einfachen Greifbewegungen aus dem ersten Teil des Experiments die Quaderposition (links (L), Mitte (M), rechts (R)) verwendet. Des Weiteren diente die Art der Perturbation (keine (M→M), links (M→L), rechts (M→R)) als unabhängige Variable bei der Analyse der Daten aus dem zweiten Teil des Experiments. Als abhängige Variablen gehen die mit PsycheMove3D produzierten Bewegungsparameter aus Tabelle 4.16 sowie die Reaktionszeit in die Datenanalyse ein. Etablierte Bewegungsparameter wurden übernommen (vgl. Untersuchung zum Greifen im realen Raum, S.66) und durch weitere ergänzt (z.B. Distanz, Weg, Straightness, Endpunktapertur). Da virtuelle Greifbewegungen bislang in der Literatur nur sehr grob anhand weniger Parameter beschrieben wurden (vgl. Kuhlen,

1998; Dubrowski et al., 2002), wurde durch die Auswahl der Bewegungsparameter versucht, eine umfassende Beschreibung des virtuellen Hinlangen und Greifens zu gewährleisten. Ordnet man die verschiedenen Parameter der Transport- und der Greifkomponente zu, so beschreiben alle Aperturparameter (pa, ea, dpa, wpa, tpa) die Greifkomponente und der Rest die Transportkomponente.

Zur Bestimmung der Reaktionszeit und zur gleichzeitigen Festlegung des Bewegungsanfangs wurde die Geschwindigkeit des Handgelenks herangezogen. Als Reaktionszeit wurde die Zeit zwischen dem Einblenden des virtuellen Objektes und dem Überschreiten der Handgelenkgeschwindigkeit von 3 cm/s festgelegt. Zur Bestimmung des Bewegungsendes wurde ebenfalls die Handgelenkgeschwindigkeit verwendet. Nachdem die Boundingbox durchbrochen wurde galt die Greifbewegung als beendet, wenn der Geschwindigkeitswert unter 3 cm/s sank.

**Teilnehmer** - An dem Experiment nahmen 12 Personen teil, sechs Männer und sechs Frauen im Alter zwischen 22 und 35 Jahren (mittleres Alter 26,8). Alle Versuchspersonen waren Rechtshänder (Oldfield Handedness Inventory, Oldfield, 1971). Die Ergebnisse des Sehtests belegen einen durchschnittlichen Fernvisus von 1,3 (sd= 0,1), einen durchschnittlichen Nahvisus von 1,4 (sd= 0,1) und eine durchschnittliche binokulare Fähigkeit von 86,8 Shepard-Frey Prozenten (sd= 14,0). Somit liegen die visuellen Fähigkeiten aller Versuchspersonen im normalen Bereich.

**Prozedur** - Die Untersuchung dauerte pro Versuchsperson etwa 75 Minuten. Als erstes füllten die Versuchspersonen ein Datenblatt aus, das neben dem Edinburgh Inventory (Oldfield, 1971) zur Bestimmung der Händigkeit auch demographische Daten (Alter, Geschlecht, Schulbildung) erfasste. Danach bearbeiteten die Versuchspersonen drei Aufgaben (Alertness, Verdeckte Aufmerksamkeitsverschiebung und Augenbewegungen) aus der Testbatterie zur Aufmerksamkeitsprüfung (TAP) und die Kurzform der Motorischen Leistungsserie (MLS) nach Sturm und Büsing. Bevor dann das Experiment erklärt wurde, wurde der Augenabstand mit einem Messgerät der Firma NIDEK (zur individuellen Einstellung der ReactorMan-Software,

# 4 Experimentelle Untersuchungen

| Parameter | Einheit | Abkürzung | Referenzmarker | Erläuterung |
|---|---|---|---|---|
| Bewegungszeit | ms | mt | H | Zeit zwischen Bewegungsanfang und Abschluss des Griffs |
| Bewegungszeit 1 | ms | mt1 | H | Zeit zwischen Bewegungsanfang und Höchstbeschleunigung |
| Bewegungszeit 2 | ms | mt2 | H | Zeit zwischen Höchstbeschleunigung und Höchstgeschwindigkeit |
| Bewegungszeit 3 | ms | mt3 | H | Zeit zwischen Höchstgeschwindigkeit und Höchstabbremsung |
| Bewegungszeit 4 | ms | mt4 | H | Zeit zwischen Höchstabbremsung und Abschluss des Griffs |
| Durchschnittsgeschwindigkeit | cm/s | av | H | durchschnittliche Geschwindigkeit der Greifbewegung |
| Höchstbeschleunigung | cm/s² | pacc | H | größter Beschleunigungswert während der Bewegung |
| Höchstgeschwindigkeit | cm/s | pv | H | größter Geschwindigkeitswert während der Bewegung |
| Höchstabbremsung | cm/s² | pd | H | größter Abbremsungswert während der Bewegung |
| Distanz | cm | d | H | Distanz zwischen Startposition und Position am Bewegungsende |
| Weg | cm | w | H | dreidimensionaler Weg zwischen Startposition und Position am Bewegungsende |
| Straightness | / | s | H | Quotient aus Distanz und Weg, der die Geradlinigkeit der Bewegung angibt |
| maximale Apertur | cm | pa | D, Z | größter Aperturwert während der Bewegung |
| Endpunktapertur | cm | ea | D, Z | Apertur am Bewegungsende (= abgeschlossener Griff) |
| Distanz bis Höchstbeschleunigung | cm | dpacc | H | Distanz von Bewegungsanfang bis zur Erreichung der Höchstbeschleunigung |
| Distanz bis Höchstgeschwindigkeit | cm | dpv | H | Distanz von Bewegungsanfang bis zur Erreichung der Höchstgeschwindigkeit |
| Distanz bis Höchstabbremsung | cm | dpd | H | Distanz von Bewegungsanfang bis zur Erreichung der Höchstabbremsung |
| Distanz bis Höchstapertur | cm | dpa | H | Distanz von Bewegungsanfang bis zur Erreichung der Höchstapertur |
| Weg bis Höchstbeschleunigung | cm | wpacc | H | Weg von Bewegungsanfang bis zur Erreichung der Höchstbeschleunigung |
| Weg bis Höchstgeschwindigkeit | cm | wpv | H | Weg von Bewegungsanfang bis zur Erreichung der Höchstgeschwindigkeit |
| Weg bis Höchstabbremsung | cm | wpd | H | Weg von Bewegungsanfang bis zur Erreichung der Höchstabbremsung |
| Weg bis Höchstapertur | cm | wpa | H | Weg von Bewegungsanfang bis zur Erreichung der Höchstapertur |
| Zeit bis Höchstbeschleunigung | ms | tpacc | H | Zeit von Bewegungsanfang bis zur Erreichung der Höchstbeschleunigung |
| Zeit bis Höchstgeschwindigkeit | ms | tpv | H | Zeit von Bewegungsanfang bis zur Erreichung der Höchstgeschwindigkeit |
| Zeit bis Höchstabbremsung | ms | tpd | H | Zeit von Bewegungsanfang bis zur Erreichung der Höchstabbremsung |
| Zeit bis Höchstapertur | ms | tpa | H | Zeit von Bewegungsanfang bis zur Erreichung der Höchstapertur |

**Tabelle 4.16**: *Psychomotorische Parameter der virtuellen Greifbewegung mit Einheit, Abkürzung, Referenzmarkern (H= Handgelenk, D= Daumen, Z= Zeigefinger) und Erläuterung*

siehe S.43) und die Sehfähigkeit bestimmt. Zur Ermittlung der Sehfähigkeit dienten drei Aufgaben des TITMUS Vision Testers (1, 4 und 9). Nachdem alle Vortests abgeschlossen waren wurden den Versuchspersonen zwei einzelne Marker auf die Nägel von Daumen und Zeigefinger geklebt. Außerdem zogen sie einen 6DOF-Marker, der an einem elastischen Band befestigt war, so dass der Mittelpunkt des Markers über dem Griffelfortsatz am distalen Ende der Speiche (= Processus styloideus radii) positioniert war (vgl. Abbildung 3.2, S.47). Die passive Stereobrille, die ebenfalls mit einer 6DOF-Marker-Konfiguration beklebt war, musste nun ebenfalls aufgesetzt werden.

Die Versuchspersonen nahmen auf einem Stuhl mit Kinnstütze Platz, der 56,5 cm von der Projektionsfläche entfernt stand (mittlerer Akkommodationsabstand 61,5 cm (sd= 1,7), ermittelt aus den Daten der Brille, Minimum: 60 cm, Maximum: 64 cm). Während des Experimentes mussten sie den Kopf auf die Kinnstütze legen. Somit war gewährleistet, dass nur kleine Kopfbewegungen ausgeführt werden konnten und der Akkommodationsabstand konstant blieb.

Die virtuellen Objekte wurden in der geschlossenen Umgebung aus der ersten Untersuchung zur Tiefenwahrnehmung im virtuellen Raum (vgl. Abbildung 4.7, rechts) dargeboten.

Bevor die Greifaufgaben durchgeführt wurden mussten die Versuchspersonen in einer Zeigeaufgabe angeben, wo sie die drei Quader im virtuellen Raum wahrnehmen. Die angezeigte Distanz wurde wie in der zweiten Untersuchung zur Tiefenwahrnehmung von dem Versuchsleiter mit einem Maßband gemessen und notiert.

Das Experiment bestand aus 60 Kalibrierungstrials und 80 Perturbationstrials. Im ersten Teil des Experimentes mussten die Versuchspersonen jeweils 20-mal in Folge nach einem der virtuellen Quader an einer der drei Positionen greifen (Kalibrierungstrials). Dann folgte die randomisierte Präsentation der Perturbationstrials. 20-mal perturbierte die Position nicht (M→M) und jeweils 20-mal sprang der Quader nach rechts (M→R-Perturbationen) oder nach links (M→L-Perturbationen) nachdem die Versuchsperson die Hinlangbewegung begonnen hatte. Ausgelöst wurde die Perturbation durch eine virtuelle Lichtschranke, die auf die Kollision mit dem Handgelenkmarker reagierte.

*4 Experimentelle Untersuchungen*

*Motorische Leistungsserie.* Die Kurzform der MLS von Sturm und Büssing (S2) mit den Subtests Steadiness, Liniennachfahren, Aiming und Tapping wurde von allen Versuchspersonen vor dem eigentlichen Experiment bearbeitet (siehe Kapitel Allgemeiner Methodenteil, Motorische Leistungsserie, S.48). Der Vollständigkeit halber erfolgte die Bearbeitung mit der rechten und der linken Hand, obwohl zum Vergleich der feinmotorischen Fähigkeiten mit den Bewegungszeiten der Greifbewegungen nur die Ergebnisse der rechten Hand herangezogen werden.

*Testbatterie zur Aufmerksamkeitsprüfung.* Um die Daten aus dem virtuellen Greifexperiment mit zu Grunde liegenden Aufmerksamkeitsprozessen zu vergleichen und eine Vergleichbarkeit der Versuchspersonen hinsichtlich ihrer Aufmerksamkeitsleistung zu gewährleisten, bearbeiteten die Versuchspersonen drei Tests der TAP: Alertness, Augenbewegungen und Verdeckte visuelle Aufmerksamkeitsverschiebung. Die attentionalen Aspekte, die mit diesen drei Tests überprüft werden, sind für die Kontrolle des Greifens in Perturbationsexperimenten von primärer Bedeutung. Alertness - als allgemeine Aktivierung - ist wichtig, damit die Versuchspersonen so schnell wie möglich auf die Perturbationen reagieren können. Die Ausrichtung der Augen auf einen relevanten Ausschnitts des Gesichtsfeldes (Test: Augenbewegungen) ist für die Positionsperturbation von Bedeutung, da die Aufmerksamkeit mit Hilfe eines Blicksprungs auf eine neue Position gelenkt werden muss. Die Ergebnisse aus dem Test Verdeckte visuelle Aufmerksamkeitsverschiebung liefern zusätzlich Informationen über die Fähigkeit der Versuchspersonen, auch ohne Augenbewegung ihre Aufmerksamkeit zu verlagern und neu zu fokussieren.
Die Reihenfolge wurde auf erstens Alertness, zweitens Verdeckte visuelle Aufmerksamkeitsverschiebung und drittens Augenbewegungen festgelegt, da der letzte Test der langweiligste ist, weil durch den geforderten Tastendruck der Zielreiz nicht, wie in den beiden anderen Tests, durch die Reaktion verschwindet und der nächste Durchgang beginnt.
Der Test Alertness misst einen Aspekt der Aufmerksamkeitsintensität. Die Versuchspersonen müssen so schnell wie möglich eine Taste drücken, wenn in der Mitte des Bildschirms ein Kreuz erscheint (maximale Darbietungs-

zeit 2000 ms). Nach dem Tastendruck verschwindet das Kreuz und der nächste Durchgang beginnt nach 1800 bis 2700 ms. Insgesamt werden vier Blöcke (à 20 Durchgänge) bearbeitet, von denen der erste und letzte ohne Warnton (tonische Aktivierbarkeit) und die beiden mittleren mit Warnton (phasische Aktivierbarkeit) dargeboten werden. Der Warnton ertönt 600 bis 1500 ms vor Erscheinen des Zielreizes und soll die Reaktion beschleunigen. Die beiden anderen Tests überprüfen selektive Aspekte der Aufmerksamkeit. Der Test Verdeckte visuelle Aufmerksamkeitsverschiebung verlangt von den Versuchspersonen, dass sie 100-mal auf ein Kreuz, welches links und rechts vom Fixationspunkt dargeboten wird, so schnell wie möglich reagieren, ohne den Blick vom Fixationspunkt abzuwenden. 230 bis 680 ms vor Erscheinen des Kreuzes wird in der Bildschirmmitte für 100 ms ein Hinweisreiz in Form eines Pfeils dargeboten, der in 80% der Fälle valide und in 20% invalide ist (vgl. Posner-Paradigma, Posner, 1980). Der nächste Durchgang erscheint 1800 bis 2700 ms nach der vorangehenden Reaktion. Die Aufgabe im Test Augenbewegungen ist es, in 110 Durchgängen auf das Auftauchen eines offenen viereckigen Zielreizes (60-mal) zu reagieren. Der Zielreiz kann in der Mitte, links oder rechts, alleine oder in Kombination mit einem anderen Reiz (geschlossenes Viereck) erscheinen. Die Reize werden unabhängig von der Reaktion der Versuchsperson 2000 ms mit SOAs (stimulus onset asynchronies) zwischen 800 und 3700 ms dargeboten.
Zur Auswertung der Aufmerksamkeitsleistung werden die Reaktionszeiten in den verschiedenen Bedingungen herangezogen.

*Sehtest.* Die Untertests 1 (Sehschärfe beide Augen, weit), 4 (Stereotiefenwahrnehmung) und 9 (Sehschärfe beide Augen, nah) des TITMUS Vision Testers wurden verwendet, um die visuellen Fähigkeiten der Versuchspersonen zu bestimmen.

*Nachbefragung.* Der Nachbefragungsbogen war wie in den Untersuchungen zur Tiefenwahrnehmung in drei theoretische Bereiche eingeteilt. Die Versuchspersonen mussten Fragen zu körperlichen Beschwerden, der virtuellen Erfahrung und dem Experiment beantworten. Die Aussage (4) „Der virtuelle Raum und die dargestellten Objekte erschienen mir realistisch" aus dem ursprünglichen Fragebogen wurde in zwei Aussagen aufgesplittet, um zwischen dem virtuellen Raum und den dargestellten Objekten unterscheiden zu können. Außerdem wurden fünf Aussagen ergänzt. Im Hinblick auf eine eventuelle Einschränkung der Bewegungsfreiheit durch die Kopfstütze mussten die Versuchspersonen die Aussage „Es fiel mir leicht, mich in dem virtuellen Raum umzuschauen" bewerten. Bezüglich der Tiefenwahrnehmung im virtuellen Raum wurden die Aussagen „Der Tiefeneindruck war realistisch.", „Die Objekte in der virtuellen Realität erschienen mir geometrisch korrekt. Sie hatten die richtige Größe und Entfernung zu mir." und „Ich hatte einen dreidimensionalen Eindruck von der dargestellten Umgebung und den Objekten." beantwortet. Sie sind identisch mit den Fragen zum Experiment aus den Untersuchungen zur Tiefenwahrnehmung. Des Weiteren wurde die Dimension Vergnügen um die Aussage „Ich fühlte mich in der virtuellen Welt wohl." erweitert. Die Fragen zum Experiment lauteten: (1) Ich konnte die Objekte gut ergreifen, (2) Es fiel mir leicht, die Objekte zu fokussieren, (3) Meine eigene Hand hat den 3D-Eindruck zerstört, (4) In der Realität hätte ich den Würfel anders ergriffen und (5) Mir hat das haptische Feedback beim Berühren des Objektes gefehlt.

**Analyse der Daten**

Von den insgesamt 1680 aufgezeichneten Durchgängen wurden 64 (3,8 %) anhand folgender Kriterien ausgeschlossen:

- Gesamtbewegungszeit unter 500 ms bzw. über 3000 ms
- maximale Apertur kleiner als 5 cm bzw. größer als 20 cm
- Endpunktapertur kleiner als 5 cm bzw. größer als 15 cm
- fehlende Geschwindigkeits- und Beschleunigungswerte
- Durchschnittsgeschwindigkeit größer als 100 cm/s
- Höchstgeschwindigkeit größer als 200 cm/s$^2$

Die ausgeschlossenen Durchgänge traten unsystematisch über alle Bedingungen und Versuchspersonen auf.

## 4.3.3.2 Ergebnisse

Zuerst werden die Daten aus den Vortests (MLS, TAP) berichtet, dann die Resultate aus der Zeigeaufgabe zur Überprüfung der Tiefenwahrnehmung. Der nächste Abschnitt beschäftigt sich mit den Reaktionszeiten und danach folgen die Analysen der motorischen Daten aus den Kalibrierungsdurchgängen und den Perturbationsdurchgängen. Im Anschluss werden die subjektiven Daten aus dem Nachbefragungsbogen analysiert. Der Ergebnisteil endet mit einem Vergleich zwischen realem Greifen (Daten aus der Untersuchung zum Thema Greifen im realen Raum, S.57, ff) und virtuellem Greifen.

**Vortests** - Die motorische Leistungsserie (MLS) zeigt in den vier verwendeten Aufgaben dem Alter angemessene feinmotorische Fähigkeiten. Die Ergebnisse liegen im mittleren bis überdurchschnittlichen Bereich. Zur Darstellung sind in Tabelle 4.17 die T-Werte (Mittelwerte und Standardabweichungen) der rechten Hand aufgelistet.

| Parameter | mittlerer T-Wert | Standardabweichung |
|---|---|---|
| Aiming Gesamtdauer | 60,4 | 8,7 |
| Steadiness Fehlerzahl | 52,4 | 7,7 |
| Steadiness Fehlerdauer | 48,6 | 9,0 |
| Liniennachfahren Fehlerzahl | 60,1 | 7,0 |
| Liniennachfahren Fehlerdauer | 56,4 | 10,3 |
| Liniennachfahren Gesamtdauer | 53,8 | 14,7 |
| Tapping Treffer | 56,0 | 7,7 |

**Tabelle 4.17**: *Positionsperturbationsexperiment (n= 12): mittlere T-Werte (M= 50, sd= 10) und Standardabweichungen aus den Aufgaben der motorischen Leistungsserie (S2)*

Auch die Daten zur Aufmerksamkeit (TAP) zeigen keine Auffälligkeiten in der Stichprobe. Die Versuchspersonen profitieren in der Alertnessaufgabe hypothesenkonform von dem Warnton ($F(1,11)= 10,7$, $p< 0,01$). In der Aufgabe zur Verdeckten Aufmerksamkeitsverschiebung zeigt sich kein Unterschied zwischen den Richtungen (links und rechts) und kein Unterschied innerhalb der validen und invaliden Bedingungen, aber die erwartete hochsignifikante Wechselwirkung zwischen Richtung und Hinweisreiz ($F(1,11)= 32,7$, $p< 0,01$). Das bedeutet, dass die Versuchspersonen auf valide Hinweisreize schneller reagieren als auf invalide Hinweisreize. Im Subtest Augenbewegungen zeigt sich bei der Einzelreizdarbietung, dass die Reaktionszeiten langsamer sind, wenn das Target links oder rechts dargeboten wird, also ein Blicksprung erfolgt ($F(2,10)= 34,1$, $p< 0,01$). Die Reaktionen nach links und rechts unterscheiden sich jedoch nicht voneinander ($t11= -0,01$, $p= 0,99$). Das heißt, eine Blickbewegung nach links kostet genauso viel wie eine Blickbewegung nach rechts.

**Tiefenwahrnehmung** - Um analysieren zu können, wo die Versuchspersonen die virtuellen Quader wahrnehmen, wurde wie in der zweiten Untersuchung zur Tiefenwahrnehmung eine Zeigeaufgabe durchgeführt. Um die Abweichungen zu berechnen, wurde die mittlere Akkommodationsdistanz von 61,5 cm zu Grunde gelegt. Die Ergebnisse spiegeln die bekannten Effekte wieder. Die Entfernungen werden überschätzt und je größer die Entfernung desto geringer die Überschätzung. Die Entfernung des linken Quaders, der die geringste Entfernung zur Versuchsperson hatte (28,3 cm), wurde im Mittel um 31,5 % überschätzt. Die Entfernung zum Quader an der Ausgangsposition (Entfernung 41,6 cm) wurde um 18,3% überschätzt und die Entfernung zum rechten Quader, die 49,7 cm betrug, um 11,6%. Diese prozentualen Abweichungen unterscheiden sich signifikant voneinander ($F(2,10)= 7,2$, $p< 0,05$). Paarweise Vergleiche liefern signifikante Ergebnisse auf 5%-Niveau für alle Kombinationen.

**Experiment**

*Reaktionszeiten.* Die mittlere Reaktionszeit in diesem Experiment lag bei 387,4 ms ($sd= 82,0$). Messwiederholte Varianzanalysen mit den Faktoren Position (M, L, R) und Perturbation (M→M, M→L, M→R) zeigen keine Unterschiede innerhalb der Kalibrierungs- und der Perturbationstrials. Vergleicht man alle Bedingungen miteinander so zeigt sich auch hier kein Effekt.

*Motorische Daten.* Die insgesamt 26 motorischen Parameter, die mit der Software PsycheMove3D generiert wurden, finden sich in Tabelle 4.18. Die Auflistung der Mittelwerte und Standardabweichungen erfolgt aufgeteilt für die Kalibrierungs- und die Perturbationsdurchgänge. Zur besseren Veranschaulichung sind signifikante Unterschiede innerhalb der beiden Blöcke gekennzeichnet. In den nächsten beiden Abschnitten werden die Ergebnisse messwiederholter Varianzanalysen und t-Tests separat für die Kalibrierungstrials (M, L, R) und die Experimentaltrials (M→M, M→L, M→R) vorgestellt.

*Kalibrierungstrials.* Im ersten Teil des Experiments mussten die Versuchspersonen in geblockten Durchgängen jeweils 20-mal zu der mittleren (M), der linken (L) und der rechten (R) Quaderposition greifen. Die deskriptiven Werte finden sich in Tabelle 4.18.

Die Gesamtbewegungszeit zeigt einen signifikanten Haupteffekt für den Faktor Position ($F(2,10)= 5,0$, $p< 0,05$), der auf den signifikanten Unterschied zwischen der Bewegung nach links und der nach rechts zurückgeführt werden kann ($t11= -3,2$, $p< 0,01$). Betrachtet man die einzelnen Bewegungsphasen, so treten signifikante Positionseffekte für die Zeit zwischen Höchstbeschleunigung und Höchstgeschwindigkeit ($mt2$: $F(2,10)= 4,7$, $p< 0,05$) und die Zeit zwischen Höchstabbremsung und abgeschlossenem Griff ($mt4$: $F(2,10)= 12,3$, $p< 0,01$) auf. T-Tests belegen, dass sich auch hier maßgeblich die linke Position von der rechten unterscheidet ($mt2$: $t11= 3,1$, $p< 0,05$; $mt4$: $t11= -3,9$, $p< 0,01$). Bezüglich der Abbremsphase ($mt4$) ergibt sich ebenfalls ein signifikanter Unterschied zwischen der linken und der mittleren Position ($t11= -3,7$, $p< 0,01$). Die verkürzte Gesamtbewegungszeit nach links lässt sich anhand der Mittelwertsunterschiede (>100 ms) auf eine deutliche Verkürzung der Abbremsphase ($mt4$) zurückführen. Betrachtet man zusätzlich den Parameter Durchschnittsgeschwindigkeit (av), so wird deutlich, dass die Bewegung nach links insgesamt langsamer ist als die beiden anderen Bewegungen (av: $F(2,10)= 12,8$, $p< 0,01$). T-Tests zeigen signifikante Unterschiede zwischen der linken und der mittleren ($t11= -2,4$, $p< 0,05$) und der linken und der rechten Position ($t11= -4,8$, $p< 0,01$). Das gleiche Bild zeichnet sich für die erreichte Höchstgeschwindigkeit (pv: $F(2,10)= 30,8$, $p< 0,01$), die Höchstbeschleunigung (pacc: $F(2,10)= 9,6$, $p< 0,01$) und die Höchstabbremsung (pd: $F(2,10)= 14,6$, $p< 0,01$) ab. Die Werte, die für die linke Position erreicht werden, liegen für diese drei Parame-

| Parameter | Kalibrierung | | | | Experiment | | | |
|---|---|---|---|---|---|---|---|---|
| | M | L | R | sig. | M→M | M→L | M→R | sig. |
| mt | 1348,9 (409,6) | 1234,3 (291,8) | 1329,1 (334,0) | * | 1172,1 (224,4) | 1363,8 (147,0) | 1495,5 (255,1) | ** |
| mt1 | 190,9 (59,2) | 169,5 (50,3) | 205,1 (43,6) | | 181,8 (22,0) | 180,0 (22,1) | 188,8 (24,1) | |
| mt2 | 208,2 (41,2) | 219,3 (53,3) | 192,8 (37,9) | * | 192,9 (26,0) | 192,9 (25,0) | 183,3 (30,6) | |
| mt3 | 206,6 (42,0) | 227,0 (42,6) | 202,2 (34,4) | | 206,4 (20,6) | 194,3 (31,0) | 207,8 (28,0) | |
| mt4 | 743,2 (323,0) | 618,5 (247,6) | 728,3 (257,1) | ** | 590,9 (198,8) | 796,6 (124,9) | 910,5 (227,5) | ** |
| av | 47,7 (10,8) | 44,5 (8,3) | 49,3 (9,1) | ** | 53,3 (8,4) | 47,6 (6,3) | 47,9 (7,4) | |
| pacc | 526,3 (199,1) | 474,0 (175,5) | 555,5 (175,2) | ** | 582,4 (152,8) | 571,3 (139,9) | 574,4 (151,4) | ** |
| pv | 116,6 (31,4) | 102,0 (24,5) | 125,9 (28,5) | ** | 123,8 (21,2) | 123,2 (20,3) | 123,5 (21,7) | |
| pd | 434,0 (165,5) | 364,5 (139,2) | 471,6 (155,0) | ** | 472,9 (125,3) | 493,0 (108,9) | 478,8 (127,0) | |
| d | 43,7 (2,1) | 38,0 (3,1) | 45,1 (1,4) | ** | 43,4 (2,3) | 37,8 (3,7) | 45,6 (1,5) | ** |
| w | 46,2 (2,3) | 40,7 (3,6) | 48,2 (1,9) | ** | 45,9 (2,3) | 47,3 (2,9) | 52,0 (1,9) | ** |
| s | 0,95 (0,02) | 0,93 (0,03) | 0,95 (0,02) | ** | 0,95 (0,02) | 0,80 (0,06) | 0,88 (0,03) | ** |
| pa | 11,7 (0,9) | 13,0 (1,3) | 12,2 (1,6) | ** | 12,6 (1,4) | 13,0 (1,4) | 12,7 (1,4) | * |
| ea | 8,5 (1,4) | 9,0 (1,9) | 8,5 (1,2) | | 8,0 (1,5) | 8,5 (2,0) | 8,1 (1,2) | |
| dpacc | 5,1 (1,5) | 4,0 (1,4) | 6,4 (1,3) | ** | 5,5 (0,7) | 5,5 (0,9) | 5,9 (1,2) | |
| dpv | 19,6 (3,6) | 17,0 (2,4) | 21,0 (2,6) | ** | 19,9 (2,3) | 19,9 (2,4) | 19,9 (2,2) | |
| dpd | 33,2 (5,1) | 30,1 (4,6) | 35,4 (3,8) | ** | 34,6 (3,6) | 33,6 (3,4) | 34,4 (3,8) | |
| dpa | 39,3 (2,9) | 32,3 (4,1) | 39,8 (4,4) | ** | 35,8 (4,2) | 36,1 (3,7) | 37,5 (3,6) | * |
| wpacc | 5,1 (1,5) | 4,0 (1,4) | 6,4 (1,2) | ** | 5,5 (0,7) | 5,6 (0,9) | 5,9 (1,2) | |
| wpv | 19,9 (3,6) | 17,4 (2,4) | 21,2 (2,3) | ** | 20,1 (2,3) | 20,1 (2,4) | 20,2 (2,2) | |
| wpd | 33,9 (5,2) | 31,0 (4,4) | 36,1 (3,8) | ** | 35,3 (3,6) | 34,3 (3,4) | 35,3 (3,9) | |
| wpa | 40,7 (3,1) | 33,6 (4,4) | 40,9 (4,8) | ** | 36,7 (4,3) | 39,6 (4,6) | 39,6 (4,8) | * |
| tpacc | 190,9 (59,2) | 169,5 (50,3) | 205,8 (43,6) | | 181,8 (22,0) | 180,0 (22,1) | 188,8 (24,1) | |
| tpv | 399,1 (76,8) | 388,7 (79,1) | 398,6 (70,1) | | 374,8 (40,9) | 372,9 (36,0) | 377,2 (38,4) | |
| tpd | 605,7 (106,7) | 615,8 (98,3) | 600,8 (90,2) | | 581,2 (55,8) | 567,2 (55,0) | 584,9 (55,0) | |
| tpa | 868,4 (426,3) | 725,3 (206,3) | 772,7 (301,3) | | 622,5 (117,2) | 770,1 (168,3) | 745,9 (208,9) | ** |

**Tabelle 4.18:** *Positionsperturbationsexperiment (n = 12): Mittelwerte und Standardabweichungen in Klammern, sowie die Kennzeichnung multivariater Effekte für die Kalibrierungsdurchgänge (M= Mitte, L= links, R= rechts) und Perturbationsdurchgänge (M→M= keine Perturbation, M→L= Perturbation nach links, M→R= Perturbation nach rechts)*

ter signifikant unter denen für die mittlere und rechte Position (pv: L vs. M t11= -3,8, p< 0,01; L vs. R t11= -7,9, p< 0,01; pacc: L vs. M t11= -2,2, p< 0,05; L vs. R t11= -4,3, p< 0,01; pd: L vs. M t11= -3,4, p< 0,01; L vs. R t11= -5,3, p< 0,01). Die Analyse der Parameter Distanz (d: $F(2,10)=$ 57,6, p< 0,01) und Weg (w: $F(2,10)=$ 52,0, p< 0,01) liefert einen eventuellen Erklärungsansatz für die beschriebenen Unterschiede. Die Distanz, bzw. der dreidimensionale Weg, welche vom Handgelenk in den drei verschiedenen Bedingungen zurückgelegt werden, unterscheiden sich voneinander. Es zeigen sich signifikante Unterschiede zwischen allen Bedingungskombinationen, obwohl die dargebotene Distanz konstant bei 40 cm liegt. Die Bewegung nach links ist am kürzesten und die nach rechts am längsten (d: L vs. M t11= -10,9, p< 0,01; M vs. G t11= -7,1, p< 0,01; L vs. G t11= -11,2, p< 0,01; w: L vs. M t11= -9,7, p< 0,01; M vs. G t11= -6,1, p< 0,01; L vs. G t11= -10,7, p< 0,01). Vergleicht man die aufgezeichneten Distanzmittelwerte mit dem skalierten Wert 40 cm so zeigen sich signifikante Unterschiede für alle drei Bedingungen. Links wird die Distanz unterschätzt (t11= -2,3, p< 0,05) und in der Mitte und rechts überschätzt (M: t11= 6,2, p< 0,01; R: t11= 13,9, p< 0,01). Die Daten zur maximal erreichten Apertur untermauern diesen Befund. Es zeigt sich ein signifikanter Positionseffekt ($F(2,10)=$ 5,3, p< 0,05). Paarweisen Vergleiche zeigen signifikante Unterschiede zwischen der linken und der mittleren (t11= 3,2, p< 0,01) und der linken und der rechten Position (t11= 2,4, p< 0,01). Bei der Greifbewegung nach links werden Daumen und Zeigefinger weiter geöffnet, um das Objekt zu ergreifen. Da die Objekte aber die gleiche Größe hatten, legt dieses Resultat nahe, dass die Objektgröße in der linken Bedingung überschätzt wurde, bzw. die Entfernungsunterschätzung mit einer Größenüberschätzung einhergeht. Deskriptiv zeigt sich dieses Muster auch für den Parameter Endpunktapertur.

Betrachtet man die Parameter, die angeben, wann die Maximalwerte der Geschwindigkeit (dpv, wpv), Beschleunigung (dpacc, wpacc), Abbremsung (dpd, wpd) und Apertur (dpa, wpa) in der räumlichen Trajektorie erreicht werden, so zeigt sich auch hier ein Einfluss der verkürzten Bewegung nach links. Signifikante Positionseffekte treten für die Distanz und den Weg bis zur Erreichung der Höchstgeschwindigkeit (dpv: $F(2,10)=$ 16,1, p< 0,01; wpv: $F(2,10)=$ 13,8, p< 0,01), die Distanz und den Weg bis zur Erreichung der Höchstbeschleunigung (dpacc: $F(2,10)= 16,9$, $p< 0,01$; wpacc: $F(2,10)= 16,1$, $p< 0,01$), die Distanz und den Weg bis zur Erreichung der Höchstabbremsung (dpd: $F(2,10)= 25,6$, $p< 0,01$; wpd: $F(2,10)= 21,5$, $p< 0,01$) und die Distanz und den Weg bis zur Erreichung der maximalen Apertur (dpa: $F(2,10)= 31,3$, $p< 0,01$; wpa: $F(2,10)= 36,9$, $p< 0,01$) auf.

Aus der Überlegung heraus, dass die Unterschiede zwischen den Bedingungen auf die Fehleinschätzung der Distanz zurück gehen könnten, wurde anhand einer Korrektur ermittelt, ob die Effekte stabil bleiben, wenn man diese Abweichungen prozentual berücksichtigt, das heißt, davon ausgegangen wird, dass die Bewegungen gleich lang sind (40 cm) und dann die entsprechenden Parameter neu berechnet, um eine Vergleichbarkeit zu gewährleisten, die durch die verzerrte Tiefenwahrnehmung nicht gegeben ist. Dazu wurde für die Distanzparameter (dpv, dpacc, dpd und dpa) eine weitere Analyse durchgeführt, die nicht auf den aufgezeichneten Werten beruht, sondern auf korrigierten Parametern. Diese wurden ermittelt, in dem für die aufgezeichnete Gesamtdistanz (d) die prozentuale Differenz zur skalierten Distanz (40 cm) ermittelt wurde und aus dieser Abweichung ein Wert berechnet wurde (Parameter/100 x Abweichung), um den die aufgezeichneten Werte korrigiert wurden. So können die Werte unabhängig von dem aufgetretenen Positionseffekt miteinander verglichen werden.

Messwiederholte Varianzanalysen zeigen, dass nach der Korrektur der Positionseffekt nur für die Distanz bis zur Erreichung der Höchstgeschwindigkeit (dpv: $F(2,10)= 0,03$, $p= 0,97$) verschwindet. Die signifikanten Effekte für die Distanz bis zur Erreichung der Höchstbeschleunigung (dpacc: $F(2,10)= 4,7$, $p< 0,05$), die Distanz bis zur Erreichung der Höchstabbremsung (dpd: $F(2,10)= 6,6$, $p< 0,05$) und die Distanz bis zur Erreichung der maximalen Apertur (dpa: $F(2,10)= 6,9$, $p< 0,05$) bleiben stabil. Bezüglich der Wegparameter ist eine entsprechende Korrektur nicht möglich, da es keinen vordefinierten dreidimensionalen Weg gibt, der als Berechnungsgrundlage dienen könnte.

*Perturbationstrials.* In der Auswertung des zweiten Experimentalteils werden die Perturbationsdurchgänge miteinander verglichen. Die Versuchspersonen mussten insgesamt 80-mal nach dem Quader an mittlerer Position

## 4.3 Greifen im virtuellen Raum

greifen, der in 50% der Fälle nach Bewegungsbeginn nach links (M→L), bzw. rechts (M→R) sprang. Die Mittelwerte und Standardabweichungen der 26 motorischen Parameter finden sich in Tabelle 4.18. Bevor die Ergebnisse der messwiederholten Varianzanalysen und der t-Tests vorgestellt werden, wird anhand von drei weiteren Parametern gezeigt, dass die Vergleichbarkeit der Bedingungen aus technischer Sicht vorliegt. In den Perturbationsdurchgängen wurde der Zeitpunkt aufgezeichnet, an dem der Handgelenkmarker die Lichtschranke durchbrochen hat, das heißt, für die perturbierten Durchgänge, wann die Perturbation auftrat. In Tabelle 4.19 sind die Zeiten, Distanzen und Wege von Bewegungsanfang bis zum Auslösen der Lichtschranke aufgelistet.

| Parameter | Perturbation | | | $F(2,10)$ | p-Wert |
|---|---|---|---|---|---|
| | M→M | M→L | M→R | | |
| Zeit bis Lichtschranke auslöst (ms) | 343,1 (52,8) | 342,5 (55.5) | 341,5 (50,8) | 0,1 | 0,90 |
| Distanz bis Lichtschranke auslöst (cm) | 14,0 (2,4) | 13,8 (2,2) | 13,7 (2,3) | 1,1 | 0,37 |
| Weg bis Lichtschranke auslöst (cm) | 14,2 (2,5) | 14,0 (2,3) | 13,9 (2,3) | 1,1 | 0,36 |

**Tabelle 4.19:** *Positionsperturbationsexperiment (n= 12): Mittelwerte, Standardabweichungen in Klammern, F-Werte und p-Werte für die Zeiten, Distanzen und Wege bis zur Auslösung der Lichtschranke (M→M= keine Perturbation, M→L= Perturbation nach links, M→R= Perturbation nach rechts)*

Es zeigen sich keine signifikanten Unterschiede zwischen den drei Bedingungen M→M, M→L und M→R. Die mittlere Zeit bis zum Auslösen der Lichtschranke liegt bei 342,4 ms, was einer Distanz von 13,8 cm und einem Weg von 14,0 cm entspricht. Anhand der in Tabelle 4.19 aufgelisteten Mittelwerte kann ebenfalls bestimmt werden, wann innerhalb der vier Phasen der Greifbewegung die Perturbation auftrat. Hierzu dient der Vergleich der Zeiten, Distanzen und Wege mit den entsprechenden Parametern aus Tabelle 4.18, die belegen, wann die verschiedenen Höchstwerte auftraten. Es zeigt sich, dass die Perturbationen im Durchschnitt 32,6 ms vor dem Erreichen der Höchstgeschwindigkeit ausgelöst wurden.

Die Ergebnisse messwiederholter Varianzanalysen mit dem Faktor Perturbation (M→M, M→L, M→R) zeigen einen signifikanten Effekt für die

Bewegungszeit (mt: F(2,10)= 21,8, p< 0,01). Paarweise Vergleiche liefern signifikante Mittelwertsunterschiede zwischen allen Bedingungskombinationen. Die Gesamtbewegungszeit ist in den M→M-Durchgängen am geringsten und unterscheidet sich von den M→L-Perturbationen um 191,7 ms (t11= -4,6, p< 0,01) und von den M→R-Perturbationen um 323,4 ms (t11= -6,4, p< 0,01). Der Unterschied zwischen den Bewegungen nach links und nach rechts beläuft sich dementsprechend auf 131,7 ms (t11= -2,5, p< 0,05). Ausschlaggebend für die Verlängerung der Gesamtbewegungszeit in den perturbierten Durchgängen sind signifikante Unterschiede in der Abbremsphase der Greifbewegung (Zeit zwischen Höchstabbremsung und abgeschlossenem Griff, mt4: F(2,10)= 21,0, p< 0,01). Wenn keine Perturbation - also keine Umprogrammierung der Bewegung - stattfindet, dauert das Abbremsen 590,9 ms. Springt der Quader nach links, so verlängert sich diese Phase um 205,7 ms (t11= -4,6, p< 0,01) und springt er nach rechts um 319,6 ms (t11= -6,2, p< 0,01). Der Zeitunterschied zwischen den Perturbationsrichtungen wird nicht signifikant. Bezüglich der Bewegungsgeschwindigkeit (av) zeigt sich ebenfalls, dass die Bewegungen ohne Perturbation im Durchschnitt deutlich schneller ausgeführt werden (F(2,10)= 28,0, p< 0,01). Bewegungen nach links sind 5,7 cm/s (t11= 5,9, p< 0,01) und Bewegungen nach rechts 5,4 cm/s (t11= 6,0, p< 0,01) langsamer. Abhängig von der Perturbationsrichtung unterscheidet sich die Durchschnittsgeschwindigkeit nicht. Wie in den Kalibrierungsdurchgängen unterscheiden sich die drei Bedingungen hinsichtlich der zurückgelegten Distanz (F(2,10)= 45,6, p< 0,01). Der linke Quader wird am nächsten ergriffen und der rechte am weitesten entfernt von der Startposition. Vergleicht man auch hier die aufgezeichneten Distanzmittelwerte mit dem skalierten Wert 40 cm so zeigen sich signifikante Unterschiede für alle drei Bedingungen. Links wird die Distanz tendenziell (10%-Niveau) unterschätzt (t11= -2,1, p= 0,06) und in der Mitte und rechts überschätzt (M: t11= 12,7, p< 0,01; R: t11= 13,9, p< 0,01). An dieser Stelle ist anzumerken, dass sich die Distanz auf die direkte Entfernung zwischen Startposition und der Position, die die Hand am Ende der Bewegung einnimmt bezieht. Paarweise Vergleiche zwischen den Kalibrierungsdurchgängen und den Perturbationsdurchgängen pro Quaderposition zeigen keine signifikanten Unterschiede. Die Quader werden also in beiden Teilen des Experimentes an der gleichen Stelle er-

## 4.3 Greifen im virtuellen Raum

griffen. Betrachtet man nun den Parameter Weg, der den dreidimensionalen Weg des Handgelenks wiedergibt, so zeigt sich hier, dass sich die Bedingungen voneinander unterscheiden ($F(2,10)= 31,0$, $p< 0,01$). Dies wurde erwartet, da durch die Perturbationen nicht der direkte Weg beim Ergreifen der Quader verfolgt werden kann und zusätzlich die verzerrte Tiefenwahrnehmung den linken Quader näher und den rechten Quader weiter entfernt erscheinen lässt. Eine M→R-Perturbation verursacht einen deutlich längeren Weg als eine M→L-Perturbation ($t11= -6,2$, $p< 0,01$) oder eine gerade Bewegung zum mittleren Quader ($t11= -7,9$, $p< 0,01$). Einhergehend mit diesen Unterschieden zeigt der Parameter Straightness ($F(2,10)= 31,6$, $p< 0,01$), der die Geradlinigkeit der Bewegung angibt, dass die ungestörte Bewegung zur Mitte einen Quotienten von 0,95 aufweist, wohingegen die Bewegung nach links nur 0,80 ($t11= 8,2$, $p< 0,01$) und die Bewegung nach rechts 0,88 ($t11= 6,6$, $p< 0,01$) erreicht. Ebenfalls signifikant ist hier der Unterschied zwischen den M→L- und M→R-Perturbationen ($t11= -5,9$, $p< 0,01$), was zeigt, dass die Bewegung nach rechts trotz eines deutlich längeren Weges geradliniger ist als die nach links. Dies weist darauf hin, dass nicht allein die Perturbation für die Wegverlängerung in der rechten Bedingung verantwortlich ist, sondern die Wahrnehmung der Quaderposition. Hinsichtlich der maximalen Apertur ($F(2,10)= 5,5$, $p< 0,05$) zeigt sich wie in den Kalibrierungstrials die größte maximale Apertur in der linken Bedingung. Sowohl der Unterschied zur rechten ($t11= 2,6$, $p< 0,05$) als auch zu mittleren Bedingung ($t11= -3,7$, $p< 0,01$) sind signifikant. Erreicht wird die maximale Apertur räumlich (dpa: $F(2,10)= 5,9$, $p< 0,05$ und wpa: $F(2,10)= 6,5$, $p< 0,05$) und zeitlich (tpa: $F(2,10)= 10,6$, $p< 0,01$) in der Bedingung ohne Perturbation am frühesten. Die Distanz bis zur Erreichung der maximalen Apertur unterscheidet sich zwischen den M→M-Durchgängen und den M→R-Perturbationen ($t11= -3,3$, $p< 0,01$). Der Weg bis zur Erreichung der maximalen Apertur ist sowohl beim Sprung nach links ($t11= -2,5$, $p< 0,05$) als auch nach rechts ($t11= -3,6$, $p< 0,01$) signifikant länger als in der Bedingung ohne Perturbation. Das gleiche Muster zeigt sich für die Zeit bis zur Erreichung der maximalen Apertur (M→M vs. M→L: $t11= -4,7$, $p< 0,01$; M→M vs. M→R $t11= -3,1$, $p< 0,05$). Korrigiert man auch hier den Distanzparameter so zeigt sich, dass sich die Distanz bis zum Erreichen der maximalen Apertur zwischen der mittleren (32,7 cm) und der rechten Position (32,3 cm) nicht mehr unterscheidet und nur der Unterschied zur linken Position (37,8 cm) signifikant bleibt (F(2,10)= 21,0, p< 0,01).

**Subjektive Daten**
Die subjektiven Daten aus dem Nachbefragungsbogen werden thematisch in den Unterabschnitten körperliche Beschwerden, virtuelle Erfahrung und Experiment vorgestellt. Die Analyse der Daten erfolgt nicht-parametrisch mittels Chi$^2$-Tests. Die Urteile werden deskriptiv beschrieben.

*Körperliche Beschwerden.* Fünf Versuchspersonen gaben an, körperliche Beschwerden zu verspüren. Die übrigen 58,3% waren beschwerdefrei ($\chi^2{}_1$= 0,3, p= 0,56). Eine Versuchsperson gab leichten Schwindel, leichtes Unwohlsein und leichte Augen- und Kopfschmerzen an. Des Weiteren traten dreimal leichte Kopfschmerzen, zweimal leichte und zweimal mittlere Augenschmerzen und zusätzlich einmal leichter Schwindel auf.

*Virtuelle Erfahrung.* Die vier Dimensionen des Nachbefragungsbogens - Presence, externale Bewusstheit, Qualität und Vergnügen - aus den Untersuchungen zur Tiefenwahrnehmung wurden um die Bereiche Bewegungsfreiheit und Tiefenwahrnehmung ergänzt. Die resultierenden 16 Aussagen, die auf einer 5-stufigen Skala bewertet werden mussten (-2= nicht zutreffend, -1= eher nicht zutreffend, 0= weder noch, 1= eher zutreffend, 2= zutreffend), sind in Tabelle 4.20 zu finden, inklusive Mittelwerten, Modalwerten, Chi$^2$-Werten und p-Werten.

Bezüglich der Dimension Presence ergibt die nicht-parametrische Datenanalyse ein zufrieden stellendes Bild. Alle Versuchspersonen hatten das Gefühl, in einem virtuellen Raum zu sein (1), hatten nicht nur den Eindruck Bilder zu sehen (2) und konnten sich den virtuellen Raum vorstellen (3). Sowohl der Raum als auch die dargestellten Objekte erschienen den meisten Versuchspersonen realistisch (4a und 4b), obwohl insgesamt der Realismus der Objekte im Mittel besser eingeschätzt wird. Der Eindruck, in die virtuelle Welt hineingreifen zu können, war bei 91,7% der Teilnehmer vorhanden (5). Wie in den Untersuchungen zur Tiefenwahrnehmung blieb die

## 4.3 Greifen im virtuellen Raum

| Dimension | Aussage | Mittelwert | Modalwert | $\text{Chi}^2$-Wert | p |
|---|---|---|---|---|---|
| Presence | (1) Ich hatte das Gefühl, in einem virtuellen Raum zu sein. | 1,25 | 1 | 25,5 | <,01 |
| | (2) Ich hatte das Gefühl, nur Bilder zu sehen, wie im Kino oder TV. | -1,4 | -1 | 18,8 | <,01 |
| | (3) Ich konnte mir den virtuellen Raum vorstellen. | 1,3 | 1 | 21,3 | <,01 |
| | (4a) Der virtuelle Raum erschien mir realistisch. | 0,2 | 1 | 18,0 | <,01 |
| | (4b) Die dargestellten Objekte erschienen mir realistisch. | 0,9 | 1 | 17,2 | <,01 |
| | (5) Ich hatte den Eindruck, das ich mit der Hand in die virtuelle Welt hinein langen und ein Objekt greifen/berühren konnte. | 1,4 | 2 | 13,8 | <,01 |
| externale Bewusstheit | (6) Die reale Umgebung - das Labor - war mir nicht mehr bewusst. | -0,5 | -1 | 5,5 | 0,24 |
| | (7) Ich war mir jeder Zeit bewusst, dass ich mich in einem realen Raum - in einem Labor - befinde. | 0,7 | -1, 1, 2 | 8,0 | 0,09 |
| Qualität | (8) Ich habe die virtuelle Welt klar und deutlich gesehen. | 1,1 | 1 | 10,5 | 0,03 |
| | (9) Die Qualität der Darstellung war gut. | 0,6 | 1 | 28,8 | <,01 |
| Vergnügen | (10) Ich war enttäuscht von der Erfahrung im virtuellen Raum. | -1,7 | -2 | 23,8 | <,01 |
| | (11) Die virtuelle Erfahrung hat mich fasziniert. | 1,4 | 1 | 18,8 | <,01 |
| | (12) Ich fühlte mich in der virtuellen Welt wohl. | 0,5 | 1 | 4,7 | 0,32 |
| Bewegungsfreiheit | (13) Es viel mir leicht, mich in dem virtuellen Raum umzuschauen. | 1,3 | 1 | 15,5 | <,01 |
| Tiefenwahrnehmung | (14) Der Tiefeneindruck war realistisch. | 1,5 | 2 | 15,5 | <,01 |
| | (15) Die Objekte in der virtuellen Realität erschienen geometrisch korrekt. Sie hatten die richtige Größe und Entfernung zu mir. | 1,4 | 1 | 18,8 | <,01 |
| | (16) Ich hatte einen dreidimensionalen Eindruck von den dargestellten Umgebung und den Objekten. | 1,8 | 2 | 31,3 | <,01 |

**Tabelle 4.20:** *Positionsperturbationsexperiment (n= 12): Mittelwerte und Modalwerte für die Aussagen des Nachbefragungsbogens bezüglich der virtuellen Realität inklusive $Chi^2$-Werten und p-Werten (5-stufige Skala: -2= nicht zutreffend, -1= eher nicht zutreffend, 0= weder noch, 1= eher zutreffend, 2= zutreffend)*

externale Bewusstheit bei den meisten Versuchspersonen erhalten, nur drei (25%) sagen, dass ihnen die reale Umgebung nicht mehr bewusst war (6) und vier (30%) geben an, dass es eher nicht zutrifft, dass sie sich jederzeit bewusst waren, in einem realen Raum zu sein (7). Die Qualität der virtuellen Darstellung wird insgesamt positiv beurteilt (8 und 9). Die Aussagen zur Dimension Vergnügen liefern ebenfalls ein klares Bild. Alle Versuchspersonen waren fasziniert (10) und nicht enttäuscht (11) von der virtuellen Erfahrung. Allerdings ist hier in Bezug auf Aussage 12 festzuhalten, dass zwei Versuchspersonen angaben, sich nicht wohl gefühlt zu haben. Die Bewegungsfreiheit (13) wird als ausreichend bewertet, obwohl der Kopf in der Kopfstütze lag. Abschließend kann festgehalten werden, dass der Tiefeneindruck in dem verwendeten Versuchsaufbau aus subjektiver Sicht vorhanden war. 91,7% der Versuchspersonen beurteilen den Tiefeneindruck als realistisch (14) und alle geben an, dass die Objekte geometrisch korrekt erschienen (15) und sie einen dreidimensionalen Eindruck der dargestellten Szene hatten (16).

*Experiment.* Die fünf Aussagen zum Experiment wurden ebenfalls auf der 5-stufigen Skala bewertet (-2= nicht zutreffend, -1= eher nicht zutreffend, 0= weder noch, 1= eher zutreffend, 2= zutreffend). Zehn Versuchspersonen (83,3%) gaben an, die Objekte gut ergreifen zu können (Modalwert: 1, 2; $\chi^2_4$= 10,5, p< 0,05). Das Fokussieren der Objekte fiel allen leicht (Modalwert 2; $\chi^2_4$= 25,5, p< 0,01) und die eigene Hand hat den 3D-Eindruck nur bei zwei Versuchspersonen zerstört (Modalwert -1; $\chi^2_4$= 7,2, p= 0,13). Die Aussage „In der Realität hätte ich die Würfel anders gegriffen" wird von sieben Versuchspersonen (58,3%) bejaht (Modalwert: 2; $\chi^2_4$= 3,8, p= 0,43) und zehn Versuchspersonen (83,3%) geben an, dass ihnen haptisches Feedback gefehlt hat (Modalwert: 1, 2; $\chi^2_4$= 9,7, p< 0,05).

**Vergleich zwischen realem und virtuellem Greifen**

Um das virtuelle Greifen mit einer realen Greifbewegung zu vergleichen, wurde für eine Auswahl an Parametern (Bewegungszeiten, Durchschnittsgeschwindigkeit und Höchstwerte, vgl. Tabelle 4.16, S.172) eine multivariate Varianzanalyse mit vergleichbaren Daten aus der Untersuchung zum Greifen im realen Raum (Experiment 1, Anhebebedingung, rechte Hand, mittlere Quadergröße) und aus dem Positionsperturbationsexperiment (Kalibrierung, mittlere Quaderposition, siehe Tabelle 4.18, S.180) durchgeführt. Die Objekte unterscheiden sich nicht in ihrer Größe (4 x 4cm) und die Greifdistanz betrug in beiden Experimenten 40 cm.

Die Ergebnisse zeigen signifikante Unterschiede für die Gesamtbewegungszeit (mt), die Zeit zwischen dem Erreichen der Höchstgeschwindigkeit und der Höchstabbremsung (mt3), die Zeit zwischen dem Erreichen der Höchstabbremsung und dem Bewegungsende (mt4) und die maximale Apertur (pa).

Die Gesamtbewegungszeit ist beim Ergreifen eines virtuellen Objektes (mt: 1348,9 ms) deutlich - um über 600 ms - länger als beim Ergreifen eines realen Objektes (mt: 712,9 ms; $F(1,18)= 17,6$, $p< 0,01$). Diese Verlängerung tritt allerdings erst nach dem Erreichen der Höchstgeschwindigkeit auf. Die Zeit bis zum Erreichen der Höchstbeschleunigung (mt1: virtuell 190,9 ms vs. real 184,1 ms) und die Zeit zwischen Höchstbeschleunigung und Höchstgeschwindigkeit (mt2: virtuell 208,2 ms vs. real 187,8 ms) unterscheiden sich statistisch nicht. Betrachtet man hingegen die Zeit zwischen dem Erreichen der Höchstgeschwindigkeit und der Höchstabbremsung (mt3), so zeigt sich hier ein geringer, aber signifikanter Unterschied (mt3: virtuell 206,6 ms vs. real 169,7 ms; $F(1,18)= 5,7$, $p< 0,05$), der allerdings nicht den Unterschied in der Gesamtbewegungszeit erklären kann. Dieser lässt sich fast ausschließlich auf die letzte Bewegungsphase (mt4) zwischen Höchstabbremsung und Bewegungsende zurückführen, die in der virtuellen Bedingung (743,2 ms) über viermal so lange dauert wie in der realen Bedingung (171,3 ms).

Des Weiteren unterscheiden sich das reale und das virtuelle Greifen signifikant im Parameter maximale Apertur. Beim Ergreifen des realen Quaders wird eine Apertur von 10,1 cm erreicht und beim Ergreifen des virtuellen Quaders ein Wert von 11,7 cm ($F(1,18)= 16,4$, $p< 0,05$). Bezüglich der Durchschnittsgeschwindigkeit, der Höchstgeschwindigkeit, der Höchstbeschleunigung und der Höchstabbremsung zeigen sich keine signifikanten Unterschiede.

### 4.3.3.3 Diskussion

Ziel war es, das Positionsperturbationsexperiment von Paulignan et al. aus dem Jahr 1991 in einer virtuellen Umgebung zu replizieren und dabei einerseits Erkenntnisse bezüglich der visuomotorischen Kontrolle von Greifbewegungen im Allgemeinen und andererseits Informationen über das Ergreifen eines virtuellen Gegenstandes mit der realen Hand zu erhalten. Des Weiteren wurde in einem zusätzlichen Schritt das Greifen nach einem virtuellen Objekt mit einer vergleichbaren Bedingung aus der Untersuchung zum Greifen im realen Raum (vgl. S.57, ff) verglichen. Da es in virtuellen Applikationen zu Verzerrungen in der Tiefenwahrnehmung kommt (vgl. Untersuchungen zur Tiefenwahrnehmung im virtuellen Raum, S.82, ff) wurde auch in diesem Experiment in einer einfachen Zeigeaufgabe ermittelt, wo die Versuchspersonen die dargebotenen Objekte wahrnehmen. Da Objektmanipulationen in der virtuellen Realität keine physikalischen Grenzen gesetzt sind, stellt eine virtuelle Umgebung eine ideale Untersuchungsumgebung für Perturbationsexperimente dar. Allerdings liegen bis heute wenig experimentelle Befunde vor, die das Greifen im virtuellen Raum beschreiben. Eine Studie von Kuhlen (1998) hat gezeigt, dass Greifen ohne haptisches Feedback möglich ist, jedoch eine höhere Anforderung darstellt als reales auf haptischem Feedback basierendes Greifen. Im vorliegenden Experiment wurde ebenfalls ohne haptisches Feedback gegriffen und in den perturbierten Durchgängen änderte sich die Objektposition nach dem Bewegungsstart von einer mittleren Position nach rechts oder links. Die Daten aus den Vortests (MLS und TAP) zeigen, dass es sich bei den Versuchspersonen um eine unauffällige Stichprobe mit dem Alter angemessenen feinmotorischen und attentionalen Leistungen handelte.

EINFACHE GREIFBEWEGUNGEN NACH VIRTUELLEN OBJEKTEN AN DREI POSITIONEN
Die Daten aus den Kalibrierungstrials, in denen einfache Greifbewegungen zu drei verschiedenen Positionen ausgeführt wurden, zeigen einen deutlichen Positionseffekt in einer Vielzahl von Parametern in der Transport- und der Greifkomponente, der nicht erwartet wurde, da die Greifdistan-

## 4.3 Greifen im virtuellen Raum

zen für alle drei Objekte konstant waren. Das Greifen nach links, also in Richtung der Körpermitte, dauert kürzer (Gesamtbewegungszeit, Zeit zwischen Höchstbeschleunigung und Höchstgeschwindigkeit, Zeit zwischen Höchstabbremsung und Bewegungsende) als das Greifen in die Mitte und das Greifen nach rechts. Dies ließe sich durch die Bewegung in Richtung Körpermitte erklären, die aus psychomotorischer Sicht schneller ausgeführt werden kann (vgl. z.B. Schmitdke und Stier, 1960; Heuer, 1981). Dagegen sprechen aber der signifikant niedrigere Wert für die durchschnittliche Geschwindigkeit und die niedrigeren Höchstwerte bezüglich der Beschleunigung, Geschwindigkeit und Abbremsung. Wenn die Bewegung nach links „schneller" ausgeführt würde, dann müsste die Durchschnittsgeschwindigkeit dementsprechend erhöht sein und damit auch die Höchstwerte in der Trajektorie. Dies ist aber nicht der Fall. Eine Erklärung für dieses Ergebnismuster liefern die Parameter „Distanz" und „Weg", die angeben wie weit sich das Handgelenk von der Startposition bis zum abgeschlossenen Griff bewegt hat. Auch hier zeigt sich ein deutlicher - unerwarteter - Positionseffekt. Die Bewegung nach links ist kürzer als die Bewegungen in die Mitte und nach rechts. Das erklärt die geringere Bewegungszeit mit einer niedrigeren Durchschnittsgeschwindigkeit. Die Versuchspersonen haben eine kürzere Entfernung zurückgelegt. Basierend auf dieser Erkenntnis wurde überprüft, ob für die berechneten Distanzparameter (Distanz bis zur Erreichung der Höchstbeschleunigung, Distanz bis zur Erreichung der Höchstgeschwindigkeit, Distanz bis zur Erreichung der Höchstabbremsung und Distanz bis zur Erreichung der maximalen Apertur) die Effekte stabil bleiben, wenn die entsprechenden Abweichungen in den Greifdistanzen berücksichtigt werden. Es konnte gezeigt werden, dass auch nach der Korrektur Effekte für drei der vier Parameter auftreten. Nur der Unterschied in der Distanz bis zur Erreichung der Höchstgeschwindigkeit verschwindet. Somit konnte belegt werden, dass nicht allein die Entfernungsfehleinschätzung für die Unterschiede in den Distanzparametern verantwortlich sind, sondern psychomotorische Effekte der Objektposition zu einem veränderten Greifmuster führen.

Werden zusätzlich die Unterschiede in der maximalen Apertur betrachtet, die beim Ergreifen des linken Objekts deutlich größer sind, obwohl es sich um gleichgroße Objekte handelte, so liegt der Schluss nahe, dass einher-

gehend mit der Unterschätzung der Greifdistanz eine Überschätzung der Objektgröße erfolgte. Der linke Würfel wurde näher beim Betrachter und gleichzeitig größer wahrgenommen. Dafür spricht auch die deskriptiv größere Apertur bei abgeschlossenem Griff (Endpunktapertur).
Bezieht man an dieser Stelle die Ergebnisse zur Tiefenwahrnehmung in die Betrachtungen mit ein, so ergibt sich auf den ersten Blick ein inkonsistentes Bild. Die Zeigeaufgabe repliziert die bekannten Effekte aus der Untersuchung zur Tiefenwahrnehmung im virtuellen peripersonalen Raum (S.128, ff). Je näher das virtuelle Objekt in Richtung Betrachter dargeboten wird, das heißt, je weiter es von der Projektionsfläche entfernt ist, desto größer sind die Überschätzungen der Distanz. Vergleicht man diese Abweichungen mit den gemessenen Greifdistanzen, so ergibt sich hier eine Diskrepanz. Wenn die Versuchspersonen mit ihrer Hand ein virtuelles Objekt ergreifen müssen, dann sind geringfügige Unterschätzungen der Distanz bei der Bewegung nach links zu beobachten. Die skalierte Greifdistanz betrug 40 cm und wie die Daten aus Tabelle 4.18 zeigen, liegen die durchschnittlich erreichten Greifdistanzen sowohl in den Kalibrierungsdurchgängen als auch in den Perturbationsdurchgängen für den linken Quader 5 - 5,5% unter 40 cm. Für die Quader an der mittleren und rechten Position, die sich näher an der Projektionsoberfläche befanden, wurden Überschätzungen der Greifdistanz aufgezeichnet (Mitte: ca. 9%, rechts: ca. 14%). Bezieht man an dieser Stelle die Überlegungen zum Akkommodation-Konvergenz-Konflikt (S.84, ff) in die Interpretation dieser Abweichungen mit ein, scheint es so zu sein, dass sich die Distanzwahrnehmung in der virtuellen Applikation abhängig von der motorischen Aufgabe unterscheidet und der Akkommodation-Konvergenz-Konflikt im Falle des Greifens geringere Auswirkungen hat. Diese Erkenntnisse sind bei der Interpretation der Daten aus den Experimentaltrials, die im nächsten Abschnitt diskutiert werden, zu berücksichtigen. Die Frage, ob es sich bei den gefundenen Unterschieden in den motorischen Parametern um motorische Effekte, die auf die Objektposition, bzw. Perturbation, zurückzuführen sind, oder um Effekte, die auf die unterschiedliche Distanzwahrnehmung zurück gehen, handelt, darf nicht vernachlässigt werden.

POSITIONSPERTURBATIONEN IM VIRTUELLEN RAUM

In den 80 experimentellen Durchgängen perturbierte die Würfelposition in 50% der Fälle entweder nach rechts oder nach links. Die Gesamtbewegungszeit war - wie erwartet - in den perturbierten Durchgängen deutlich länger als in den Durchgängen, in denen sich die Würfelposition nicht veränderte. Die Analyse der einzelnen Bewegungsphasen zeigt, dass sich diese Bewegungszeitverlängerung primär auf eine verlängerte Abbremsphase zurückführen lässt. Für die links-perturbierten Trials beträgt diese Verlängerung etwa 200 ms, für die rechts-perturbierten Trials über 300 ms. Dieses Ergebnis spiegelt die klassischen Ergebnisse von Paulignan et al. (1991a) wider, allerdings betrug dort die Gesamtbewegungszeitverlängerung nur etwa 100 ms. Die Tatsache, dass die Bewegungszeit bei einer Perturbation nach rechts deutlich länger ist als bei einer Perturbation nach links, kann einerseits wie bei Paulignan et al. (1991a) durch die höhere Komplexität der motorischen Reorganisation erklärt werden. Bei den rechts-perturbierten Durchgängen muss das Agonist-Antagonist-Muster der Muskelkontraktion von einer Flexion von Ellenbogen und Handgelenk auf eine Extension umgekehrt werden. Andererseits war die Bewegung nach rechts räumlich länger, was sich natürlich auch auf die Bewegungszeit auswirkt.

Obwohl Paulignan et al. (1991a) von einer Dauer von 250 - 290 ms für die Handgelenkkorrektur berichteten, verlängerte sich die Gesamtbewegungszeit nur um 100 ms. Dies wird auf eine Verschiebung der Beschleunigungs- und Geschwindigkeitspeaks zurückgeführt. Ein solches Muster konnte in der virtuellen Replikation nicht beobachtet werden. Ein Grund dafür ist zum einen, dass die Perturbationen nicht direkt nach Bewegungsstart, wie bei Paulignan (1991a,b), sondern, wie die Analyse der Lichtschrankendurchbrechung zeigt, etwa 340 ms nach Bewegungsstart, also kurz vor dem Erreichen der Höchstgeschwindigkeit, auftreten. Die Höchstbeschleunigung und auch die Höchstgeschwindigkeit bleiben also von den Perturbationen unbeeinflusst, zumal die Positionsveränderung erst visuell verarbeitet werden muss, bevor es zu einer motorischen Reaktion kommen kann. Wird davon ausgegangen, dass die visuomotorische Integrationszeit etwa 100 ms beträgt, so kann in diesem Experiment ein Effekt der Perturbation erst nach mindestens 440 ms zwischen dem Erreichen der Höchstgeschwindigkeit und dem Erreichen der Höchstabbremsung auftreten. Die Daten belegen, dass sich die Höchstwerte für die Beschleunigung, Geschwindigkeit und Abbremsung in den experimentellen Bedingungen (M→M, M→L, M→R) nicht voneinander unterscheiden und auch ihr Auftreten in der räumlich-zeitlichen Trajektorie keine Rückschlüsse auf den Einfluss der Positionsperturbation zulässt. Bei der Betrachtung der Durchschnittsgeschwindigkeit zeigt sich in den perturbierten Durchgängen eine niedrigere Geschwindigkeit als in den Kontrolltrials, die sowohl mit der kürzeren Gesamtbewegungszeit, als auch mit dem kürzeren Weg, der in den nicht perturbierten Durchgängen zurückgelegt wird, korrespondiert. Der dreidimensionale Weg ist logischer Weise bei der geraden, ungestörten Bewegung deutlich kürzer als bei den Bewegungen nach links und rechts. Die Wegdifferenz links beträgt weniger als 2 cm. Bei einer Positionsänderung nach rechts verlängert sich der Weg indes um ca. 6 cm. Dies könnte alleine auf die Überschätzung der Entfernung des rechten Quaders zurückzuführen sein, da die Distanzwerte den gleichen Positionseffekt wie in den Kalibrierungstrials zeigen. Das linke Objekt wird deutlich näher wahrgenommen als die beiden anderen. Die Analyse der Geradlinigkeit der Bewegung zeigt allerdings deutlich den Einfluss der Perturbation. Der Quotient aus Weg und Distanz (Straightness) ist bei der ungestörten Bewegung deutlich höher. Auch die sich in der maximalen Apertur abzeichnende Größenüberschätzung aus den Kalibrierungstrials repliziert sich in den Experimentaltrials. Wie zuvor ist die maximale Apertur beim linken Quader am größten.

Werden zusätzlich die Punkte in der Trajektorie an denen die maximale Apertur erreicht wird betrachtet, so unterscheiden sich diese, sowohl räumlich (Distanz und Weg), als auch zeitlich zwischen den Kontrolltrials und den perturbierten Trials. Der Höchstwert der Apertur wird in den Kontrolltrials früher erreicht. Das weißt darauf hin, dass die Positionsperturbation nicht nur die Transportkomponente, sondern auch die Greifkomponente beeinflusst. Dies spricht, wie die Ergebnisse aus früheren Studien (vgl. Paulignan et al., 1991a, b; Paulignan et al., 1997; Castiello et al., 1998; Dubrowski et al., 2002), nicht für eine Unabhängigkeit der beiden visuomotorischen Kanäle, die für die Steuerung des menschlichen Greifens verantwortlich sind, sondern für eine Interdependenz.

VERGLEICH ZWISCHEN VIRTUELLEM UND REALEM GREIFEN
Einen weiteren Aspekt, den die Daten aus dieser Studie beleuchten sollten, war der Vergleich zwischen dem Greifen nach einem virtuellen Objekt und dem Greifen nach einem realen Objekt. Hierzu wurden vergleichbare Daten aus der Untersuchung zum Greifen im realen Raum (siehe S.57, ff) mit den Daten aus der aktuellen Studie verglichen. Ganz allgemein kann die Aussage getroffen werden, dass das virtuelle Greifen dem realen Greifen sehr ähnlich ist. Unterschiede zeichnen sich in der Gesamtbewegungszeit und der maximalen Apertur ab.

Das Ergreifen des realen Objektes ist deutlich schneller als das Ergreifen des virtuellen Objektes. Dieses Ergebnis entspricht nicht den Befunden von Kuhlen (1998), der keinen Unterschied bezüglich der Gesamtbewegungszeit fand. Ausschlaggebend für diesen Unterschied sind Bewegungszeitverlängerungen in den letzten beiden Bewegungsphasen nach dem Erreichen der Höchstgeschwindigkeit. Die Zeit zwischen Höchstgeschwindigkeit und Höchstabbremsung ist in der virtuellen Bedingung um 22% erhöht und die Zeit zwischen Höchstabbremsung und Bewegungsende um 335%. Ob es sich bei dieser immensen Verlängerung der Abbremsphase um einen reinen Effekt des fehlenden haptischen Feedbacks handelt, kann an dieser Stelle nicht eindeutig beantwortet werden. Aus früheren Studien ist bekannt (z.B. Marteniuk et al., 1987), dass sich die Abbremsphase beim Ergreifen von fragilen Objekten (z.B. Glühbirne) um etwa 17% verlängert. Dies lässt sich darauf zurückführen, dass die Fragilität des Objekts ein „behutsameres" Zugreifen erforderlich macht, was sich in einer Verlängerung der letzten Bewegungsphase niederschlägt. Der hier beobachtete Unterschied ist jedoch wesentlich größer.

Ein weiterer Grund könnte in der technischen Realisierung des virtuellen Greifens liegen. Der abgeschlossene Griff kann im virtuellen Raum nur innerhalb der Trajektorie anhand eines definierten Endes festgestellt werden. In diesem Punkt unterscheiden sich die Definitionen des Bewegungsendes in den beiden durchgeführten Studien. In der Realität wurde festgelegt, dass die Greifbewegung beendet ist, wenn die erste vertikale Objektbewegung registriert wurde. In der virtuellen Realität endete die Greifbewegung nach dem Durchbrechen der Boundingbox, nachdem eine Handgelenkgeschwindigkeit unter 3 cm/s registriert wurde. Dieser Wert wurde zwar in Anleh-

nung an die Daten aus der Untersuchung zum Greifen im realen Raum bestimmt, um eine möglichst hohe Vergleichbarkeit zu gewährleisten, es ist aber dennoch möglich, dass dieser Definitionsunterschied einen Anteil der Bewegungszeitverlängerung erklären könnte.
Bezüglich des Unterschieds in der maximalen Apertur konnten die Ergebnisse von Kuhlen (1998) repliziert werden. Auch er fand bei 62,5% seiner Versuchspersonen eine größere maximale Apertur beim virtuellen Greifen. Hier stellt sich die Frage, ob dies ein „virtueller" motorischer Effekt ist oder ob die größere Greiföffnung auf die auftretenden Verzerrungen in der Tiefenwahrnehmung zurückzuführen sind.

SUBJEKTIVE BEURTEILUNGEN
Die subjektiven Urteile bezüglich der Erfahrung im virtuellen Raum fallen wie in den Untersuchungen zur Tiefenwahrnehmung sehr positiv aus. Die Versuchspersonen berichten wie zuvor nur in wenigen Fällen von leichten körperlichen Beschwerden und hatten das Gefühl, in einem virtuellen Raum zu sein, konnten sich diesen vorstellen und beurteilten die Qualität der Darstellung als zufrieden stellend. Sie verloren allerdings nicht die externale Bewusstheit. Die virtuelle Erfahrung bereitete ihnen Vergnügen und die wenigsten Versuchspersonen waren enttäuscht. Der subjektive Eindruck der Tiefe und der Dreidimensionalität war vorhanden. Bezüglich des Greifens im virtuellen Raum fällt das Urteil ebenfalls gut aus, allerdings fehlt 10 von 12 Versuchspersonen die haptische Rückmeldung, wenn explizit danach gefragt wird.

## 4.3.4 Größenperturbationen im virtuellen Raum

Die zweite Studie zum Thema Greifen im virtuellen Raum beschäftigt sich mit Größenperturbationen und deren Einfluss auf die Kontrolle von Hinlang- und Greifbewegung. Als experimentelle Grundlage diente die Studie von Paulignan et al. (1991b), allerdings wurde das experimentelle Design um eine mittlere Objektgröße erweitert. Im Gegensatz zur vorangegangen Studie wurde in diesem Experiment die Objektgröße perturbierte, was hinsichtlich einer zu erwartenden Konfundierung der Daten durch Verzerrungen in der Tiefenwahrnehmung den Vorteil hat, dass die Objekte an derselben Position dargeboten werden. Das zu ergreifende virtuelle Objekt vergrößerte oder verkleinerte sich nach Bewegungsanfang. Außerdem soll erneut ein Vergleich zwischen dem Greifen nach realen Gegenständen und dem Greifen nach virtuellen Objekten zeigen, ob sich die gefundenen Effekte aus dem entsprechenden Vergleich in der Positionsperturbationsstudie replizieren lassen.

Neben den Greifaufgaben mussten die Versuchspersonen die Kurzform der MLS (S.48), drei Aufgaben der TAP (S.53) und eine Zeigeaufgabe in Anlehnung an die Untersuchung zur Tiefenwahrnehmung im peripersonalen Raum (S.128) ausführen.

Die Größenperturbationen sollten sich in Anlehnung an die Ergebnisse aus früheren Studien auf die Greifkomponente auswirken. Im Sinne der Abhängigkeit der Transport- und der Greifkomponente voneinander wird ein Einfluss auf die Transportkomponente jedoch nicht ausgeschlossen.

Es wird angenommen, dass die Ergebnisse zur Tiefenwahrnehmung im peripersonalen Raum konsistent mit den früheren Befunden sind (vgl. S.93, S.133, S.178), das heißt, dass auch hier Überschätzungen der dargebotenen Distanz sowohl in der Zeigeaufgabe, als auch in den Bewegungsdistanzen auftreten. Letztere sollten sich in der gleichen Größenordnung bewegen wie die aus der mittleren Bedingung aus dem Positionsperturbationsexperiment (ca. 9%) und sich nicht von den entsprechenden Daten unterscheiden, da die Quader an der gleichen Position dargeboten werden.

Aufgrund der Ergebnisse aus dem Nachbefragungsbogen aus dem Positionsperturbationsexperiment (S.188) wird davon ausgegangen, dass die Versuchspersonen das Gefühl haben, das virtuelle Objekt ergreifen zu können, ihnen aber gleichzeitig das haptische Feedback fehlt.

### 4.3.4.1 Methode

**Aufgabe** - Die Aufgabe der Versuchspersonen bestand darin, virtuelle Holzquader mittels eines Präzisionsgriffs (vgl. Greifklassifikation nach Cutkosky und Howe (1990), Abbildung 2.3) zu ergreifen. Die Quader hatten eine Höhe von 10 cm und eine Grundfläche von 2 x 2 cm, 4 x 4 cm und 8 x 8 cm und waren wie in der vorangehenden Untersuchung in Anlehnung an die realen Holzquader aus der Untersuchung zum Thema Greifen im realen Raum modelliert (vgl. Abbildung 4.13, S.170). Wieder zeigte ein 1 cm-breiter grüner Streifen im oberen Teil der Quader an, wo die Versuchspersonen die Objekte mit Daumen und Zeigefinger „berühren" sollten. Der mittlere Quader (4 x 4 cm) entsprach dem aus dem Positionsperturbationsexperiment und diente als Ausgangsbasis für die Größenperturbationen.

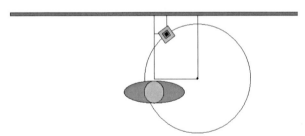

**Abbildung 4.14:** *Größenperturbationsexperiment: Versuchsaufbau aus der Vogelperspektive (schwarz= 2x2 cm, dunkelgrau= 4x4 cm, hellgrau= 8x8 cm)*

Die Quader wurden mit der gleichen Orientierung an einer Position dargeboten (siehe Abbildung 4.14). Diese Position entspricht der mittleren Position aus dem Positionsperturbationsexperiment und ist in der horizontalen Ebene 29,0 cm von der Startposition entfernt. Die dreidimensionale Entfernung beläuft sich auf 40,0 cm.

## 4.3 Greifen im virtuellen Raum

Im ersten Teil des Experiments (Kalibrierungstrials) mussten die Versuchspersonen einfache Greifbewegungen zu jeweils einer der Quadergrößen ausführen. Sobald ein Quader in der virtuellen Szene erschien sollten sie so schnell und akkurat wie möglich nach ihm greifen. Ein erfolgreiches Ergreifen wurde durch ein Verfärben des Quaders angezeigt. Nach diesem visuellen Feedback führten die Versuchspersonen die Hand zurück zur Startposition und warteten auf den nächsten Durchgang. Zur Registrierung eines erfolgreichen Griffs dienten Boundingboxen, die die Objekte umschlossen und auf eine Kollision mit dem Handgelenkmarker reagierten. Die Boundingboxen waren der jeweiligen Objektgröße angepasst (M: Breite: 20 cm, Höhe: 15 cm, Tiefe: 25 cm, K: Breite: 16 cm, Höhe: 15 cm, Tiefe: 21 cm, G: Breite: 28 cm, Höhe: 15 cm, Tiefe: 33 cm). Im zweiten Teil des Experiments (Perturbationstrials) bestand die Aufgabe der Versuchspersonen darin, den 4 x 4 cm Quader zu ergreifen, der allerdings in 50% der Durchgänge kurz nach Verlassen der Startposition seine Größe änderte und in 25% der Fälle kleiner (M→K-Perturbationen) und in den restlichen 25% der Durchgänge größer (M→G-Perturbationen) wurde. Die Perturbation wurde durch eine „Lichtschranke" ausgelöst, die auf den Handgelenkmarker reagierte. In den perturbierten Trials musste die Greifbewegung der neuen Objektgröße angepasst werden.

**Apparatur** - Die verwendete Apparatur entspricht der aus der vorangegangenen Untersuchung (siehe S.170). Die virtuelle Umgebung wurde mit einem Stereobeamer (Auflösung 1024*768 Pixel) auf einer Rückwandprojektionsfläche (240 cm x 180 cm) projiziert und die Bewegungen mit einem optischen Trackingsystem (Qualisys-System, 30 Hz) registriert. Reflektierende Marker befanden sich an der Brille, dem Handgelenk und an Daumen und Zeigefinger der Versuchsperson.

**Unabhängige und abhängige Variablen** - Zur Analyse der einfachen Greifbewegungen aus dem ersten Teil des Experiments wurden als unabhängige Variable die Quadergröße (2 x 2 cm (K), 4 x 4 cm (M), 8 x 8 cm(G)) verwendet. Die Art der Perturbation (keine (M→M), klein (M→K), groß (M→G)) diente als unabhängige Variable bei der Analyse der Daten aus dem zweiten

Teil des Experiments. Die Bewegungsparameter aus Tabelle 4.16 und die Reaktionszeiten gehen als abhängige Variablen in die Datenanalyse ein.

**Teilnehmer** - An dem Experiment nahmen 10 Personen teil, fünf Männer und fünf Frauen im Alter zwischen 22 und 35 Jahren (mittleres Alter 28,2). Alle Versuchspersonen waren Rechtshänder (Oldfield Handedness Inventory, Oldfield, 1971). Die Ergebnisse des Sehtest belegen normale Sehfähigkeiten. Die Fernsicht liegt bei durchschnittlich 1,3 (sd= 0,1), die Nachsicht bei 1,3 (sd= 0,1) und die binokulare Fähigkeit bei 79,5% (sd= 21,1).

**Prozedur** - Die Untersuchung dauerte pro Versuchsperson etwa 75 Minuten. Als erstes füllten die Versuchspersonen ein Datenblatt aus, das neben dem Edinburgh Inventory (Oldfield, 1971) zur Bestimmung der Händigkeit auch demographische Daten (Alter, Geschlecht, Schulbildung) erfasste. Danach bearbeiteten die Versuchspersonen drei Aufgaben (Alertness, Verdeckte Aufmerksamkeitsverschiebung und Augenbewegungen) aus der Testbatterie zur Aufmerksamkeitsprüfung (TAP) und die Kurzform der Motorischen Leistungsserie (MLS) nach Sturm und Büsing. Bevor dann das Experiment erklärt wurde, wurden der Augenabstand mit einem Augenabstandsmessgerät der Firma NIDEK und die Sehfähigkeit bestimmt. Zur Ermittlung der Sehfähigkeit dienten drei Aufgaben des TITMUS Vision Testers (1, 4 und 9).

Nachdem alle Vortests abgeschlossen waren, wurden den Versuchspersonen zwei einzelne Marker auf die Nägel von Daumen und Zeigefinger geklebt. Außerdem zogen sie einen 6DOF-Marker an, der an einem elastischen Band befestigt war, so dass der Mittelpunkt des Markers über dem Griffelfortsatz am distalen Ende der Speiche (= Processus styloideus radii) positioniert war (vgl. Abbildung 3.2, S.47) und die passive Stereobrille, die ebenfalls mit einer 6DOF-Marker-Konfiguration beklebt war.

Die Versuchspersonen nahmen auf einem Stuhl mit Kinnstütze Platz, der 56,5 cm von der Projektionsfläche entfernt stand (mittlerer Akkommodationsabstand 63,4 cm (sd= 2,5), ermittelt aus den Daten der Brille, Minimum: 61 cm, Maximum: 70 cm). Während des Experimentes mussten sie den Kopf auf die Kinnstütze legen. Somit war gewährleistet, dass nur kleine

Kopfbewegungen ausgeführt werden konnten und der Akkommodationsabstand konstant blieb. Wie in dem vorangegangenen Experiment mussten die Versuchspersonen bevor die Greifaufgaben durchgeführt wurden, anzeigen, wo sie den virtuellen Quader wahrnehmen. Die angezeigte Distanz wurde von dem Versuchsleiter mit einem Maßband gemessen und notiert.
Der erste Teil des Experimentes bestand aus 60 Kalibrierungstrials, in denen die Versuchspersonen jeweils 20-mal in Folge nach einem der Quader in den drei verschiedenen Größen (4 x 4 cm, 2 x 2 cm, 8 x 8 cm) greifen mussten. Dann folgten die randomisierten Perturbationstrials. 40-mal perturbierte die Größe nicht (M→M) und jeweils 20-mal änderte sich die Größe, nachdem die Versuchsperson die Hinlangbewegung begonnen hatte und das Handgelenk die Lichtschranke durchbrach. Der 4 x 4 cm große Quader wurde entweder kleiner (25% M→K-Perturbationen) oder größer (25% M→G-Perturbationen).

*Motorische Leistungsserie.* Die Subtests Steadiness, Liniennachfahren, Aiming und Tapping der Kurzform der MLS von Sturm und Büssing (S2) wurden von allen Versuchspersonen vor dem Experiment bearbeitet (siehe Kapitel Allgemeiner Methodenteil, Motorische Leistungsserie, S.48). Der Vollständigkeit halber erfolgte die Bearbeitung wiederum mit der rechten und der linken Hand, obwohl zum Vergleich der feinmotorischen Fähigkeiten mit den Greifbewegungen nur die Ergebnisse der rechten Hand herangezogen werden.

*Testbatterie zur Aufmerksamkeitsprüfung.* Da attentionalen Aspekte auch bei Größenperturbationen eine Rolle spielen und die Greifdaten hier ebenfalls mit zu Grunde liegenden Aufmerksamkeitsprozessen verglichen werden sollen, wurden drei Tests der TAP (Alertness, Augenbewegungen und Verdeckte visuelle Aufmerksamkeitsverschiebung) bearbeitet. Gleichzeitig soll anhand der Aufmerksamkeitsdaten die Vergleichbarkeit der Versuchspersonen hinsichtlich ihrer Aufmerksamkeitsleistung gewährleistet werden. Zur Auswertung der Aufmerksamkeitsleistung werden zusätzlich die Reaktionszeiten in den verschiedenen Bedingungen herangezogen.

*Sehtest.* Wie in den vorangegangenen Untersuchungen wurde mit dem TITMUS Vision Tester die Fernsichtigkeit beidäugig (Untertest 1), die Fähigkeit zur Stereotiefenwahrnehmung (Untertest 4) und die Kurzsichtigkeit beidäugig (Untertest 9) geprüft.

*Nachbefragung.* Es wurde der gleiche Nachbefragungsbogen wie in dem Positionsperturbationsexperiment verwendet (vgl. S.175).

**Analyse der Daten**
Von den 1400 aufgezeichneten Durchgängen wurden 45 (3,2%) anhand der folgenden Kriterien von der Analyse ausgeschlossen:

- Gesamtbewegungszeit unter 500 ms bzw. über 3000 ms
- maximale Apertur kleiner als 5 cm bzw. größer als 30 cm
- Endpunktapertur kleiner als 3 cm bzw. größer als 20 cm
- fehlende Geschwindigkeits- und Beschleunigungswerte
- Durchschnittsgeschwindigkeit größer als 100 cm/s
- Höchstgeschwindigkeit größer als 200 cm/s$^2$

Die ausgeschlossenen Durchgänge traten unsystematisch über alle Bedingungen und Versuchspersonen auf.

### 4.3.4.2 Ergebnisse

Im Folgenden werden die Ergebnisse des Größenperturbationsexperiments in den Abschnitten Vortests (MLS, TAP), Tiefenwahrnehmung, motorische Daten und subjektive Daten beschrieben. Der Ergebnisteil schließt mit einem Vergleich zwischen realem Greifen (Daten aus der Untersuchung zum Thema Greifen im realen Raum, S.57, ff) und virtuellem Greifen.

**Vortests** – Auch in diesem Experiment zeigen die Daten aus der motorischen Leistungsserie (MLS) in der Kurzform von Sturm und Büssing dem

Alter angemessene feinmotorische Fähigkeiten. Die Ergebnisse liegen im mittleren bis überdurchschnittlichen Bereich. Die T-Werte (Mittelwerte und Standardabweichungen) für die rechte Hand, die für verschiedene Parameter in den vier verwendeten Aufgaben ausgegeben werden, sind in Tabelle 4.21 aufgelistet.

| Parameter | Mittelwert | Standardabweichung |
|---|---|---|
| Aiming Gesamtdauer | 58,8 | 9,0 |
| Steadiness Fehlerzahl | 54,1 | 7,7 |
| Steadiness Fehlerdauer | 49,9 | 8,8 |
| Liniennachfahren Fehlerzahl | 62,8 | 6,6 |
| Liniennachfahren Fehlerdauer | 59,8 | 10,2 |
| Liniennachfahren Gesamtdauer | 43,4 | 10,9 |
| Tapping Treffer | 50,0 | 10,4 |

**Tabelle 4.21**: *Größenperturbationsexperiment (n= 10): mittlere T-Werte (M= 50, sd= 10) und Standardabweichungen aus den Aufgaben der motorischen Leistungsserie (S2)*

Die Reaktionszeiten, die mit der Testbatterie zur Aufmerksamkeitsprüfung (TAP) erhoben wurden, zeigen ebenfalls keine Auffälligkeiten in der Stichprobe. Allerdings profitieren die Versuchspersonen in der Alertnessaufgabe nicht von dem Warnton ($F(1,9)= 3,0$, $p= 0,12$). Die Daten aus der Aufgabe Verdeckten Aufmerksamkeitsverschiebung zeigen keinen Unterschied zwischen den Richtungen (links und rechts) und kein Unterschied innerhalb der validen und invaliden Bedingungen. Die Interaktion zwischen Richtung und Hinweisreiz ist hypothesenkonform signifikant ($F(1,9)= 20,2$, $p< 0,01$). Die Versuchspersonen reagieren also in den Durchgängen mit validem Hinweisreiz schneller als in invaliden Durchgängen. Die Auswertung des Subtests Augenbewegungen zeigt für die Einzelreizdarbietung, dass die Versuchspersonen auf den in der Mitte dargebotenen Reiz schneller reagieren als auf die Targetposition links ($t9= 2,9$, $p< 0,05$), allerdings keine signifikanten Unterschiede zwischen der Mitte und der rechten Position ($t9= -1,8$, $p= 0,10$) und den beiden peripheren Positionen ($t9= 0,2$, $p= 0,87$) auftreten.

**Tiefenwahrnehmung** - Der Abstand von der Versuchsperson zu den dargebotenen Quadern betrug 43,5 cm (berechnet auf der Basis der mittleren Akkommodationsdistanz von 63,4 cm). Wie in der Untersuchung zur Tiefenwahrnehmung und in der vorangegangenen Untersuchung trat auch in diesem Experiment in der Zeigeaufgabe eine mittlere Überschätzung der

Entfernung von 17,6% auf. Dieses Ergebnis ist konsistent mit den früheren Befunden. Vergleicht man des Weiteren die Greifdistanzen aus dem Positionsperturbationsexperiment (Würfelgröße 4 x 4 cm) mit den Greifdistanzen für die entsprechende Würfelgröße aus diesem Experiment, so zeigen sich keine signifikanten Unterschiede in den Kalibrierungstrials (F(1,20)= 1,0, p= 0,33) und den Experimentaltrials (F(1,20)= 1,3, p= 0,27). In dem Positionsperturbationsexperiment beläuft sich die Überschätzung auf ca. 9%, in der vorliegenden Studie für die gleiche Würfelgröße auf ca. 12%.

**Experiment**

*Reaktionszeiten.* In diesem Experiment beträgt die mittlere Reaktionszeit über alle Bedingungen 328,6 ms (sd= 70,2). Messwiederholte Varianzanalysen für die Kalibrierungstrials mit dem Faktor Größe (M, K, G) und für die Perturbationstrials mit dem Faktor Perturbation (M→M, M→K, M→G) zeigen keinen Effekt in den Kalibrierungstrials, aber einen signifikanten Effekt in den Perturbationstrials (F(2,8)= 5,2, p< 0,05). Hier unterscheiden sich die Reaktionszeiten zwischen den M→M-Durchgängen und den M→G-Perturbationen (t9= 2,7, p< 0,05) um knapp 15 ms. Ein Vergleich aller Bedingungen liefert ebenfalls einzig diesen Unterschied.

*Motorische Daten.* Ein Überblick über die 26 motorischen Parameter wird in Tabelle 4.22 gegeben. Hier sind neben den Mittelwerten und Standardabweichungen (in Klammern) aus den Kalibrierungs- und Perturbationsdurchgängen, die Parameter gekennzeichnet, in denen sich signifikante Effekte gezeigt haben. Zur Datenanalyse wurden messwiederholte Varianzanalysen und t-Tests verwendet, deren Ergebnisse in den nächsten beiden Abschnitten separat für die Kalibrierungstrials (M, K, G) und die Experimentaltrials (M→M, M→K, M→G) vorgestellt werden.

*Kalibrierungstrials.* Die Aufgabe der Versuchspersonen bestand im ersten Teil des Experimentes darin, in geblockten Durchgängen jeweils 20-mal nach den verschieden großen Quadern zu greifen (Grundfläche 4 x 4 cm (M) vs. 2 x 2 cm (K) vs. 8 x 8 cm (G)). Signifikante Effekte für den Faktor Größe zeigen sich in den messwieder-

## 4.3 Greifen im virtuellen Raum

| Parameter | Kalibrierung M | K | G | sig. | Experiment M→M | M→K | M→G | sig. |
|---|---|---|---|---|---|---|---|---|
| mt | 1142,5 (154,3) | 1134,7 (181,9) | 1120,0 (158,4) | | 1102,3 (131,1) | 1135,7 (150,9) | 1191,4 (107,0) | ** |
| mt1 | 180,7 (19,1) | 183,3 (21,4) | 180,6 (25,2) | | 185,0 (20,6) | 180,0 (23,3) | 180,4 (27,5) | |
| mt2 | 162,1 (30,4) | 164,5 (34,4) | 167,7 (45,6) | | 154,1 (33,7) | 154,7 (35,1) | 160,7 (21,7) | |
| mt3 | 189,4 (27,1) | 189,4 (30,6) | 180,1 (25,1) | | 185,1 (35,0) | 185,6 (29,2) | 186,9 (36,5) | |
| mt4 | 610,4 (131,2) | 597,5 (147,0) | 591,6 (149,7) | | 578,0 (88,3) | 615,4 (114,2) | 663,3 (66,6) | ** |
| av | 54,6 (9,2) | 55,1 (9,4) | 54,5 (9,0) | | 57,6 (9,8) | 55,6 (9,5) | 53,3 (8,4) | ** |
| pacc | 711,2 (166,0) | 721,3 (215,4) | 691,7 (216,9) | | 781,6 (298,6) | 781,1 (287,5) | 774,7 (293,4) | |
| pv | 139,6 (25,9) | 143,7 (30,5) | 138,3 (28,9) | * | 149,8 (36,6) | 149,2 (35,6) | 147,4 (34,4) | |
| pd | 555,7 (160,6) | 558,6 (174,9) | 544,0 (173,8) | | 620,0 (232,2) | 621,6 (234,4) | 633,7 (217,4) | |
| d | 44,6 (2,4) | 45,5 (3,1) | 43,9 (3,3) | ** | 44,8 (3,3) | 45,3 (3,4) | 43,9 (3,4) | ** |
| w | 46,8 (2,2) | 47,1 (3,1) | 45,9 (3,3) | | 46,5 (3,5) | 47,0 (3,5) | 46,4 (4,0) | ** |
| s | 0,95 (0,01) | 0,97 (0,01) | 0,96 (0,01) | * | 0,96 (0,01) | 0,96 (0,01) | 0,95 (0,02) | |
| pa | 14,4 (5,0) | 9,9 (3,8) | 19,0 (5,7) | ** | 13,1 (5,0) | 12,9 (5,1) | 15,1 (3,1) | |
| ea | 7,6 (1,2) | 5,3 (0,6) | 11,8 (1,4) | ** | 7,7 (0,8) | 5,4 (0,5) | 12,7 (0,9) | ** |
| dpacc | 6,1 (1,5) | 6,1 (1,4) | 6,2 (1,8) | | 6,8 (1,3) | 6,6 (1,2) | 6,4 (1,1) | |
| dpv | 20,3 (2,6) | 20,7 (2,5) | 20,3 (1,7) | | 20,5 (2,5) | 20,4 (2,4) | 21,0 (2,7) | |
| dpd | 35,6 (3,5) | 36,1 (3,5) | 34,9 (3,5) | | 36,0 (3,3) | 36,0 (3,8) | 36,5 (3,3) | |
| dpa | 35,8 (2,3) | 32,2 (5,3) | 37,6 (4,6) | * | 34,9 (6,1) | 33,3 (6,0) | 41,9 (3,7) | ** |
| wpacc | 6,2 (1,5) | 6,1 (1,4) | 6,2 (1,8) | | 6,9 (1,3) | 6,6 (1,2) | 6,5 (1,1) | |
| wpv | 20,5 (2,7) | 20,9 (2,5) | 20,5 (1,7) | | 20,7 (2,5) | 20,5 (2,3) | 21,2 (2,7) | |
| wpd | 36,3 (3,4) | 36,7 (3,5) | 35,5 (3,5) | | 36,6 (3,2) | 36,5 (3,8) | 37,0 (3,2) | |
| wpa | 36,6 (2,5) | 32,7 (5,4) | 38,4 (4,6) | * | 35,5 (6,3) | 33,7 (6,0) | 43,3 (4,1) | ** |
| tpacc | 180,7 (19,1) | 183,3 (21,4) | 180,6 (25,2) | | 185,0 (20,6) | 180,0 (23,3) | 180,4 (27,5) | |
| tpv | 342,8 (37,0) | 347,8 (42,4) | 348,3 (39,3) | | 339,1 (49,2) | 334,7 (46,3) | 341,2 (44,2) | |
| tpd | 532,2 (47,0) | 537,2 (59,7) | 528,5 (55,9) | | 524,2 (78,8) | 520,3 (73,0) | 528,1 (76,5) | |
| tpa | 569,8 (153,2) | 507,7 (121,6) | 633,5 (147,7) | * | 562,0 (149,7) | 494,9 (104,0) | 849,5 (154,1) | ** |

**Tabelle 4.22:** Größenperturbationsexperiment (n= 10): Mittelwerte und Standardabweichungen in Klammern, sowie die Kennzeichnung multivariater Effekte für die Kalibrierungsdurchgänge (M= 4 x 4 cm, K= 2 x 2 cm, G= 8 x 8 cm) und Perturbationsdurchgänge (M→M= keine Perturbation, M→K= Perturbation von 4 x 4 cm nach 2 x 2 cm, M→G= Perturbation von 4 x 4 cm nach 8 x 8 cm)

holten ANOVAs für die Höchstgeschwindigkeit (pv: $F(2,8)= 6,1$, $p< 0,05$), die Distanz (d: $F(2,8)= 10,3$, $p< 0,01$), die Straightness (s: $F(2,8)= 5,1$, $p< 0,05$), die maximale Apertur (pa: $F(2,8)= 18,9$, $p< 0,01$), die Endpunktapertur (ea: $F(2,8)= 19,2$, $p< 0,01$), die Distanz bis zur Erreichung der maximalen Apertur (dpa: $F(2,8)= 5,4$, $p< 0,05$), den Weg bis zur Erreichung der maximalen Apertur (wpa: $F(2,8)= 5,9$, $p< 0,05$) und die Zeit bis zur Erreichung der maximalen Apertur (tpa: $F(2,8)= 5,6$, $p< 0,05$).

Paarweise Vergleiche zeigen für die Höchstgeschwindigkeit einen signifikanten Unterschied zwischen der kleinen (2 x 2 cm) und der großen (8 x 8 cm) Bedingung ($t9= 3,5$, $p< 0,01$). Sie ist beim Ergreifen des kleinen Quaders höher. Bezüglich der Distanz, die zwischen Startpunkt und abgeschlossenen Griff liegt, wird der Unterschied zwischen dem kleinen und dem großen Quader ebenfalls signifikant ($t9= 4,5$, $p< 0,01$), als logische Konsequenz aus der Tatsache, dass die Hand beim Ergreifen des kleinen Quaders eine längere Strecke zurücklegen muss, da alle Quader an derselben Position dargeboten wurden. Ein Vergleich der aufgezeichneten Bewegungsdistanzen und der skalierten Distanz von 40 cm zeigt außerdem für alle Quadergrößen eine Überschätzung der Entfernung (M: $t9= 6,1$, $p< 0,01$; K: $t9= 5,7$, $p< 0,01$; G: $t9= 3,7$, $p< 0,01$), wie sie auf Basis der Daten aus dem Perturbationsexperiment erwartet wurde.

Die Geradlinigkeit der Bewegung (Straightness) unterscheidet sich zwischen der mittleren und kleinen Quadergröße ($t9= 3,2$, $p< 0,05$). Die Analyse der Parameter, die sich auf die Öffnung zwischen Daumen und Zeigefinger (Apertur) beziehen, legen nahe, dass die Greifkomponente sehr akkurat der virtuellen Quadergröße angepasst werden konnte. Die maximal erreichte Apertur (pa) und die Endpunktapertur (ea) steigen mit zunehmender Quadergröße an und unterscheiden sich in allen Bedingungskombinationen signifikant voneinander (pa: K vs. M $t9= -4,9$, $p< 0,01$; M vs. G: $t9= -3,8$, $p< 0,01$; K vs. G: $t9= -6,3$, $p< 0,01$; ea: K vs. M $t9= -11,8$, $p< 0,01$; M vs. G $t9= -11,6$, $p< 0,01$, K vs. G $t9= -19,2$, $p< 0,01$). Räumlich (dpa und wpa) und zeitlich (tpa) wird die maximale Apertur deskriptiv beim Ergreifen des großen Quaders am spätesten erreicht. Paarweise Vergleiche zeigen für die Distanz (dpa) signifikante Unterschiede zwischen der kleinen und der mittleren ($t9= -2,5$, $p< 0,05$), sowie der großen Größe ($t9= -3,5$, $p< 0,01$). Dasselbe Muster ergibt sich für den Weg bis zur Erreichung der ma-

## 4.3 Greifen im virtuellen Raum

ximalen Apertur (wpa: K vs. M t9= -2,7, p< 0,05; K vs. G t9= -3,6, p< 0,01). Die Zeit bis zur Erreichung der maximalen Apertur unterscheidet sich allerdings nur signifikant zwischen dem kleinen und dem großen Quader (t9= -3,1, p< 0,05). Bei dem großen Quader wird sie ca. 125 ms später in der Trajektorie erreicht. Korrigiert man hier die Distanz bis zur Erreichung der maximalen Apertur in dem man die prozentuale Abweichung der Distanz vom vorgegebenen Wert (40 cm) einberechnet, so bleibt der Größeneffekt stabil (F(2,8)= 9,3, p< 0,01). Es ergeben sich 31,6 cm (sd= 2,9) für den mittleren Quader, 27,8 cm (sd= 5,3) für den kleinen Quader und 33,7 cm (sd= 2,6) für den großen Quader, mit signifikanten Unterschieden zwischen allen Bedingungskombinationen.

*Experimentaltrials.* Im zweiten Teil des Experimentes mussten die Versuchspersonen 80 Greifbewegungen ausführen. In 50% der Durchgänge perturbierte die Quadergröße und entweder wurde der 4 x 4 cm Quader um die Hälfte kleiner (M→K- Perturbationen) oder verdoppelte seine Größe (M→G-Perturbationen), sobald das Handgelenk die Lichtschranke passierte. Anhand messwiederholter Varianzanalysen wurde berechnet, ob der Faktor Perturbation (M→M, M→K, M→G) einen Einfluss auf die motorischen Parameter hat.

| Parameter | Perturbation | | | F(2,8) | p-Wert |
|---|---|---|---|---|---|
| | M→M | M→K | M→G | | |
| Zeit bis Lichtschranke auslöst (ms) | 313,8 (45,5) | 306,2 (45,7) | 309,6 (43,2) | 3,9 | 0,07 |
| Distanz bis Lichtschranke auslöst (cm) | 14,1 (2,1) | 13,5 (2,0) | 13,7 (1,7) | 2,8 | 0,12 |
| Weg bis Lichtschranke auslöst (cm) | 14,3 (2,1) | 13,7 (2,1) | 13,9 (1,8) | 2,8 | 0,12 |

**Tabelle 4.23:** *Größenperturbationsexperiment (n= 10): Mittelwerte, Standardabweichungen in Klammern, F-Werte und p-Werte für die Zeiten, Distanzen und Wege bis zur Auslösung der Lichtschranke (M→M= keine Perturbation, M→K= Perturbation von 4 x 4 cm nach 2 x 2 cm, M→G= Perturbation von 4 x 4 cm nach 8 x 8 cm)*

Wie im vorangegangenen Experiment zeigt die Analyse der Zeiten, Distanzen und Wege bis die Lichtschranke durchbrochen wird, keine Unterschiede zwischen den drei Bedingungen (Tabelle 4.23).
Die mittlere Zeit bis die Perturbation ausgelöst wird liegt bei 309,9 ms. Die

mittlere Distanz bei 13,8 cm und der mittlere Weg bei 14,0 cm. Die räumlichen Werte entsprechen denen aus dem Positionsperturbationsexperiment. Aus technischer Sicht konnten die Daten also repliziert werden. Zeitlich gesehen bewegten sich die Versuchspersonen in dem Größenperturbationsexperiment um durchschnittlich 32,5 ms schneller bis sie die Lichtschranke erreicht haben. Vergleicht man den Zeitpunkt zu dem die Lichtschranke die Perturbation ausgelöst hat mit den Bewegungsphasen (vgl. Tabelle 4.22), so tritt in diesem Experiment die Veränderung der Quadergröße durchschnittlich 28,5 ms vor dem Erreichen der Höchstgeschwindigkeit auf. Dieser Wert lag im vorangegangenen Experiment bei 32,6 ms.

Die Varianzanalysen mit Messwiederholung und dem Faktor Perturbation (M→M vs. M→K vs. M→G) zeigen einen signifikanten Effekt für die Gesamtbewegungszeit ($F(2,8)= 31,5$, $p< 0,01$) mit signifikanten Unterschieden zwischen der Bedingung M→M und den M→K-Perturbationen ($t9= -5,0$, $p< 0,01$), bzw. den M→G-Perturbationen ($t9= -3,2$, $p< 0,01$). Die Umprogrammierung der Bewegung kostet bei einer Verkleinerung durchschnittlich 33,4 ms und bei einer Vergrößerung 89,1 ms. Betrachtet man die vier Bewegungsphasen (mt 1-4), so erklärt sich die Verlängerung der Gesamtbewegungszeit durch die signifikanten Unterschiede in der Abbremsphase (mt4: Zeit zwischen Erreichen der Höchstabbremsung und abgeschlossenem Griff). Für diesen Parameter ergibt sich ein signifikanter Effekt von $F(2,8)= 23,4$ mit $p< 0,01$ und paarweise Vergleiche zeigen signifikante Unterschiede zwischen den nicht perturbierten Durchgängen und den M→K- ($t9= -3,5$, $p< 0,01$), bzw. den M→G-Perturbationen ($t9= -4,2$, $p< 0,01$). Eine weitere Erklärung für die verlängerte Gesamtbewegungszeit in den perturbierten Durchgängen liefern die Unterschiede in der mittleren Geschwindigkeit (av: $F(2,8)= 21,1$, $p< 0,01$). Die einfache Bewegung (M→M) ist schneller als die Bewegungen in den perturbierten Durchgängen (M→M vs. M→K: $t9= 4,3$, $p< 0,01$; M→M vs. M→G: $t9= 5,5$, $p< 0,01$). Außerdem zeigt sich, dass die M→K-Perturbationen eine durchschnittlich schnellere Bewegung hervorrufen als die M→G-Perturbationen ($t9= -2,5$, $p< 0,05$). Die Distanzen (d), die während der Greifbewegung zurückgelegt werden, unterscheiden sich abhängig von der Objektgröße ($F(2,8)= 18,0$, $p< 0,01$).

## 4.3 Greifen im virtuellen Raum

Sie nehmen wie in den Kalibrierungstrials mit zunehmender Quadergröße ab (M→M vs. M→K: t9= -4,6, p< 0,01; M→M vs. M→G: t9= 5,5, p< 0,01; M→K vs. M→G: t9= 6,4, p< 0,01). Die Distanzwerte aus den Kalibrierungsdurchgängen und den experimentellen Durchgängen unterscheiden sich nicht. Bezüglich des dreidimensionalen Weges (w) zeigt sich ebenfalls ein Größeneffekt (F(2,8)= 19,6, p< 0,01). Hier unterscheiden sich die M→M-Durchgänge signifikant von den M→K-Perturbationen (t9= -6,2, p< 0,01).

Wie schon in den Kalibrierungsdurchgängen sind die Versuchspersonen in der Lage, die Öffnung zwischen Daumen und Zeigefinger am Ende des Griffes (ea) der entsprechenden Quadergröße anzupassen (F(2,8)= 225,3, p< 0,01). Der kleine Quader ruft die kleinste Endpunktapertur hervor, die sich signifikant sowohl von der mittleren (t9= -13,8, p< 0,01) als auch von der großen Quadergröße unterscheidet (t9= -22,1, p< 0,01). Der Unterschied zwischen den M→M-Durchgängen und den M→G-Perturbationen bezüglich dieses Parameters ist ebenfalls signifikant (t9= -17,1, p< 0,01). Vergleicht man zusätzlich die Endpunktapertur für die jeweilige Quadergröße zwischen den Kalibrierungsdurchgängen und den Experimentaldurchgängen, so zeigen sich keine signifikanten Unterschiede. Bezüglich der maximalen Apertur zeigt sich innerhalb der Experimentaldurchgänge ebenfalls ein Einfluss der Perturbationen, der allerdings nur auf dem 10%-Niveau signifikant wird (F(2,8)= 4,3, p= 0,06). Analysiert man hier ebenfalls die Unterschiede zu den Kalibrierungstrials, so zeigt sich, dass sich die maximale Greiföffnung für die mittlere Quadergröße nicht unterscheidet, aber Unterschiede für die kleine und die große Größe festzustellen sind. Die maximale Apertur ist in den M→K-Durchgängen größer als in den K-Durchgängen und umgekehrt in den M→G kleiner als in den G-Durchgängen. Die Analysen der Zeit (tpa: F(2,8)= 29,9, p< 0,01), der Distanz (dpa: F(2,8)= 10,3, p< 0,01) und des Wegs (wpa: F(2,8)= 11,1, p< 0,01), die zurückgelegt werden bis die maximale Apertur erreicht ist, liefern ein konsistentes Bild. Korrigiert man hier den Distanzparameter, so bleibt der Effekt stabil (dpa (korrigiert): F(2,8)= 14,1, p< 0,01). Die Mittelwerte der M→M- und der M→K-Durchgänge unterscheiden sich nicht. In den M→G-Perturbationen wird die maximale Apertur am spätesten in der Trajektorie erreicht. Paarweise Vergleiche zeigen signifikante Unterschiede zwischen den M→G-

Perturbationen und den M→M-Durchgängen (tpa: t9= 7,8, p< 0,01; dpa: t9= 4,1, p< 0,01; wpa: t9= 4,3, p< 0,01), sowie zwischen den M→G- und den M→K-Perturbationen (tpa: t9= 7,2, p< 0,01; dpa: t9= 4,7, p< 0,01; wpa: t9= 4,9, p< 0,01).

**Subjektive Daten**
Im Folgenden werden die subjektiven Daten aus den drei thematischen Bereiche des Nachbefragungsbogen (körperliche Beschwerden, Virtuelle Erfahrung, Experiment) vorgestellt.

*Körperliche Beschwerden.* Zwei Versuchspersonen (20%, ein Mann und eine Frau) berichteten von körperlichen Beschwerden ($\chi^2_1$= 3,6, p< 0,06). Eine klagte über leichten Schwindel und die Zweite gab leichten Schwindel und leichte Augen- und Kopfschmerzen an.

*Virtuelle Erfahrung.* Die bereits im vorangehenden Experiment verwendeten 16 Aussagen zur virtuellen Erfahrung sind inklusive Mittelwerten, Modalwerten, Chi$^2$-Werten und p-Werten in Tabelle 4.24 aufgelistet.

Alle Versuchspersonen hatten das Gefühl, in einem virtuellen Raum zu sein (1) und nicht nur Bilder zu sehen, wie im Kino oder TV (2). Sie konnten sich den virtuellen Raum vorstellen (3) und hatten den Eindruck, in die virtuelle Szene hineingreifen zu können (5). Bezüglich der Einschätzung des Realismus des virtuellen Raumes (4a) und der dargestellten Objekte (4b) zeigt sich, dass im Mittel die Objekte als realistischer beurteilt werden. Insgesamt fällt die subjektive Einschätzung des Presenceempfindens positiv aus. Die beiden Aussagen zur externalen Bewusstheit liefern in diesem Experiment kein klares Bild. Die Hälfte der Versuchspersonen gibt an, dass ihnen die reale Umgebung nicht mehr bewusst war (6), allerdings sagen 70%, dass sie jederzeit wussten, dass sie sich in einem realen Raum befinden (7). Alle Versuchspersonen konnten die virtuelle Welt klar und deutlich sehen (8) und die Qualität der Darstellung wird von 70% als gut bewertet. Die Dimension Vergnügen zeigt, dass niemand enttäuscht von der virtuellen Erfahrung war (10) und alle die Aussage „Die virtuelle Erfahrung hat

## 4.3 Greifen im virtuellen Raum

| Dimension | Aussage | Mittelwert | Modalwert | Chi$^2$-Wert | p |
|---|---|---|---|---|---|
| Presence | (1) Ich hatte das Gefühl, in einem virtuellen Raum zu sein. | 1,8 | 2 | 24,0 | <,01 |
| | (2) Ich hatte das Gefühl, nur Bilder zu sehen, wie im Kino oder TV. | -1,7 | -2 | 19,0 | <,01 |
| | (3) Ich konnte mir den virtuellen Raum vorstellen. | 1,3 | 1 | 19,0 | <,01 |
| | (4a) Der virtuelle Raum erschien mir realistisch. | 0,5 | 1 | 13,0 | <,05 |
| | (4b) Die dargestellten Objekte erschienen mir realistisch. | 0,8 | 0; 1; 2 | 4,0 | 0,41 |
| | (5) Ich hatte den Eindruck, das ich mit der Hand in die virtuelle Welt hinein langen und ein Objekt greifen/berühren konnte. | 1,4 | 1 | 16,0 | <,01 |
| externale Bewusstheit | (6) Die reale Umgebung - das Labor - war mir nicht mehr bewusst. | 0,2 | -1; 1 | 7,0 | 0,14 |
| | (7) Ich war mir jeder Zeit bewusst, dass ich mich in einem realen Raum - in einem Labor - befinde. | 1,1 | 2 | 7,0 | 0,14 |
| Qualität | (8) Ich habe die virtuelle Welt klar und deutlich gesehen. | 1,5 | 1; 2 | 15,0 | <,01 |
| | (9) Die Qualität der Darstellung war gut. | 0,6 | 1 | 11,0 | <,05 |
| Vergnügen | (10) Ich war enttäuscht von der Erfahrung im virtuellen Raum. | -1,7 | -2 | 19,0 | <,01 |
| | (11) Die virtuelle Erfahrung hat mich fasziniert. | 1,0 | 1 | 40,0 | <,01 |
| | (12) Ich fühlte mich in der virtuellen Welt wohl. | 0,9 | 0 | 7,0 | 0,14 |
| Bewegungsfreiheit | (13) Es viel mir leicht, mich in dem virtuellen Raum umzuschauen. | 1,4 | 1 | 16,0 | <,01 |
| Tiefenwahrnehmung | (14) Der Tiefeneindruck war realistisch. | 1,6 | 2 | 16,0 | <,01 |
| | (15) Die Objekte in der virtuellen Realität erschienen geometrisch korrekt. Sie hatten die richtige Größe und Entfernung zu mir. | 1,5 | 1; 2 | 15,0 | <,01 |
| | (16) Ich hatte einen dreidimensionalen Eindruck von den dargestellten Umgebung und den Objekten. | 1,6 | 2 | 16,0 | <,01 |

**Tabelle 4.24:** *Größenperturbationsexperiment (n= 10): Mittelwerte und Modalwerte für die Aussagen des Nachbefragungsbogens bezüglich der virtuellen Realität inklusive Chi$^2$-Werten und p-Werten (5-stufige Skala: -2= nicht zutreffend, -1= eher nicht zutreffend, 0= weder noch, 1= eher zutreffend, 2= zutreffend)*

mich fasziniert" (11) mit eher zutreffend beurteilt haben. Die Bewegungsfreiheit (13) war gewährleistet und bezüglich der Tiefenwahrnehmung zeigt sich, dass alle Versuchspersonen subjektiv einen realistischen Tiefeneindruck hatten (14), die Geometrie der Objekte als korrekt wahrgenommen wurde (15) und ein dreidimensionaler Eindruck der dargestellten Umgebung und der Objekte vorhanden war (16).

*Experiment.* Die Bewertung der fünf Aussagen zum Experiment erfolgte wiederum anhand der bekannten 5-stufigen Skala (-2= nicht zutreffend, -1= eher nicht zutreffend, 0= weder noch, 1= eher zutreffend, 2= zutreffend). Alle Versuchspersonen konnten die Objekte gut ergreifen (Modalwerte: 1, 2; $\chi^2_4$= 15,0, p< 0,01) und sie fokussieren (Modalwert 2, $\chi^2_4$= 16,0, p< 0,01). Die eigene Hand hat bei einer Versuchsperson den 3D-Eindruck zerstört (Modalwert -1, $\chi^2_4$= 8,0, p= 0,09). Die Hälfte der Versuchspersonen gibt an, die Quader in der Realität nicht anders zu greifen (Modalwerte -1, 1; $\chi^2_4$= 15,0, p< 0,01) und neun Versuchspersonen (90%) sagen, dass ihnen haptisches Feedback gefehlt hat (Modalwert: 1; $\chi^2_4$= 17,0, p< 0,01).

**Vergleich zwischen realem und virtuellem Greifen**
Um die virtuellen Greifbewegungen aus dieser Studie mit realen Greifbewegungen zu vergleichen, wurden für die gleiche Auswahl an Parametern wie im vorangegangenen Experiment (Bewegungszeiten, Durchschnittsgeschwindigkeit und Höchstwerte, vgl. Tabelle 4.16, S.172) multivariate Varianzanalysen mit den Daten aus der Untersuchung zum Greifen im realen Raum (Experiment 1, Anhebebedingung, rechte Hand, kleine (2 x 2 cm), mittlere (4 x 4 cm) und große Quadergröße (8 x 8 cm)) mit den entsprechenden Daten aus dem Größenperturbationsexperiment (Kalibrierung, kleine (2 x 2 cm), mittlere (4 x 4 cm) und große Quadergröße (8 x 8 cm), siehe Tabelle 4.22, S.205) durchgeführt. Die Objekte unterscheiden sich nicht in ihrer Größe und die Greifdistanz betrug jeweils 40 cm.
Im Folgenden werden die Ergebnisse in drei Abschnitten beschrieben, die sich nach der Objektgröße gliedern.
*Klein (2 x 2 cm).* Beim Ergreifen des kleinen Quaders zeigen sich signifikante Unterschiede in der Gesamtbewegungszeit (mt), der Zeit zwischen

## 4.3 Greifen im virtuellen Raum

dem Erreichen der Höchstabbremsung und dem Bewegungsende (mt4) und der erreichten Höchstgeschwindigkeit (pv). Die Gesamtbewegungszeit ist in der virtuellen Bedingung (1134,7 ms) um mehr als 400 ms länger als in der realen Bedingung (720,1 ms; $F(1,16)= 30,3$, $p< 0,01$). Dieser Unterschied geht wie im Vergleich im vorangegangenen Experiment auf den deutlichen Unterschied in der letzten Bewegungsphase (mt4) zurück, der sich auf 408,1 ms beläuft (mt4: virtuell 597,5 ms vs. real 189,4 ms; $F(1,16)= 50,7$, $p< 0,01$). Die anderen Bewegungsphasen (mt1, mt2 und mt3) unterscheiden sich statistisch nicht (mt1: virtuell 183,3 ms vs. real 177,8 ms; mt2: virtuell 164,5 ms vs. real 183,1 ms; mt3: virtuell 189,4 ms vs. real 169,7 ms). Allerdings ist die Höchstgeschwindigkeit beim realen Greifen deutlich geringer (pv: virtuell 143,7 cm/s vs. real 102,7 cm/s; $F(1,16)= 13,0$, $p< 0,01$). Gleiches gilt deskriptiv für die Höchstabbremsung (pd: virtuell 558,6 cm/s$^2$ vs. real 432,9 cm/s$^2$; $F(1,16)= 3,3$, $p= 0,09$).

*Mittel (4 x 4 cm).* Wenn die Versuchspersonen nach der mittleren Quadergröße greifen, unterscheiden sich das virtuelle und das reale Greifen in den Parametern Gesamtbewegungszeit (mt), Zeit zwischen dem Erreichen der Höchstabbremsung und dem Bewegungsende (mt4), Höchstgeschwindigkeit (pv) und maximale Apertur (pa).

Auch hier ist die Gesamtbewegungszeit beim virtuellen Greifen (1142,5 ms) um über 400 ms länger als beim realen Greifen (712,9 ms). Wiederum geht die Bewegungszeitverlängerung auf die letzte Bewegungsphase zurück. Mt4 ist in der virtuellen Bedingung deutlich länger (mt4: virtuell 610,4 ms vs. real 171,3 ms; $F(1,16)= 58,8$, $p< 0,01$). Die geringen Unterschiede in den anderen Bewegungsphasen werden nicht signifikant (mt1: virtuell 180,7 ms vs. real 184,1 ms; mt2: virtuell 162,1 ms vs. real 187,8 ms; mt3: virtuell 189,4 ms vs. real 169,7 ms). Die Höchstgeschwindigkeit ist wie bei der kleinen Quadergröße beim realen Greifen geringer (pv: virtuell 139,6 cm/s vs. real 100,4 cm/s; $F(1,16)= 58,8$, $p< 0,01$). Bezüglich der Höchstabbremsung zeigt sich ebenfalls deskriptiv ein höherer Abbremswert im virtuellen Raum (pd: virtuell 555,7 cm/s$^2$ vs. real 438,2 cm/s$^2$; $F(1,16)= 3,3$, $p= 0,09$). Die maximale Apertur beläuft sich in der realen Bedingung auf durchschnittlich 10,1 cm, wohingegen sie in der virtuellen Bedingung einen Wert von 14,4 cm erreicht ($F(1,16)= 5,7$, $p< 0.05$).

*Groß (8 x 8 cm).* Beim Ergreifen des größten Quaders treten zwischen dem virtuellen und dem realen Greifen die schon bekannten signifikante Unterschiede in der Gesamtbewegungszeit (mt), der Zeit zwischen dem Erreichen der Höchstabbremsung und dem Bewegungsende (mt4), der Höchstgeschwindigkeit (pv) und der maximalen Apertur (pa) auf. Die Gesamtbewegungszeit ist in der virtuellen Bedingung wieder um über 400 ms länger als in der realen (mt: virtuell 1120,0 ms vs. real 684,6 ms; $F(1,16)= 36,3$, $p< 0.01$) und ausschlaggebend dafür ist die verlängerte Abbremsphase (mt4: virtuell 591,6 ms vs. real 169,9 ms; $F(1,16)= 45,0$, $p< 0.01$). Signifikante Unterschiede in den anderen drei Bewegungsphasen zeigen sich nicht (mt1: virtuell 180,6 ms vs. real 171,9 ms; mt2: virtuell 167,7 ms vs. real 171,6 ms; mt3: virtuell 180,1 ms vs. real 171,3 ms). Die Höchstgeschwindigkeit ist wie bei den beiden anderen Quadergrößen beim realen Greifen deutlich geringer als beim virtuellen Greifen (pv: virtuell 138,3 cm/s vs. real 95,0 cm/s; $F(1,16)= 16,6$, $p< 0,01$), das Gleiche gilt deskriptiv für die Werte der Höchstabbremsung (pd: virtuell 544,0 cm/s$^2$ vs. real 436,6 cm/s$^2$; $F(1,16)= 2,7$, $p= 0,12$). Die maximale Apertur ist auch bei dem großen Quader in der virtuellen Realität größer als im realen Raum (pa: virtuell 19,0 cm vs. real 13,8 cm; $F(1,16)= 6,3$, $p< 0,05$).

### 4.3.4.3 Diskussion

Ziel war es, das Größenperturbationsexperiment von Paulignan et al. aus dem Jahr 1991 in einer virtuellen Umgebung inhaltlich zu replizieren und dabei einerseits Erkenntnisse bezüglich der visuomotorischen Kontrolle von Greifbewegungen im Allgemeinen und andererseits weitere Informationen über das Ergreifen eines virtuellen Gegenstandes mit der realen Hand zu erhalten. Im Gegensatz zu der Studie von Paulignan et al. (1991) wurden drei verschiedene Quadergrößen verwendet, so dass die Größenperturbation immer von einer mittleren Objektgröße ausging. Außerdem wurde in einem zusätzlichen Schritt das Greifen nach virtuellen Objekten mit vergleichbaren Bedingungen aus der Untersuchung zum Greifen im realen Raum (vgl. S.57, ff) verglichen. Es wurde wieder ohne haptisches Feedback gegriffen und in den perturbierten Durchgängen verkleinerte bzw. vergrößerte sich die Objektgröße nach dem Bewegungsstart. Die motorischen (MLS) und attentionalen Daten (TAP) aus den Vortests zeigen, dass es sich bei den Versuchspersonen um eine unauffällige Stichprobe mit dem Alter angemessenen Leistungen handelte.

Bezüglich der Tiefenwahrnehmung sollte eine einfache Zeigeaufgabe wie im Positionsperturbationsexperiment belegen, wo die Versuchspersonen die dargebotenen Objekte wahrnehmen und ein Vergleich mit den schon vorhanden Daten sollte darüber hinaus zeigen, dass die Effekte konsistent sind. Die Konfundierung der Daten durch verschiedene Greifdistanzen sollte in diesem Experiment insgesamt geringer ausfallen als in dem Positionsperturbationsexperiment, da die Objekte an der gleichen Position dargeboten wurden.

EINFACHE GREIFBEWEGUNGEN NACH DREI VERSCHIEDEN GROSSEN VIRTUELLEN OBJEKTEN

Die Daten aus den Kalibrierungstrials, in denen einfache Greifbewegungen zu drei verschiedenen Objektgrößen durchgeführt wurden, zeigen keine signifikanten Unterschiede in den Bewegungsphasen (mt1 bis mt4) oder der Gesamtbewegungszeit. Die Objektgröße hat dementsprechend keinen Einfluss auf das zeitliche Muster der Greifbewegung. Der einzige motorische Unterschied in der Transportkomponente zeigt sich zwischen dem Ergreifen des kleinen und dem Ergreifen des großen Objektes im Parameter Höchstgeschwindigkeit. Der erreichte Wert liegt bei dem kleinen Objekt um 5,4 mm/s (knapp 4%) höher. Des Weiteren unterscheiden sich die Greifdistanzen minimal voneinander, was wie bei Paulignan et al. (1991b) damit zusammenhängt, dass die Objektmittelpunkte gleich waren und somit der kleine Quader die längste Bewegung hervorruft.

Wie erwartet beeinflusst die Objektgröße die Greifkomponente (Aperturparameter). Sowohl die maximale Apertur als auch die Endpunktapertur werden den virtuellen Objektgrößen angepasst. Bezüglich des Auftretens der maximalen Apertur konnte gezeigt werden, dass diese sowohl zeitlich als auch räumlich später in der Trajektorie auftritt, je größer das Objekt ist. Dies entspricht einer Reihe von Befunden aus der Realität (vgl.

z.B. Marteniuk et al., 1990; Paulignan et al., 1991b; Servos et al., 1992; Paulignan et al., 1997).

GRÖSSENPERTURBATIONEN IM VIRTUELLEN RAUM
In den 80 experimentellen Durchgängen perturbierte die Würfelgröße in 50% der Fälle entweder von mittel nach klein (M→K) oder von mittel nach groß (M→G). Die Gesamtbewegungszeit war in den perturbierten Durchgängen länger als in den Durchgängen, in denen sich die Würfelgröße nicht veränderte. Damit einhergehend lag die Durchschnittsgeschwindigkeit in den nicht-perturbierten Durchgängen ebenfalls höher. Dies spricht für eine Beeinflussung der Transportkomponente durch die Größenperturbation. Die Analyse der einzelnen Bewegungsphasen zeigt, wie bei Paulignan et al. (1991b), dass sich die Bewegungszeitverlängerung primär auf eine verlängerte Abbremsphase zurückführen lässt. Für die M→K-Trials beträgt diese Verlängerung etwa 37 ms, für die M→G-Trials etwa 85 ms.
Wie in den Kalibrierungstrials wirkt sich die Objektgröße auch in den experimentellen Durchgängen minimal auf die Greifdistanz aus. Da die drei verschieden großen Objekte an derselben Position standen, erhöht sich die Greifdistanz um durchschnittlich 1,4 cm mit abnehmender Würfelgröße. Bezüglich des zurückgelegten dreidimensionalen Weges zeigt sich indes nur ein längerer Weg in den M→K-Durchgängen, der aber ebenfalls auf die Würfelgröße zurückgeführt werden kann.
Da in diesem Experiment die Objektgröße manipuliert wurde und diese als intrinsische Objekteigenschaft vorwiegend für die Greifkomponente von Belang ist, zeigt sich der Einfluss der Größe vor allem in den Aperturparametern. Hinsichtlich der maximalen Apertur treten deskriptiv größenabhängige Unterschiede auf, die allerdings statistisch nicht bedeutsam sind. Interessant ist hier allerdings, dass sich die maximalen Aperturwerte für den kleinen Quader und den großen Quader zwischen den Kalibrierungsdurchgängen und den Experimentaldurchgängen unterscheiden. Perturbiert die Objektgröße von 4 x 4 cm auf 2 x 2 cm (M→K-Durchgänge) so orientiert sich die maximale Apertur eher an der mittleren Objektgröße und ist um 3 cm größer als in den kleinen Kalibrierungsdurchgängen. Für die M→G-Durchgänge tritt ein ähnliches Phänomen auf. Die maximale Apertur ist

in den perturbierten Durchgängen um fast 4 cm kleiner als in den einfachen Greifbewegungen zum großen Quader. Auch hier scheint die mittlere Quadergröße ausschlaggebend für die Programmierung der Greiföffnung zu sein. Zeitlich tritt die maximale Apertur wie in den Kalibrierungsdurchgängen mit zunehmender Objektgröße später in der Trajektorie auf. Setzt man das Auftreten der Perturbation (Auslösen der Lichtschranke) in Relation zum Erreichen der maximalen Apertur, so zeigt sich für die kleine Objektgröße ein Wert von etwa 190 ms und für die große Objektgröße ein Wert von etwa 540 ms. Da die perturbierten Durchgänge sich hinsichtlich der Gesamtbewegungszeit nicht unterscheiden, sieht man deutlich, dass bei größeren Objekten die maximale Apertur sehr spät, erst kurz vor dem Bewegungsende erreicht wird (vgl. z.B. Marteniuk et al., 1990; Paulignan et al., 1991b; Servos et al., 1992; Paulignan et al., 1997).

VERGLEICH ZWISCHEN VIRTUELLEM UND REALEM GREIFEN
Wie im Positionsperturbationsexperiment wurden die Daten aus den Kalibrierungstrials mit vergleichbaren Daten aus der Untersuchung zum Greifen im realen Raum (siehe S.57, ff) verglichen. Dies diente dazu, weitere Erkenntnisse über den Unterschied zwischen virtuellem und realem Greifen zu erhalten. Aus dem vorangegangenen Experiment ist bekannt, dass sich das Greifen nach einem virtuellen Objekt in der Gesamtbewegungszeit, primär in der Abbremsphase, und in der maximalen Apertur von dem Greifen nach einem realen Objekt unterscheidet.
Da in diesem Experiment drei verschiedene Objektgrößen untersucht wurden, konnten drei Vergleiche zwischen realem und virtuellem Greifen durchgeführt werden. Es zeigt sich ein einheitliches Ergebnismuster bezüglich der Gesamtbewegungszeit, der Abbremsphase und der Höchstgeschwindigkeit.
Die Bewegungszeiten sind in der Realität um über 400 ms kürzer und die Höchstgeschwindigkeit um etwa 40 cm/s geringer. Wiederum sprechen diese Ergebnisse gegen die Befunde von Kuhlen (1998), der keine zeitlichen Unterschiede in seiner Untersuchung fand. Bezüglich der verlängerten Bewegungszeit konnten die Ergebnisse aus der Positionsperturbationsstudie repliziert werden. Ausschlaggebend für die Verlängerung ist ein Anstieg

## 4 Experimentelle Untersuchungen

der Abbremsphase um über 200% beim virtuellen Greifen. Mögliche Erklärungsansätze für diesen immensen Unterschied liegen zum einen in der Tatsache, dass die höhere Aufgabenanforderung beim virtuellen Greifen ohne haptisches Feedback zu einer Verlängerung der Abbremsphase führt (vgl. Marteniuk et al., 1987) und zum anderen in der technischen Realisierung des Greifens, bzw. in den unterschiedlichen Definitionen des Bewegungsendes (vgl. Diskussion des Positionsperturbationsexperiments, S.190, ff).

Neben den berichteten Unterschieden zeigt sich für die mittlere und die große Objektgröße der gleiche Effekt bezüglich der maximalen Apertur wie im Positionsperturbationsexperiment. Beim Greifen nach dem virtuellen Objekt öffnet sich die Hand weiter als in der Realität. Dies wurde auch von Kuhlen (1998) berichtet.

SUBJEKTIVE BEURTEILUNGEN
Hinsichtlich der subjektiven Urteile zeigt sich das gleiche Bild wie in dem Positionsperturbationsexperiment. Nur zwei Personen klagten über leichte körperliche Beschwerden. Insgesamt hatten alle das Gefühl, in einem virtuellen Raum zu sein, konnten sich diesen vorstellen und beurteilten die Qualität der Darstellung als zufrieden stellend. Sie verloren allerdings nicht die externale Bewusstheit. Bezüglich der virtuellen Erfahrung zeigen die subjektiven Urteile, dass die Teilnahme an dem Experiment den Versuchspersonen Vergnügen bereitete und die wenigsten von der virtuellen Realität enttäuscht waren. Die Tiefenwahrnehmung und die Ergreifbarkeit der virtuellen Objekte wurden aus subjektiver Sicht sehr positiv bewertet. Nichts desto trotz vermissten 90% der Teilnehmer haptisches Feedback beim Ergreifen der Würfel.

# 5 Diskussion

Übergeordnetes Ziel der vorliegenden Arbeit war es, den Einfluss von Perturbationen auf Greifbewegungen im virtuellen Raum systematisch zu erforschen. Damit die Perturbationen ohne physikalische Einschränkungen in den Versuchsaufbau integriert werden konnten, wurde Virtuelle Realität (VR) als Forschungsmethode gewählt.
Um allerdings motorisches Verhalten im virtuellen Raum erforschen zu können, mussten übergreifende Aspekte, welche die Verwendung von virtuellen Anwendungen in der Psychomotorik beeinflussen könnten, betrachtet und experimentell belegt werden. Daher wurde versucht, neben der Frage „Welchen Einfluss haben Perturbationen im virtuellen Raum auf Greifbewegungen?", ebenfalls die folgenden Fragen zu beantworten:

- Wie sehen Greifbewegungen in der Realität aus?
- Wo werden Objekte in der virtuellen Realität wahrgenommen?
- Gibt es Unterschiede bezüglich der Tiefenwahrnehmung in der virtuellen Realität, wenn Objekte im peripersonalen bzw. im extrapersonalen Raum dargeboten werden?
- Verbessert sich die Tiefenwahrnehmung im virtuellen Raum in Abhängigkeit von der Antwortmodalität?
- Unterscheiden sich Greifbewegungen nach realen und nach virtuellen Objekten voneinander?
- Können virtuelle Applikationen in der experimentellen Psychologie im Bereich der Motorik eingesetzt werden?

In den folgenden Abschnitten werden die Erkenntnisse aus den experimentellen Studien inhaltlich zusammengefasst und die gestellten Fragen dis-

*5 Diskussion*

kutiert und beantwortet. Dies geschieht zum einen aus Sicht der Psychomotorik, die virtuelle Realität als Forschungsmethode nutzt, und zum anderen aus technischer Sicht, die virtuelle Realität als Forschungsgegenstand betrachtet.

## 5.1 Greifbewegungen in der Realität

In der ersten Untersuchung wurden Greifbewegungen in der Realität aufgezeichnet und analysiert. Aus psychomotorischer Sicht ging es um die Frage, ob sich Folgebewegungen, also das was man nach dem Ergreifen eines Objektes mit diesem tut, auf die initiale Greifbewegung auswirken. Neben der Art der Folgebewegung wurden die Objektgröße und die ausführende Hand variiert. Es konnte gezeigt werden, dass die Objektgröße, wie erwartet und aus der Literatur bekannt (z.B. Wing et al., 1986), die kinematischen Parameter beeinflusst. Handspezifische Bewegungsmuster traten nicht auf. Nur in zwei der drei Experimente zeigte sich, dass die linke Hand schneller zugriff als die rechte. In Bezug auf den Einfluss der Folgebewegung ließ sich nachweisen, dass in Abhängigkeit von den Präzisionsanforderungen, signifikante Unterschiede in den kinematischen Parametern auftreten. Je höher die Anforderungen, desto länger ist die Abbremsphase, desto geringer ist die erreichte Höchstabbremsung und desto weniger „moves-through"[1] treten auf. Dies spricht dafür, dass die Kontrolle der initialen Greifbewegung von der nachfolgenden Objektmanipulation abhängig ist und dass das Ergreifen des Objekts präziser ist, je „komplizierter" die Folgebewegung ist. Aus technischer Sicht haben die Experimente gezeigt, dass es möglich ist, mit dem vorhandenen Bewegungsaufzeichnungssystem der Firma Qualisys Greifbewegungen zu registrieren. Mittels dreier Marker an Daumen, Zeigefinger und Handgelenk können eine Vielzahl von kinematischen Parametern erzeugt werden, die zur Analyse des Greifens notwendig sind. Die Bearbeitung der Daten mit der entwickelten Software PsycheMove3D (vgl.

---
[1] Häufigkeitsmaß: move-through (dt. hindurchbewegt). Ein „move-through" wurde immer dann aufgezeichnet, wenn Höchstabbremsung und Griffabschluss zusammen fielen.

Allgemeiner Methodenteil, S.46) liefert ein breites Spektrum an zeitlichen und räumlichen Parametern, sowie Höchstwerten innerhalb der Trajektorie, welche die verschiedenen Aspekte einer Greifbewegung im Detail beschreiben. Das Vorhandensein dieser technischen Möglichkeiten stellte die erste Grundvoraussetzung für die Erforschung von Greifbewegungen im virtuellen Raum dar.

## 5.2 Objektwahrnehmung in der virtuellen Realität

Eine weitere Grundvoraussetzung, die erfüllt sein muss, wenn man sich mit Greifbewegungen in einer virtuellen Applikation auseinander setzt, ist das Wissen über die Objektwahrnehmung in virtuellen Räumen. Experimentelle Versuchsdesigns in der psychomotorischen Forschung in der Realität variieren z.B. die Position und die Größe von realen Objekten und man kann davon ausgehen, dass sowohl die Position als auch die Objektgröße konstant wahrgenommen werden (vgl. Gogel und Tietz, 1979; Philbeck und Loomis, 1997; Ooi,et al., 2001). Aus der Literatur ist allerdings bekannt, dass dies in der virtuellen Realität nicht vorausgesetzt werden kann. Unterschätzungen der dargebotenen Distanzen in VR wurden vor allem im extrapersonalen Raum für die verschiedensten Ausgabegeräte berichtet (z.B. Witmer und Kline, 1998; Willemsen und Gooch, 2002). Des Weiteren wurde belegt, dass mit größerer Entfernung des Objektes zum Betrachter die Abweichungen gravierender sind (z.B. Witmer und Sadowski, 1998; Plumert et al., 2005). Zudem legen die Ergebnisse von Rolland et al. (1995), Gaggioli und Breining (2001), Servos (2000) und Sinai et al. (2002) nahe, dass Distanzen im peripersonalen Raum überschätzt werden und man somit nicht davon ausgehen kann, dass die Abweichungen in der Tiefenwahrnehmung für alle dargebotenen Distanzen vergleichbar sind.
In den meisten Studien, die sich mit dem Thema Tiefenwahrnehmung beschäftigen, kamen Head-Mounted Displays (HMDs) zum Einsatz. Aufgrund des Akkommodation-Kon-vergenz-Konflikts (siehe Allgemeine Charakteristika virtueller Tiefenwahrnehmung, S.84), der abhängig von der Betrach-

## 5 Diskussion

terdistanz zur Abbildungsoberfläche ist, können Ergebnisse die unter Verwendung eines HMDs (z.B. Rolland et al., 1995; Willemsen und Gooch, 2002) erlangt wurden, nicht auf virtuelle Applikationen, die andere Hardwarekomponenten verwenden, übertragen werden. Deshalb war es notwendig, Daten zur Tiefenwahrnehmung im verwendeten Versuchsaufbau zu erheben, um zu gewährleisten, dass die Ergebnisse aus den geplanten Greifexperimenten in der virtuellen Realität adäquat interpretiert werden können.

In der ersten Untersuchung zum Thema Tiefenwahrnehmung im virtuellen Raum wurden verbale Schätzungen sowohl im peripersonalen als auch im extrapersonalen Raum erhoben. Variiert wurden neben der virtuellen Umgebung die Anzahl der dargebotenen Objekte und die Anwesenheit eines virtuellen Maßbandes. Keine der drei Variationen hatte einen Einfluss auf die Qualität der Tiefenwahrnehmung. Aber die subjektiven Urteile ergaben eine klare Präferenz der geschlossenen Umgebung, die sich dadurch auszeichnete, dass sie Wände, einen Boden und eine Decke besaß. Außerdem zeigte sich ein Zusammenhang zwischen der Art der Schätzfehler und der binokularen Fähigkeit der Versuchspersonen. Je besser die Fähigkeit zum binokularen Sehen ausgeprägt ist, desto mehr Unterschätzungen traten auf und je schlechter die Fähigkeit zum binokularen Sehen ist, desto eher tendierten die Versuchspersonen zu Überschätzungen. Ein linearer Zusammenhang ist, sowohl im peripersonalen als auch im extrapersonalen Raum zu finden. Er zeigt sich allerdings stärker bei weiter entfernten Objekten. Bezüglich der Genauigkeit der Schätzungen in den beiden Räumen spiegeln die Ergebnisse Resultate aus der Literatur wieder. Im peripersonalen Raum wird die Entfernung eher überschätzt und im extrapersonalen Raum eher unterschätzt.

Diese erste Studie lieferte zwar grundlegende Informationen zur Tiefenwahrnehmung in dem verwendeten VR-Setting, lies allerdings die Frage offen, welchen Einfluss eine motorische Antwort auf die Schätzleistungen hat und ob das Einbringen der eigenen Hand in die virtuelle Szene möglicherweise die Entfernungswahrnehmung beeinflusst. In der zweiten Untersuchung wurde deshalb die Outputmodalität variiert. Die Versuchspersonen mussten zeigen, wo sie ein virtuelles Objekt wahrnehmen und in einer zweiten Bedingung ein virtuelles Objekt mit einem realen Objekt abgleichen. Die Ergebnisse zeigen eine outputtransformationsabhängige Verzerrung der Tiefenwahrnehmung im peripersonalen Raum. In der Abgleichaufgabe werden die Distanzen unterschätzt und in der Zeigeaufgabe überschätzt, wobei sich beim Zeigen zusätzlich ein Distanzeffekt nachweisen lässt. Je weiter entfernt, bzw. je näher an der Abbildungsoberfläche ein Objekt dargeboten wird, desto geringer ist die Überschätzung. Als Grund hierfür kann erneut der Akkommodation-Konvergenz-Konflikt herangezogen werden, da man, sobald ein realer Gegenstand in die virtuelle Szene eingebracht wird, auf diesen akkomodiert und nicht mehr auf die Abbildungsoberfläche. Da sich an dieser Stelle die Frage gestellt hat, ob das Greifen im virtuellen Raum eher dem Zeigen oder eher dem Abgleichen entspricht, wurde in den Greifexperimenten ebenfalls die Tiefenwahrnehmung gemessen (in einer analogen Zeigeaufgabe) und außerdem die Greifdistanz als Parameter, der Aufschluss über die wahrgenommene Objektposition gibt, analysiert.

Bezüglich der Zeigeaufgabe wurden die Ergebnisse aus der zweiten Untersuchung zur Tiefenwahrnehmung repliziert. Es traten Überschätzungen auf, die mit zunehmender Entfernung geringer wurden. Betrachtet man jedoch die Greifbewegungen, so zeigt sich, dass sich hier ein anderes Bild abzeichnet. Je näher das Objekt in Richtung Betrachter dargeboten wird, desto geringer ist die Überschätzung. Im Positionsperturbationsexperiment trat sogar für das nächste Objekt eine Unterschätzung der Distanz auf. Die Distanzwahrnehmung in der virtuellen Applikation scheint also stark abhängig von der Aufgabe, bzw. der Outputtransformation, zu sein.

Eine weitere Erklärung könnte innerhalb der Versuchspersonen liegen. Die visuelle Aufmerksamkeit beim Greifen kann entweder auf das virtuelle Objekt oder auf die eigene Hand gerichtet sein. Je nach gewählter Strategie wirkt sich der Akkommodation-Konvergenz-Konflikt unterschiedlich auf die Distanzwahrnehmung aus. Wird die Hand fixiert, so ist der Akkommodationsabstand deutlich geringer als bei Fixierung des virtuellen Objekts. Zukünftige Studien zum Themenbereich virtuelle Tiefenwahrnehmung sollten dies berücksichtigen und sich die Frage stellen, ob es aufgabenabhängig zu unterschiedlichen Strategien kommt oder ob diese Strategien interindividuell variieren und Versuchspersonen generell die eine oder die andere Strategie bevorzugen.

Abschließend muss angemerkt werden, dass die Generalisierbarkeit dieser Ergebnisse zur Tiefenwahrnehmung im virtuellen Raum eingeschränkt ist, da VR-Applikationen sich sehr stark voneinander unterscheiden. Im Grunde genommen gelten die Aussagen nur für vergleichbare Versuchsaufbauten, das heißt, für Projektionswände mit einem Betrachterabstand von maximal einem Meter. Verwendet man andere Hardwarekomponenten, so kommt es wahrscheinlich zu anderen Ergebnissen. Die Ergebnisse aus den vorliegenden Studien können eventuell auf Anwendungen in einer CAVE übertragen werden, jedoch nicht auf Anwendungen, die z.b. mit einem HMD arbeiten. Hier wären die technischen Unterschiede zu groß. Für zukünftige Studien wäre es wünschenswert, hardware-spezifische Informationen über Verzerrungen in der Tiefenwahrnehmung zur Verfügung zu haben, um sie bei der Konzeption von Experimenten berücksichtigen zu können.

## 5.3 Der Einfluss von Perturbationen auf Greifbewegungen im virtuellen Raum

Aus psychomotorischer Sicht war es Ziel dieser Arbeit zu der Beantwortung der Frage beizutragen, wie Greifbewegungen kontrolliert werden. Es wird angenommen, dass extrinsische und intrinsische Objekteigenschaften in zwei hypothetischen visuomotorischen Kanälen, die mit der Transport- und der Greifkomponente korrespondieren, parallel verarbeitet werden und Interdependenzen zwischen diesen Kanälen bestehen (Jeannerod, 1981). Zur Erforschung der Relation zwischen Transport- und Greifkomponente wird die Methode der Perturbation während der Bewegungsausführung angewendet. Eine unerwartete Änderung einer Objekteigenschaft soll zeigen, welchen Einfluss diese auf eine oder beide Komponenten hat. So sollte eine Veränderung der räumlichen Position eines Objekts (extrinsisch) vorzugsweise die Transportkomponente stören, wohingegen eine Änderung der Objektgröße (intrinsisch) die Greifkomponente beeinflussen sollte. Der Umsetzung von Perturbationen sind allerdings in der Realität physikalische Grenzen gesetzt, da es nicht ohne weiteres möglich ist, die Position

## 5.3 Der Einfluss von Perturbationen auf Greifbewegungen im virtuellen Raum

oder Größe eines Objektes zu verändern. In den klassischen Studien von Paulignan et al. (1991a,b) wurde daher bevorzugt mit Beleuchtungswechseln gearbeitet, die allerdings nicht ganz ohne Konfundierungen durchgeführt werden können. So geht z.B. mit einer Veränderung der Größe eine Veränderung der Höhe des Objektes einher (Paulignan et al., 1991b). Auch stellt sich die Frage, wie sich die Beleuchtungsverhältnisse auswirken, da die Untersuchungen in schwach beleuchteten Räumen durchgeführt werden mussten, damit zum einen die beleuchteten Objekte deutlich sichtbar waren und zum anderen die nicht beleuchteten Objekte in der schwach beleuchteten Umgebung verschwanden.

In der vorliegenden Arbeit wurde deshalb ein virtuelles Versuchsdesign gewählt, da einer der großen Vorteile von VR-Applikationen die Möglichkeit ist, unmögliche Manipulationen durchzuführen, das heißt, Manipulationen, die in der Realität an physikalische Machbarkeitsgrenzen stoßen. Natürlich sprachen auch die hohe experimentelle Kontrolle und die relativ einfache Implementierung und Durchführung von Experimenten in virtuellen Umgebungen für die Verwendung dieser Technologie (Loomis, Blaskovich und Beall, 1999).

Bis heute haben sich jedoch wenige Studien mit dem Greifen im virtuellen Raum beschäftigt. Neben Bock (1996), Bock und Jüngling (1999) und Dubrowski et al. (2002), die sich mit dem Greifen von „virtuellen" Objekten auseinander gesetzt haben, hat Kuhlen (1998) reales Greifen und virtuelles Greifen miteinander verglichen und Hibbard und Bradshaw (2003) haben binokulare Disparität im Zusammenhang mit der Kontrolle von „virtuellen" Greifbewegungen untersucht.

Bock (1996), Bock und Jüngling (1999) und Dubrowski et al. (2002) verwendeten zwar so genannte virtuelle Reize, diese sind aber nicht mit dreidimensionalen Objekten aus modernen VR-Applikationen vergleichbar. Es handelte sich lediglich um zweidimensionale Bilder von erleuchteten Scheiben, die mittels Spiegelprojektion dargeboten wurden. Bei Kuhlen (1998) indessen handelte es sich um ein dreidimensionales virtuelles Objekt und er konnte unter anderem zeigen, dass die Versuchspersonen in der Lage sind, die Apertur der virtuellen Objektgröße anzupassen. Dies konnte in den beiden durchgeführten Studien bestätigt werden.

Hibbard und Bradshaw (2003) untersuchten, ob binokulare Hinweisreize

*5 Diskussion*

in virtuellen Applikationen akkurate Tiefeninformation liefern und ihre Ergebnisse machen deutlich, dass akkurate metrische Tiefeninformationen, die für die Kontrolle von Greifbewegungen wichtig sind, nicht durch isolierte binokulare Hinweise gegeben werden und mögliche Verzerrungen in der virtuellen Tiefenwahrnehmung bekannt sein müssen, bevor psychomotorische Daten aus virtuellen Anwendungen sinnvoll interpretiert werden können. Aus diesem Grund wurde vor der Durchführung der Greifexperimente im virtuellen Raum die Tiefenwahrnehmung im verwendeten Versuchsaufbau untersucht.

Fasst man nun die Befunde aus den beiden Untersuchungen zum Thema Greifen in der virtuellen Realität zusammen, so kann festgehalten werden, dass aus psychomotorischer Sicht nicht eindeutig bestätigt werden kann, dass es Interdependenzen zwischen den Kanälen zur Verarbeitung von extrinsischen und intrinsischen Objekteigenschaften gibt.
Die Ergebnisse aus den beiden Experimenten zeigen, dass eine Perturbation der Objektposition vornehmlich die Bewegungszeit beeinflusst und mit einer Verlängerung der Abbremsphase einhergeht (Transportkomponente) und sich gleichzeitig die Parameter, die die maximale Apertur und ihr Auftreten in der Trajektorie beschreiben (Distanz, Weg und Zeit), voneinander unterscheiden (Greifkomponente). Außerdem zeigt sich in dem Größenperturbationsexperiment neben dem erwarteten Einfluss auf die Greifkomponente auch ein Einfluss auf die Transportkomponente bezüglich der Gesamtbewegungszeit und der Abbremsphase. Allerdings konnten vor allem in dem Positionsperturbationsexperiment Effekte gefunden werden, die einzig und allein auf die verzerrte Tiefenwahrnehmung in der virtuellen Realität zurückzuführen sind und unabhängig von der motorischen Kontrolle auftreten. So dürften sich die Transportkomponenten in den Kalibrierungsdurchgängen hinsichtlich der zurückgelegten Distanz nicht voneinander unterscheiden, da die Objekte an den drei Positionen in gleicher Entfernung zur Startposition der Hand dargeboten wurden. Es zeigten sich aber deutliche Unterschiede, welche die Interpretation der Parameter konfundiert. Geht man nämlich davon aus, dass die Distanzen „falsch" wahrgenommen wurden, so kam es auch zu einer Fehlwahrnehmung der Objektgröße, denn

## 5.3 Der Einfluss von Perturbationen auf Greifbewegungen im virtuellen Raum

je näher ein Objekt erscheint, desto größer wird es auch wahrgenommen. Somit wurde durch die Positionsperturbation nicht nur die extrinsische Objekteigenschaft Position, sondern zwangsläufig auch die intrinsische Objekteigenschaft Größe unabsichtlich manipuliert. Dies führt dazu, dass es schwierig ist, die Unterschiede in den kinematischen Parametern eindeutig auf die Perturbationen der Position zurückzuführen.

Da im Größenperturbationsexperiment die verschieden großen Objekte an derselben Position dargeboten wurden, wirkt sich die verzerrte Tiefenwahrnehmung weniger auf die Greifbewegungen aus. Es kann für die drei Objekte von einer konstanten „Abweichung" der wahrgenommenen Distanz von der skalierten Distanz ausgegangen werden. Aufgrund der Tatsache, dass die Objekte denselben Objektmittelpunkt hatten, wurde auch hier neben der intrinsischen Objekteigenschaft Größe die extrinsische Objekteigenschaft Position manipuliert. Das heißt, es wurde erwartet, dass sich die Greifdistanz abhängig von der Objektgröße verändert, was sich in den Daten deutlich zeigt. Betrachtet man nun in diesem Experiment ebenfalls den Einfluss der Perturbationen auf die Transport- und die Greifkomponente, so lassen sich die Ergebnisse eindeutig interpretieren. Durch die Manipulation der Größe werden nicht nur die Parameter, welche die Greifkomponente beschreiben, beeinflusst (Distanz, Weg, Zeit bis zur Erreichung der maximalen Apertur), sondern auch die Bewegungszeit (Transportkomponente). Sichtbar wird die Verlängerung der Transportphase nach Erreichen der Höchstabbremsung, wie in der klassischen Studie von Paulignan et al. (1991b). Es scheint also einen Mechanismus zu geben, der die beiden Komponenten zeitlich miteinander koordiniert, was dafür spricht, dass es Interdependenzen zwischen den beiden von Jeannerod (1981) postulierten visuomotorischen Kanälen gibt.

Wie bereits erwähnt, beinhalten Perturbationen der Größe, wie in der klassischen Studie von Paulignan et al. (1991b) und in dieser Arbeit, eine Perturbation der Position dahingehend, dass sich der Mittelpunkt der Objekte an derselben Position befindet. Das bedeutet, dass die Hinlangdistanz für kleinere Objekte größer ist als für größere Objekte und somit durch die Perturbation nicht nur die intrinsische Objekteigenschaft Größe, sondern auch die extrinsische Objekteigenschaft Distanz manipuliert wird. In zukünftigen Studien im virtuellen Raum, die sich mit Perturbationen beschäftigen, sollte diesem Umstand Beachtung geschenkt werden. In Anlehnung an die „digit channel hypothesis" von Smeets und Brenner (1999) (siehe Kapitel 2.3 „Allgemeiner theoretischer Hintergrund", S.26), die im Greifen nichts anderes sehen, als das Zeigen von Daumen und Finger auf eine ausgewählte Position auf der Objektoberfläche, sollte bei Größenperturbationen eine Fingerposition konstant gehalten werden, so dass die Transportkomponente, die Jeannerod (1981) postuliert hat, unbeeinflusst bleibt.

## 5.4 Der Unterschied zwischen realem und virtuellem Greifen

In der Literatur finden sich wenige Vergleiche zwischen dem Ergreifen von realen und virtuellen Objekten mit der eigenen Hand im psychomotorischen Kontext. Kuhlen (1998) hat in seiner Dissertation das Bewegungsverhalten beim Greifen nach computergraphisch erzeugten virtuellen Objekten untersucht und mit dem nach realen Objekten verglichen. Seine Ergebnisse zeigen, dass Versuchspersonen auch ohne haptisches Feedback die Greiföffnung einem virtuellen Objekt anpassen können und es bezüglich der Transportkomponente keine Unterschiede zwischen realem und virtuellem Greifen gibt. Er leitet daraus ab, dass sich virtuelles Greifen nur geringfügig von realem Greifen unterscheidet. Da in seiner Studie allerdings nur wenige Parameter zur Beschreibung der Greifbewegung herangezogen wurden, sollte einer Generalisierung dieser Aussage kritisch begegnet werden. Es muss angenommen werden, dass das fehlende haptische Feedback beim virtuellen Greifen einen Einfluss auf die kinematischen Parameter hat, weil der fehlende Objektkontakt eine andere Aufgabenanforderung darstellt. Dies nimmt auch Kuhlen (1998) an, der davon ausgeht, dass sich in seiner Studie die Greifkomponenten im verwendeten abhängigen Versuchsdesign funktional dem höheren Schwierigkeitsgrad des virtuellen Greifens angepasst haben und sich deshalb nur geringfügige Unterschiede finden ließen.

Da in der Literatur keine weiteren Vergleiche zwischen realem und virtuellem Greifen zu finden sind und die Ergebnisse von Kuhlen (1998) nur grob Unterschiede beschreiben, wurden in der vorliegenden Arbeit die Da-

## 5.4 Der Unterschied zwischen realem und virtuellem Greifen

ten aus der Untersuchung zum Greifen im realen Raum mit denen aus den Untersuchungen zum Greifen im virtuellen Raum verglichen. Die Ergebnisse zeigen, dass sich in allen Analysen die Gesamtbewegungszeit, die Zeit zwischen dem Erreichen der Höchstabbremsung und dem Bewegungsende und die maximale Apertur in der virtuellen Realität von den Werten in der Realität unterscheiden.

Reale Objekte werden schneller ergriffen als vergleichbare virtuelle Objekte, was gegen die Ergebnisse von Kuhlen (1998) spricht. Die Bewegungszeitverlängerung manifestiert sich in der letzten Bewegungsphase nach Erreichen der Höchstabbremsung. Eine mögliche Erklärung hierfür lässt sich aus psychomotorischer Sicht in der Tatsache finden, dass eine erhöhte Aufgabenschwierigkeit (virtuelles Greifen ohne haptisches Feedback), wie in der Realität beim Ergreifen von fragilen Objekten (Marteniuk et al., 1987), zu einer Verlängerung der Abbremsphase führt. Aus technischer Sicht liefert die Realisierung des virtuellen Greifens einen weiteren Erklärungsansatz. Im virtuellen Raum konnte der abgeschlossene Griff nur innerhalb der Trajektorie anhand eines definierten Endes festgestellt werden, wohingegen in der Untersuchung in der Realität das Bewegungsende durch die erste vertikale Objektbewegung festgelegt wurde.

Es wird allerdings davon ausgegangen, dass das fehlende haptische Feedback ausschlaggebend für die berichtete Verlängerung der Abbremsphase ist. Die Versuchspersonen müssen einzig und allein anhand visueller Informationen den Griff schließen und man kann davon ausgehen, dass der Abgleichprozess zwischen wahrgenommener Objektposition und Position von Daumen und Zeigefinger beim Ergreifen eines virtuellen Objekts mehr Zeit kostet als die Adjustierung im realen Raum, die auf jeden Fall durch einen erfolgreichen haptischen Objektkontakt beendet wird.

Zukünftige Studien müssen klären, inwieweit der Grad der Fragilität eines Objektes die Abbremsphase beeinflusst und in welchem Maß das fehlende haptische Feedback für die Bewegungszeitverlängerung verantwortlich ist. Die Analyse der Aperturgeschwindigkeit wäre in diesem Zusammenhang sinnvoll, um Informationen über die Geschwindigkeit, mit der sich Daumen und Zeigefinger dem virtuellen Objekt nähern, zu erhalten. Eine mögliche Annahme wäre, dass die Virtualität eines Objekts mit einer hohen Fragilität gleichzusetzen ist, da die Versuchspersonen instruiert wurden, nicht in die

## 5 Diskussion

virtuellen Objekte hineinzugreifen. Das führt dazu, dass das Ergreifen des Objekts in der virtuellen Realität ebenfalls sehr „behutsam" erfolgt. Es wäre dementsprechend sinnvoll, in zukünftigen Studien virtuelles Greifen mit und ohne haptischem Feedback zu vergleichen.
Bezüglich der Unterschiede in der maximalen Apertur konnten die Ergebnisse von Kuhlen (1998) repliziert werden. Die maximale Apertur ist beim virtuellen Greifen für alle Objektgrößen größer als beim realen Greifen. Aus technischer Sicht gibt es hierfür keine Erklärung, da sich die Aufzeichnungsmethode nicht unterschieden hat.
Allerdings stellt sich die Frage, ob es sich hierbei um einen „virtuellen" motorischen Effekt handelt oder ob die größere Greiföffnung mit der verzerrten Tiefenwahrnehmung im virtuellen Raum einhergeht.
Da die Distanzen beim Greifen in den virtuellen Bedingungen überschätzt wurden und damit einhergehend eine Unterschätzung der Objektgröße auftreten müsste (Gesetz der Größenkonstanz), scheint es kein Wahrnehmungsphänomen zu sein. Geht man andererseits in Anlehnung an Egglestone et al. (1996) davon aus, dass auch in dieser virtuellen Anwendung keine Größenkonstanz erzeugt werden konnte, wäre der Unterschied in der maximalen Apertur ein rein perzeptueller Effekt. Für zukünftige Studien wären daher Informationen über die Interaktion von Entfernungswahrnehmung und Objektgrößenwahrnehmung wünschenswert.

### 5.5 Einsatz von virtuellen Applikationen in der experimentellen Psychologie

Immersive virtuelle Umgebungen haben sich in den letzen Jahrzehnten zu viel versprechenden Forschungsumgebungen entwickelt. Da virtuelle Umgebungen die Möglichkeit bieten die Realität zu simulieren und gleichzeitig hoch kontrollierbar sind, bieten sie insbesondere für die experimentelle Forschung großes Potential.
Beim Einsatz von virtuellen Applikationen sollten jedoch die vier Hauptelemente, die notwendig sind, um virtuelle Realität zu erleben (Sherman

und Craig, 2003), berücksichtigt werden. Erstens braucht man eine virtuelle Welt, die nach Ansicht der Autorin als wichtigstes Element Dreidimensionalität beinhalten sollte. Zweitens sollte Presence in der virtuellen Welt erzeugt werden, die heute in der einschlägigen Literatur als definierendes Merkmal von virtueller Realität angesehen wird. Drittens sollte sensorisches Feedback zur Verfügung stehen und viertens Interaktivität gewährleistet sein.

In den durchgeführten Studien wurden diese Hauptelemente weitest gehend berücksichtigt. Die virtuellen Welten, die zur Anwendung kamen, konnten Presence erzeugen, was die subjektiven Daten aus allen VR-Experimenten widerspiegeln. Die Beurteilung der vier Dimensionen (Immersion, externale Bewusstheit, Qualität und Vergnügen) in den Nachbefragungsbögen zeigt ein einheitliches Bild. Die Versuchspersonen hatten ein immersives Erlebnis, beurteilen die Qualität als gut und hatten Spaß an der virtuellen Erfahrung. Allerdings blieb im verwendeten Versuchsaufbau die externale Bewusstheit erhalten, was darauf zurückzuführen ist, dass den Versuchspersonen visuelle Informationen aus der Realität, z.B. das reale Vergleichsobjekt, die Sicht auf die eigene Hand, die reale Tischplatte, etc. zur Verfügung standen. Des Weiteren kann an dieser Stelle festgehalten werden, dass nur in geringem Ausmaß körperliche Beschwerden auftraten, die das Presenceempfinden beeinflussen könnten.

Bezüglich des sensorischen Feedbacks und der Interaktivität, müssen die Fragestellung und die Aufgabe berücksichtigt werden. In den beiden Untersuchungen zur Tiefenwahrnehmung im virtuellen Raum lag der Fokus auf der Frage, wo die Versuchspersonen virtuelle Objekte wahrnehmen. Zur Beantwortung dieser Frage ist weder sensorisches Feedback noch Interaktivität notwendig. Im Gegensatz dazu mussten diese beiden Anforderungen bei der Untersuchung des Greifens im virtuellen Raum erfüllt sein, da hier das System interaktiv auf die Bewegungen der Versuchspersonen reagieren musste und durch visuelles Feedback eine erfolgreiche Bewegung zurückgemeldet wurde.

Bei der Verwendung von virtuellen Applikationen in der experimentellen Psychologie sollte daher immer der Kontext berücksichtigt werden und die Frage, welchen Mehrwert die Nutzung dieser Technologie für die Beantwortung einer wissenschaftlichen Fragestellung hat.

*5 Diskussion*

Hinsichtlich der Übertragbarkeit von Ergebnissen dürfen hardware- und softwarespezifische Unterschiede zwischen verschiedenen VR-Applikationen nicht vernachlässigt werden. Gleichzeitig bedeutet dies, dass bei der Interpretation und Generalisierung von Daten aus dem virtuellen Raum die technischen Gegebenheiten mit einkalkuliert werden müssen.

## 5.6 Ausblick

Die Ergebnisse dieser Arbeit liefern viele Erkenntnisse, die für zukünftige Studien, die virtuelle Realität als Methode nutzen, von Relevanz sind. Die Entwicklung von VR-Software und VR-Hardware sollte die Ergebnisse aus dem Bereich Tiefenwahrnehmung berücksichtigen und Methoden entwickeln, die eine individuelle Kalibrierung der VR-Systeme ermöglicht. Grundlegendes Problem ist der Akkommodation-Konvergenz-Konflikt, der in technisch erzeugten Welten entsteht, da die physiologischen Prozesse Akkommodation und Konvergenz nicht wie im realen Raum zusammenarbeiten können. Es resultiert eine Dominanz der Querdisparation über die restlichen Tiefeninformationen. Deshalb sollten die Parameter Augenabstand und Betrachterabstand in virtuellen Applikationen individuell berücksichtigt werden, da sie die wahrgenommene Tiefe in stereoskopischen Darbietungsformen definieren (Holliman, 2006).
Die ReactorMan-Software (Valvoda, et al., 2004; Wolter, et al., 2007), die in den berichteten Studien verwendet wurde, ermöglicht eine individuelle Einstellung des Augenabstandes. Außerdem wurde in den VR-Experimenten mit Trackingsystemen gearbeitet, die der Software den Betrachterabstand zur Abbildungsoberfläche rückmelden. Dennoch traten Verzerrungen in der Tiefenwahrnehmung auf, die darauf hinweisen, dass die individuellen Einstellungen nicht ausreichend sind. Eine Möglichkeit bestünde darin, vor der Verwendung von VR-Applikationen Kalibrierungen durchzuführen, die auf Tiefenschätzungen basieren, das heißt, die Versuchsperson zeigt, wo sie Objekte wahrnimmt, und anhand dieser Daten werden die entsprechenden virtuellen Welten individuell um die Versuchsperson herum berechnet. So-

## 5.6 Ausblick

mit wäre die binokulare Fähigkeit der Versuchsperson als individueller Parameter berücksichtigt. Allerdings stößt eine solche Methode an Grenzen, wenn man an Multi-User-Applikationen denkt, in denen mehrere Benutzer in der gleichen virtuellen Welt interagieren.

Bei der weiteren Erforschung von Greifverhalten in der virtuellen Realität sollte aus psychomotorischer Sicht der Tatsache Rechnung getragen werden, dass fehlendes haptisches Feedback einen Einfluss auf die Kontrolle der Greifbewegungen hat. Allerdings konnte anhand der Ergebnisse gezeigt werden, dass Greifen ohne haptisches Feedback möglich ist und die Versuchspersonen angeben, dass sie die Objekte gut ergreifen konnten, obwohl ihnen das haptische Feedback fehlte. Aus technischer Sicht besteht schon heute die Möglichkeit mit Datenhandschuhen haptisches Feedback zu erzeugen, das sich jedoch noch erheblich von einer realen Berührungsempfindung unterscheidet. Für zukünftige Studien sollte also berücksichtigt werden, ob eine haptische Rückmeldung wirklich notwendig ist oder ob die Fragestellung ohne haptisches Feedback unter Berücksichtigung der auftretenden Effekte (z.B. Verlängerung der Abbremsphase) bearbeitet werden kann. Bezug nehmend auf das Zitat von Durlach (1992)

*In der Experimentalpsychologie geht es darum, die Umgebung von Menschen zu kontrollieren und zu beobachten, wie sie auf bestimmte Versuchsbedingungen reagieren. Eine virtuelle Welt könnte eine ideale Umgebung sein, und man wird sicherlich weit mehr aufzeichnen können als nur den motorischen Input, der Datenhandschuhen und Joysticks gilt. [...] Ich glaube, ein gutes VR-System könnte ein universell anwendbares Forschungsinstrument sein. (zitiert nach Rheingold, 1992, S.600)*

kann man heute sagen, dass virtuelle Welten ideale Versuchsumgebungen darstellen und VR-Systeme als Forschungsinstrumente anwendbar sind. Es ist jedoch dringend notwendig, sich weiterhin intensiv mit virtueller Realität als Forschungsgegenstand zu beschäftigen, da sonst die Interpretierbarkeit und Generalisierbarkeit der Ergebnisse aus dem virtuellen Raum von zu vielen unbekannten Faktoren konfundiert werden.

# 6 Literatur

A
Adams, D. (1995). *Einmal Rupert und zurück*. München: Heyne.
Arbib, M.A. (1981). Perceptual structures and distributed motor control. In V.B. Brooks (Hrg.) *Handbook of physiology. Vol. II, Part 2. Motor Control* (S. 1449-1480). Baltimore, MD: Williams and Wilkins.
Arbib, M.A. (1985). Schemas for the temporal organization of behavior. *Human Neurobiology*, 4, 63-72.
Armbrüster, C., Heber, I.A., Valvoda, J.T., Kuhlen, T., Fimm, B. & Spijkers, W. (2005). Distance estimations in a VR application: Interindividual differences and inerindividual stabilities from a psychological point of view. *Proceedings of the Human Computer Interaction International 2005*, St. Louis, MO: Mira Digital Publishing. CD-ROM.
Armbrüster, C. & Spijkers, W. (2006). Movement planning in prehension: Do intended actions influence the inital reach and grasp movement? *Motor Control*, 10, 311-329.
Armbrüster, C., Wolter, M., Valvoda, J.T., Kuhlen, T., Fimm, B. & Spijkers, W. (2006). Virtual Reality in Experimental Ergonomic Research. *Proceedings of IEA 2006*. Elsevier. CD-ROM.
Armbrüster, C., Wolter, M., Kuhlen, T., Fimm, B. & Spijkers, W. (2007). Greifbewegungen im virtuellen Raum. In GfA (Hrsg.), *Kompetenzentwicklung in realen und virtuellen Arbeitssystemen* (S. 307-310). Dortmund: GfA-Press.
Assenmacher, I., Kuhlen, T., Lentz, T. & Vorländer M. (2004). Integrating Real-Time Acoustics into VR-Applications. *Proceedings of Eurographics/ACM SIGGRAPH Symposium Virtual Environments*, 129-136.

Atkeson, C.G. & Hollerbach, J.M. (1985). Kinematic features of unrestrained vertical arm movements. *Journal of Neuroscience*, 5(9-10), 2318-2330.

B

Baedke, D. (1980). *Handgeschicklichkeit im Kindesalter*. Unveröffentlichte Dissertation, Marburg/Lahn.

Bente, G., Krämer, N.C. & Petersen, A. (2002). *Virtuelle Realitäten*. (Reihe : Internet und Psychologie: Neue Medien in der Psychologie - Band 6). Göttingen: Hogrefe.

Bernstein, N.A. (1967). *The coordination and regulation of movements*. Pergamon, Oxford.

Billinghurst, M. & Weghorst, S. (1995). The use of sketch maps to measure cognitive maps of virtual environments. *Proceedings of Virtual Reality Annual International Symposium 1995*. 40-47.

Blouin, J., Bard, C., Teasdale, N. & Fleury, M. (1993). Directional control of rapid arm movements; The role of the kinetic visual feedback system. *Canadian Journal of Experimental Psychology*, 47, 678-696.

Bock, O. (1996). Grasping of virutal objects in changed gravity. *Aviation, Space and Environmental Medicine*, 67, 1185-1189.

Bock, O. & Jüngling, S. (1999). Reprogramming of grip aperture in a double-step grasping paradigm. *Experimental Brain Research*, 125, 61-66.

Bormann, S. (1994). *Virtuelle Realität - Genese und Evaluation*. Bonn: Addison-Wesley.

Bowman, D.A., Kruijff, E., LaViola Jr., J.J. & Poupyrev, I. (2004). *3D User Interfaces: Theory and Practice*. Reading, Massachusetts: Addison-Wesley.

Bradshaw, M.F., Glennerster, A. & Rogers, B.J. (1996). The effect of display size on disparity scaling from different perspective and vergence cues. *Vision Research*, 36, 1255-1264.

Bradshaw, M.F., Parton, A.D. & Eagle, R.A. (1998). The interaction of binocular disparity and motion parallax in determining perceived depth and perceived size. *Perception*, 27, 1317-1331.

Bradshaw, M.F., Parton, A.D. & Glennerster, A. (2000). The task-dependent use of binocular disparity and motion parallax information. Vision Research, 40, 3725-3734.

Brenner, E & van Damme W.J.M. (1999). Perceived distance, shape and size. *Vision research*, 39, 975-986.

Brouwer, A.-M., Georgiou, I., Glover, S. & Castiello, U. (2006). Adjusting reach to lift movements to sudden visible changes in target's weight. *Experimental Brain Research*, 173, 629-636.

Bülthoff, H.H., Foese-Mallot, B.M. & Mallot, H.A. (2000). Virtuelle Realität als Methode der Hirnforschung. In H. Krapp & T. Wagenbaur (Hrsg.), *Künstliche Paradiese Virtuelle Realitäten* (S. 241-260), München: Wilhelm Fink Verlag.

Bülthoff, H.H., Rosenzweig, R. & von der Heyde (2002), Virtual Reality (VR) als Methodik für psychophysische Experimente. *Jahrbuch der Max-Planck-Gesellschaft 2002* (S. 212-217), Göttingen: Vandenhoeck & Rupprecht.

Bungert, C. (2006). www.stereo3d.com/hmd.htm#chart, 07.12.2006.

Burdea, G., Coiffet, P. (1994). *Virtual Reality Technology*. NY: John Wiley & Sons, Inc.

C

Carlton, L.G. (1981). Processing visual feedback information for movement control. *Journal of Experimental Psychology: Human Perception and Performance*, 7, 1019-1030.

Castiello, U., Bennett, K.M.B. & Chambers, H. (1998). Reach to grasp: the response to a simultaneous perturbation of object position and size. *Experimental Brain Research*, 120, 31-40.

Castiello, U., Bennett, K.M.B. & Paulignan, Y. (1992). Does the type of prehension influence the kinematics of reaching? *Behavioural Brain Research*, 50, 7-15.

Castiello, U., Bennett, K.M.B. & Stelmach, G.E. (1993). Reach to grasp: the natural response to perturbation of object size. *Experimental Brain Research*, 94, 163-178.

Cohen, R.G. & Rosenbaum, A. (2004). Where grasps are made reveal how grasps are planned: generation and recall of motor plans. *Experimental Brain Research*, 157, 486-495.

Cooney, W.P. & Chao, E.Y.S. (1977). Biomechanical analysis of static forces in the thumb during hand function, *Journal of Bone and Joint Surgery*, 59A (1),27-36.

Cours, N. (2004). Wahrnehmungspsychologische Evaluation eines dreidimensionalen Visualisierungssystems. Elektronische Dissertation. Deutsche Nationalbibliothek.

Creem-Regehr, S.H., Willemsen, P., Gooch, A.A. & Thompson, B. (2005). The influence of restricted viewing conditions on egocentric distance perception: Implications for real and virtual environments. *Perception*, 34, 191-204.

Cruz-Neira, C., Santin, D., DeFanti, T., Kenyon, R. & Hart, J., 1992. The CAVE Audio Visual Experience Automatic Virtual Environment. *Communications of the ACM*, 35(6), 65-72.

Culham, J. (2004). Human Brain Imaging Reveals a Parietal Area Specelized in Grasping. In N. Kanwisher & J. Duncan (Hrgs.), *Attention and Performance XX: Functional Brain Imaging of Visual Cognition*. Oxford: Oxford University Press.

Cutkosky, M.R. & Howe, R.D. (1990). Human grasp choice and robotic grasp analysis. In S.T. Venkataraman & T. Iberall (Hrgs.), *Dextrous robot hands* (S. 5-31). NY: Springer-Verlag.

Cutting, J.E. (1997). How the eye measures reality and virtual reality. *Behavior Research Methods, Instruments, & Computers*, 29(1),27-36.

Cutting, J.E. & Vishton, P.M. (1995). Perceiving layout and knowing distances: The integration, relative potency, and contextual use of different information about depth. In W. Epstein & S. Rogers (Hrsg.), *Handbook of perception and cognition: Perception of space and motion* (S. 69-117). New York: Academic Press.

D

Da Silva, J.A. (1982). Scales for subjective distance in a large open field from fractionation method: Effects of type ofjudgement and distance range. *Perceptual and Motor Skills*, 55, 283-288.

DaSilva, J.A. (1985). Scales for perceived egocentric distance in a large open field: Comparison of three psychophysical methods. *American Journal of Psychology*, 98, 119-144.

DeAngelis, G.C. (2000). Seeing in the three dimensions: the neurophysilogy of stereopsis. *Trends in Cognitive Sciences*, 4(3),80-90.

Desmurget, M. & Prablanc, C. (1997). Postural Control of Three - Dimensional Prehension Movements. *Journal of Neurophysiology*, 77(1), 452-464.

Desmurget, M., Prablanc, C., Arzi, M., Rossetti, Y., Paulignan, Y & Urquizar, C. (1996). Integrated control of hand transport and orientation during prehension movements. *Experimental Brain Research*, 110, 265-278.

Dodgson, N. A. (2004). Variation and extrema of human interpupillary distance. In A.J. Woods, J.O. Merritt, S.A. Benton & M.T. Bolas (Hrsg.), *SPIE Volume 5291: Stereoscopic Displays and Virtual Reality Systems XI* (S. 36-46). San Jose: SPIE.

Drascic, D. & Milgram, P. (1996). Perceptual Issues in Augmented Reality. In M.T. Bolas, S.S. Fisher & J.O. Merritt (Hrsg.), *SPIE Volume 2653: Stereoscopic Displays and Virtual Reality Systems III* (S. 123-134). San Jose: SPIE.

E

Eby, D.W. & Loomis, J.M. (1987). A study of visually directed throwing in the presence of multiple distance cues. *Perception & Psychophysics*, 41, 308-312.

Egglestone, R.G., Janson, W.P. & Aldrich, K.A. (1996). Virtual Reality System Effects on Size-Distance Judgements in a Virtual Environment. *Proceedings of Virtual Reality Annual International Symposium*, 139-146.

Elliot, D. & Allard, F. (1985). The utilisation of visual feedback information during rapid pointing movements. *Quarterly Journal of Experimental Psychology*, 37A, 407-425.

Elliott, J.M. & Connolly K.J. (1984). A classification of manipulative hand movements. *Developmental Medicine & Child Neurology*, 26, 283-296.

Ellis, S. R., Begault, D. R. & Wenzel, E.M. (1997). Virtual Environments as Human-Compu-ter Interfaces. In M. Helander, T.K. Landauer & P. Prabhu (Hrgs.), *Handbook of Human-Computer Interaction*. 2nd completely revised edition. Amsterdam: Elsevier.

Epstein, W. (1965). Nonrelational judgements of size and distance. *American Journal of Psychology*, 78, 120-123.

Evarts, E.V. & Vaughn, W.J. (1978). Intended arm movements in response to externally produced arm displacement in man. In J.E. Desmedt (Hrsg.) *Cerebral motor control in man: long loop mechanisms. Progress in clinical neurophysiology* (S. 178-192). Basel: Karger.

F

Favilla, M., Hening, W. & Ghez, C. (1989). Trajectory control in targeted force impulses. VI. Independent specification of response amplitude and direction. *Experimental Brain Research*, 75, 280-294.

Fitts, P.M. (1954). The information capacity of the human motor system in controlling the amplitude of movement. *Journal of Experimental Pschology*, 47, 381-391.

Flash, T. & Hogan, N. (1985). The coordination of arm movements: An experimentally confirmed mathematical model. *Journal of Neuroscience*, 5(7), 1688-1703.

Fleishman, E.A. & Ellison, G.D. (1962). A factor analysis of fine manipulative performance. *Journal of Applied Psychology*, 46, 96-105.

Fleishman, E.A. (1964). *The structure and measurement of physical fitness*. Englewood cliffs, NJ: Prentice-Hall.

Fleishman, E.A. (1972). Structur and measurement of psychomotor abilities. In R.N. Singer (Hrsg.), *The psychomotor domain* (S. 78-196). Philadelphia: Lea & Febiger.

Fleming, J., Klatzky, R.L. & Behrmann, M. (2002). Time course of planning for object and action parameters in visually guided manipulation. *Visual Cognition*, 9,502-527.

G

Gaggioli, A.& Breining, R. (2001). Perception and cognition in immersive Virtual Reality. In G. Riva & F. Davide (Hrsg.), *Communications Through Virtual Technology: Identity Community and Technology in the Internet Age*. Amsterdam: IOS Press.

Geisler, L.S., http://www.linus-geisler.de/artikel/9503universitas_vr.html, 07.10.05.

Gentilucci, M., Castiello, U., Corradini, M.L., Scarpa, M. Umilta, C. & Rizolatti, G. (1991). Influence of different types of grasping on the transport component of prehension movements. *Neuropsychologia*, 29, 361-378.

Gentilucci, M., Daprati, E., Toni, I., Chieffi, S. & Saetti, M.C. (1995). Unconscious updating of grasp motor program. *Experimental Brain Research*, 105, 291-303.

Georgopoulos, A.P., Kalaska, J.F. & Massey, J.T. (1981). Spatial trajectories and reaction times of aimed movements: effects of practice, uncertainty and changes in target location. *Journal of Neurophysiology*, 46, 725-743.

Gilinsky, A.S. (1951). Perceived size and distance in visual space. *Psychological Review*, 58(6), 460-482.

Glennerster, A., Rogers, B.J. & Bradshaw, M.F. (1996). Stereosopic depth constancy depends on the subject's task. *Vision Research*, 36, 3441-3456.

Glover, S. (2004). Separate visual presentation in the planning and control of action. *Behavioral and Brain Sciences*, 27, 3-78.

Gogel, W.C. (1976). An indirect method of measuring perceived distance from familiar size. *Perception & Psychophysics*, 20, 419-429.

Gogel, W.C., Loomis, J.M., Newman, N.J. & Sharkey, T.J. (1985). Agreement between indirect measures of perceived distance. *Perception & Psychophysics*, 37, 17-27.

Gogel, W.C. & Tietz, J.D. (1979). A comparision of oculomotor and motion parallax cues of egocentric distance. *Vision Research*, 19, 1161-1170.

Goldstein, E.B. (2002). Wahrnehmungspsychologie. Heidelberg - Berlin. Spektrum.

Goodale, M.A. & Milner, A.D. (1992). Separate visual pathways for perception and action. *Trends in Neuroscience*, 15, 20-25.

Goodale, M.A. & Milner, A.D. (1995). *The visual brain in action*. Oxford Psychology Series, No. 27. Oxford: Oxford University Press.

Goodale, M.A., Milner, A.D., Jakobson, L.S. & Carey, D.P.(1991). A neurological dissociation between perceiving objects and grasping them. *Nature*, 349, 154-156.

Goodale, M.A., Meenan, J.-P., Bülthoff, H.H., Nicolle, D.A., Murphy, K.J. & Racicot, C.I. (1994). Separate neural pathways for the visual analysis of object shape in perception and prehension. *Current Biology*, 4, 604-610.

Goodale, M.A., Pélisson, D. & Prablanc, C. (1986). Large adjustments in visually guided reaching do not depend on vision of the hand or perception of target displacement. *Nature*, 320, 748-750.

Gréa, H., Desmurget, M. & Prablanc, C. (2000). Postural invariance in three - dimensional reaching and grasping movements. *Experimental Brain Research*, 134, 155-162.

Griffiths, H.E. (1943). Treatment of the injured workman. *Lancet*, 729-733.

# H

Häcker, H. & Stapf, S. (1998), *Dorsch Psychologisches Wörterbuch. 13., überarbeitete und erweiterte Auflage*. Bern: Verlag Hans Huber.

Häcker, H. & Stapf, S. (2004), *Dorsch Psychologisches Wörterbuch. 14., überarbeitete und erweiterte Auflage*. Bern: Verlag Hans Huber.

Haggard, P. & Wing, A.M. (1991). Remote responses to perturbation in human prehension. *Neuroscience Letters*, 122, 103-108.

Haggard, P. & Wing, A.M. (1995). Coordinated responses following mechanical perturbation of the arm during prehension. *Experimental Brain Research*, 102, 483-494.

Haggard, P. & Wing, A.M. (1997). On the hand transport component of prehensile movements. *Journal of Motor Behavior*, 29, 282-287.

Harway, N.I. (1963). Judgement of Distance in Children and Adults. *Journal of Experimental Psychology*, 65(4), 385-390.

Heeter, C. (1992). Being there: the subjective experience of presence. *Presence*, 1, 262-271.

Hendrix, C. & Barfield, W. (1996). Presence within virtual environments as a function of visual display parameters. *Presence*, 5(3), 274-289.

Helmholtz, H. von (1863). *Handbuch der physiologischen Optik*. Hamburg und Leipzig: Voss.

Heuer, H. (1981). Fast Aiming Movements with the left and right arm: evidence for two-process theories of motor control. *Psychological Review*, 43, 81-96.

Hewlett, N. & Hardcastle, W.J. (2000). *Coarticulation: Theory, Data and Techniques*. Cambridge Univeristy Press.

Holliman, N.S. (2006). Three - dimensional display systems. In J.P.Dakin & R.G.W. Brown (Hrgs.), *Handbook of Optoelectronics, Vol. II*. London: Taylor & Francis.

Hu, H.H., Gooch, A.A., Creem-Regehr, S.H. & Thompson, W.B. (2002). Visual Cues for Perceiving Distances from Objects to Surfaces. *Presence*, 11(6), 652-664.

I

Iberall, T., Bingham, G. & Arbib, M.A. (1986). Opposition space as a structuring concept for the analysis of skilled hand movements. In H. Heuer & C. Fromm (Hrgs.), *Generation and modulation of action patterns* (S. 158-173). Berlin: Springer-Verlag.

IJsselsteijn, W.A., de Ridder, H., Freeman, J. & Avons, S.E. (2000) Presence: Concept, determinants and measurement. *Proceedings of the SPIE, Human Vision and Electronic Imaging V*, 3959-3976.

J

Jackson, S.R., Jones, C.A., Newport, R. & Pritchard, C. (1997). A kinematic analysis of goal-directed prehension movements executed under binocular, monocular and memory guided viewing conditions. *Visual Cognition*, 4, 113-142.

Jackson, S.R. & Shaw, A. (2000). The ponzo illusion affects grip-force but not grip aperture scaling during prehension movements. Journal of Experimental Psychology, Human Perception and Performance, 26, 418-423.

Jacobson, C. & Sperling, L. (1976). Classification of the hand-grip: A preliminary study. *Journal of Occupational Medicine*, 18, 295-298.

Jakobson, L. & Goodale, M. (1991). Factors affecting higher-order movement planning: a kinematic analysis of human prehension. *Experimental Brain Research*. 86, 199-208.

Jeannerod, M. (1981). Intersegmental coordination during reaching at natural visual objects. In J. Long & A. Baddeley, A. (Hrgs.) Attention and performance IX (S. 153-168). Hillsdale: Erlbaum.

Jeannerod, M. (1984). The timing of natural prehension movements. *Journal of Motor Behavior*, 16, 235-254.

Jeannerod, M. (1986). The formation of finger grip during prehension: a cortically mediated visuomotor pattern. *Behavioural Brain Research*, 19, 99-116.

Jeannerod, M. (1988). *The neural and behavioural organization of goal directed movements*. NY: Oxford University Press.

Johansson, R.S. & Westling, G. (1987). Signals in tactile afferents from the fingers eliciting adaptive motor sesponses during prcision grip. *Experimental Brain Research*, 66, 141-154.

Johnston, E.B. (1991). Systematic distortions of shape from stereopsis. *Vision Research*, 31, 1351-1360.

Julesz, B. (1971). *Foundations of Cyclopean Perception*. Chicago: The University of Chicago.

Julesz, B. (1995). *Dialogues on Perception*. Cambridge, MA: MIT Press.

K

Kamakura, N., Matsuo, M., Ishii, H., Mitsuboshi, F. & Miura, Y. (1980). Patterns of static prehension in normal hands. *American Journal of Occupational Therapy*, 34(7), 437-445.

Kapandji, I.A. (1982). *The physiology of the joints. Volume One. Upper Limb (5th Ed.)*. Edinburgh: Churchill Livingston.

Keele, S.W. (1981). Behavioral analysis of movement. In V.B. Brooks (Hrsg.), *Handbook of Physiology: Section 1: The Nervous System. Volume II: Motor Control, Part 2*. Baltimore: American Physiological Society.

Kennedy, R.S., May, K.M. & Dunlap, W.P. (2000). Duration and exposure to virtual environments: Sickness curves during and across sessions. *Presence*, 9(5), 466-475.

Kiphard, E. (1989). *Psychomotorik in Praxis und Theorie*. Dortmund: Flottmann.

Kline, P.B. & Witmer, B.G. (1996). Distance perception in virtual environments: effects of field of view and surface texture at near distances. *Proceedings of the Human Factors and Ergonomics Society*, 44, 1112-1116.

Knapp, J.M. (1999). *The visual perception of egocentric distance in virtual environments*. Doctoral dissertation, University of California, Santa Barbara.

Knill, D.C. (2005). Reaching for visual cues to depth: The brain combines depth cues differently for motor control and perception. *Journal of Vision*, 5, 103-115.

Knill, D.C. & Kersten, D. (2004). Visuomotor sensivity to visual information about surface orientation. *Journal of Neurophysiology*, 91 (3), 1350-1340.

Kroemer, K.H.E. (1986). Coupling the hand with the handle: An improved notation of touch, grip, and grasp. *Human Factors*, 28, 337-340.

Kuhlen, T. (1998). Entwurf und Validierung eines klinischen Diagnose-Assistenten zur Klassifikation des Greifverhaltens nach realen und virtuellen Objekten. Logos-Verlag, Berlin.

Kuhlen, T. (2003). Einführung in die 3D-Computer-Grafik und Virtual Reality - Visualisierung. www.rz.rwth-aachen.de/vr/teaching/lectures/-lectures.php. 14.12.2006.

L

Lampton, D.R., McDonald, D.P., Singer, M. & Bliss, J.P. (1995). Distance Estimations in Virtual Environments. *Proceedings of the Human Factors and Ergonomics Society*, 39, 1268-1272.

Lansmeer, J.M.F. (1962). Power grip and presicion handling. *Annals of the Rheumatic diseases*, 21, 164-170.

Larnier, J. & Biocca, F. (1992). An inside view of the future of virutal reality. *Journal of cummunication*, 42(2), 150-172.

Lawrence, D.G. & Kuypers, H.G.J.M. (1968). The functional organization of the motor system in the monkey. I. The effects of bilateral pyramid lesions. *Brain*, 91, 1-14.

Lawson, B.D., Graeber, D.A., Mead, M.A, & Muth, E.R. (2002). Signs and Symptoms of Human Syndromes Associated with Synthetic Experiences. In K.M. Stanney (Hrsg.), *Handbook of Virtual Environments: Design, Implementation, and Applications* (S. 589-618). Mahwah, NJ: Lawrence Erlbaum.

Lee, R.G. & Tatton, W.G. (1975). Motor responses to sudden limb displacements in primates with specific CNS lesions and in human patients with motor system disorders. *Canadian Journal of Neurological Science*, 2, 285-293.

Levin, C.A. & Haber, R.N. (1993). Visual angle as a determinant of perceived interobject distance. *Perception and Psychophysics*, 54(2), 209-259.

Lister, G. (1977). The hand: diagnosis and indications. Edinburgh: Churchill Livingston.

Liu, H. & Bekey, G.A. (1986). A generic grasp mode selection paradigm for robot hands on the basis of object geometric primitives. *USC-IRIS Report*, No. 218. Los Angeles, CA: University of Southern California, Departement of Computer Science.

Loomis, J.M., Blaskovich, J.J. & Beall, A.C. (1999). Immersive virutal envrionment technology as a basic research tool in psychology. *Behavior Research Methods, Instruments, & Computers*, 31(4), 557-564.

Loomis, J.M., DaSilva, J.A., Philbeck, J.W. & Fukusima, S.S. (1996). Visual Perception of location and distance. *Current directions in psychological science*, 5, 72-77.

Loomis, J.M., Klatzky, R.L., Philbeck, J.W. & Golledge, R.G. (1998). Assessing auditory distance perception using perceptually directed action. *Perception & Psychophysics*, 60, 966-980.

Loomis, J.M. & Knapp, J.M. (2003). Visual Perception of Egocentric Distance in Real and Virtual Environments. In L.J. Hettinger & M.W. Haas (Hrgs.), *Virtual and Adaptive Environments* (S. 21-46), Mahwah, NJ: Lawrence Erlbaum.

Lyons, D.M. (1985). A simple set of grasps for a dextrous hand. *Proceedings of the IEEE International Conference on Robotics and Automation 1985*, 588-593.

M

MacKenzie, C.L. & Iberall, T. (1994). The Grasping Hand. In G.E. Stelmach and P.A. Vroon (Hrgs.), *Advances in Psychology*. Amsterdam: Elsevier.

Marotta, J.J., Behrmann, M. & Goodale, M.A. (1997). The removal of binocular cues disrupts the calibration of grasping in patients with visual agnosia. *Experimental Brain Research*, 116, 113-121.

Marteniuk, R.G., Leavitt, J.L., MacKenzie, C.L. & Athenes, S. (1990). Functional relationships between grasp and transport components in a prehension task. *Human Movement Science*, 9, 149-176.

Marteniuk, R.G., MacKenzie, C.L., Jeannerod, M., Athenes, S. & Dugas, C. (1987). Constraints on Human Arm Movement Trajectories. *Canadian Journal of Psychology*, 41(3), 365-378.

May, J.G. & Badcock, D.R. (2002). Vision and Virtual Environments. In K.M. Stanney (Hrsg.), *Handbook of Virtual Environments: Design, Implementation, and Applications* (S. 29-63). Mahwah, NJ: Lawrence Erlbaum.

McBride, E.D. (1942). *Disability evaluation (3rd Ed.)*. Philadelphia, PA: J.B. Lippincott Co.

Meinel, K. & Schnabel, G. (1976). *Bewegungslehre. Abriß einer Theorie der Bewegung*. Berlin: Volk und Wissen.

Messing, R. & Durgin, F.H. (2005). Distance Perception and the Visual Horizon in Head-Mounted-Displays. *ACM Transactions on Applied Perception*, 2(3), 234-250.

Milner, A.D. & Goodale, M.A. (1993). Visual pathways to perception and action. In T.P. Hicks, S. Molotchnikoff, T. Ono (Hrgs.), *Progress in brain research: the visually responsive neuron: from basic neurophysiology to behavior, Vol. 95* (S. 317-337). Amsterdam: Elsevier.

Milner, A.D. & Goodale, M.A. (1995). *The visual brain in action*. Oxford Psychology Series, No. 27. Oxford: Oxford University Press.

Minsky, M. (1980). Telepresences. *Omni*, 45-51.

Mon-Williams, M. & McIntosh, R.D. (2000). A test between two hypotheses and a possible third way for the control of prehension. *Experimental Brain Research*, 134, 268-273.

Mon-Williams, M. & Tresilian, J.R. (1999). Some recent studies on the extraretinal contribution to distance perception. *Perception*, 28, 167-181.

N

Nagata, S. (1993). How to Reinforce Perception of Depth in Single Two-Dimensional Pictures. In S. Ellis (Hrsg.), *Pictorial Communication in Virtual and Real Environments* (S. 527-545). London: Taylor & Francis.

Napier, J.R. (1956). The prehensile movements of the human hand. *Journal of Bone and Joint Surgery*, 38B, 902-913.

Naumann, A. & Israel, J.H. (2006). Potenzial der Anwendung von VR-Interaktionstechni-ken im Usability-Testing. *MMI-Interaktiv*, 11, 85-97.

Neuwirth, W. (2002). *Handanweisung der motorischen Leistungsserie, Version 23.00.* Mödling: Dr. G. Schuhfried GmbH.

O

Ohzawa, I. (1998). Mechanisms of stereoscopic vision: The diparity engergy model. *Current Opinion in Neurobiology*, 8, 509-515.

Oldfield, R.C. (1971). The assessment and analysis of handedness: the Edinburgh Inventory. *Neuropsychologia*, 9, 97-113.

Ooi, T.L., Wu, B. & He, Z.J. (2001). Distance determined by the angular declination below the horizon. *Nature*, 414, 197-200.

P

Paczynski, B. (1999). The devil is in the distance. *Nature*, 401, 331-332.

Paillard, J. (1982). The contribution of peripheral and central vision to visually guided reaching. In D.J. Ingle, M.A. Goodale & R.J.W. Mansfield (Hrgs.) *Analysis of visual behavior* (S. 367-436). Cambridge: MIT Press.

Patkin, M. (1981). Ergonomics and the surgeon. In W. Burnett (Hrsg.), *Clinical science for surgeons* (S. 577-580). London: Butterworths.

Paulignan, Y., Frak, V.G., Toni, I. & Jeannerod, M. (1997). Influence of object position and size on human prehension movements. *Experimental Brain Research*, 114, 226-234.

Paulignan, Y., MacKenzie C., Marteniuk R. & Jeannerod, M. (1991a). Selective perturbation of visual input during prehension movements, 1. The effects of changing object position. *Experimental Brain Research*, 83, 502-512.

Paulignan, Y., Jeannerod, M., MacKenzie & Marteniuk, R. (1991b). Selective perturbation of visual input during prehension movements, 2. The effects of changing object size. *Experimental Brain Research*, 87, 407-420.

Pélisson, D., Prablanc, C. Goodale, M.A. & Jeannerod, M. (1986). Visual control of reaching movements without vision of the limb. II. Evicence of fast unconsious processes correcting the trajectory of the hand to the final position of a double-step stimulus. *Experimental Brain Research*, 62, 303-311.

Philbeck, J.W. & Loomis, J.M. (1997). Comparision of two indicators of visually percieved egocentric distance under full-cue and reduced-cue condition. *Journal of Experimental Psychology: Human Perception and Performance*, 23, 72-85.

Plumert, J.M., Kearney, J.K. & Cremer, J.F. (2004). Distance perception in Real and Virtual Environments. *Proceedings of the 1st Symposium on Applied perception in graphics and visualization*, 27-34.

Plumert, J.M., Kearney, J.K., Cremer, J.F. & Recker, K. (2005). Distance Perception in Real and Virtual Environments. *ACM Transactions on Applied Perception*, 2(3), 216-233.

Posner, M.I. (1980). Orienting of attention. Quarterly Journal of Experimental Psychology, 32, 3-25.

Poulton, E.C. (1957). On prediction in skilled movements. *Psychological Bulletin*, 54, 467-478.

Previc, F.H. (1998). The Neuropsychology of 3-D Space. *Psychological Bulletin*, 124(2), 123-164.

Proffitt, D.R. (2006). Distance Perception. *Current Directions in Psychological Research*, 5, 131-135.

R

Reed, G.F. & Smith, A.C. (1961). Laterality and directional preferences in a simple percep-tual-motor task. Quarterly *Journal of Experimental Psychology*, 13, 122-124.

Rizolatti, G., Camarda, R., Fogassi, L., Gentilucci, M., Luppino, G. & Matelli, M. (1988). Functional organization of inferior area 6 in the macaque monkey. II. Area F5 and the control of distal movements. *Experimental Brain Research*, 71, 491-507.

Rößler, A. (1997). Virtual Reality - sinnvolle Technik für den Ingenieur oder Suchtmittel? In H. Krapp, T. Wägenbaur (Hrsg.), *Künstliche Paradiese Virtuelle Realitäten* (S. 292-305). München: Wilhelm Fink Verlag.

Rolland, J.P., Gibson, W. & Ariely, D. (1995). Towards Quantifying Depth and Size Perception in Virtual Environments. *Presence*, 4, 24-49.

Rosenbaum, D.A. (1991). *Human Motor Control*. San Diego, CA: Academic Press.

S

Sahm, C.S., Creem-Regehr, S.H., Thompson, W.B. & Willemsen, P. (2005). Throwing versus walking as indicators of distance perception in real and virtual environments. *ACM Transactions on Applied Perceptions*, 2(1), 35-45.

Schlesinger, G. (1919). Der Mechanische Aufbau der künstlichen Glieder. In M. Borchardt et al. (Hrgs.), *Ersatzglieder und Arbeitshilfen für Kriegsbeschädigte und Unfallverletzte* (S. 21-60). Berlin: Springer.

Schlosberg, H. (1950). A note on depth perception, size constancy and related topics. *Psychological Review*, 57(15), 314-317.

Schmidt, L. & Oehme, O. (2007). Physiologische Grenzen der menschlichen Wahrnehmung in virtuellen Umgebungen. In GfA (Hrsg.), *Kompetenzentwicklung in realen und virtuellen Arbeitssystemen* (S. 299-302). Dortmund: GfA Press.

Schmidt, R.A. (1975). A schema theory of discrete motor skill learning. *Psychological Review*, 82, 225-260.

Schmidt, R.A. & Wrisberg, C.A. (2000). *Motor Learning and Performance*. Champaign, IL: Human Kinetics.

Schmidt, R.A. (1988). *Motor control and learning: A behavioral emphasis*. Champaign, IL: Human Kinetics.

Schmidt, R.A., Zelaznik, H., Hawkins, B. Franck, J.S. & Quinn, J.T. (1979). Motor output variability: a theory for rapid motor acts. *Psychological Review*, 86, 415-451.

Schmidtke, H. & Stier, F. (1960). Der Aufbau komplexer Bewegungsabläufe aus Elemtarbewegungen. Forschungsberichte des Landes Nordrhein-Westfalen, 822, 13-32.

Schoppe (1974). *Motorische Leistungsserie*. Schuhfried Ges. m.b.H.

Servos, P. (2000). Distance estimation in the visual and visuomotor systems. *Experimental Brain Research*, 130, 35-47.

Servos, P., Jakobson, L.S. & Goodale, M.A. (1998). Near, far, or in between? Target edges and the transport component of prehension. *Journal of Motor Behavior*, 30, 90-93.

Servos, P. & Goodale, M.A. (1994). Binocular vision and the on-line control of human prehension. *Experimental Brain Research*, 98, 119-127.
Servos, P. Goodale, M.A. & Jakobson, L.S. (1992). The role of binocular vision in prehension: a kinematic analysis. *Vision Research*, 32, 1513-1521.
Sheridan, T. (1992). Musings on telepresence and virtual presence. *Presence*, 1(1), 120-125.
Sherman, W.R. & Craig, A.B. (2003). *Understanding Virtual Reality: Interface, Application, and Design.* San Francisco CA: Morgan Kaufmann Publishers.
Siemens (Hrsg.) (2007). Internet: http://www.chh.erlm.siemens.de/de/t_nav 423.html, Zugriff: 29.01.2007.
Sinai, M.J., Krebs, W.K., Darken, R.P., Rowland, J.H. & McCarley, J.S. (1999). Egocentric distance perception in a virtual environment using a perceptual matching task. *Proceedings of the Human Factors and Ergonomics Society*, 43, 1256-1260.
Skerik, S., Weis, M. & Flatt, A.E. (1971). Functional evaluation of congenital hand anomalies. Part 1. *American Journal of Occupational Therapy*, 25(2), 98-104.
Slater, M. & Usoh, M. (1993). Representations systems, perceptual position, and presence in virtual environments. *Presence*, 2(3), 221-233.
Slater, M., Usoh, M. & Steed, A. (1994). Depth of Presence in Virtual Environments. *Presence*, 3, 130-144.
Slater, M. & Wilbur, S. (1997). A framework for immersive virtual environments: Speculations on the role of presence in virtual environments. *Presence*, 6(6), 603-616.
Slocum, D.B. & Pratt, D.R. (1946). Disability evaluation of the hand. *Journal of Bone and Joint Surgery*, 28, 491-495.
Smeets, J.B.J. & Brenner, E. (1999). A new view on grasping. *Motor Control*, 3, 237-271.
Snow, M.P. & Williges, R.C. (1998). Empirical models based on free-modulus magnitude estimation of perceived presence in virtual environments. *Human Factors*, 40(3), 386-402.

Soechting, J.F. & Lacquaniti, F. (1983). Modification of trajectory of a pointing movement in response to change of target location. *Journal of Neurophysiology*, 49, 548-564.

Spijkers, W.A.C. & Lochner, P.M. (1994). Partial visual feedback and spatial end-point accuracy of discrete aiming movements. *Journal of Motor Behavior*, 26, 283-295.

Spijkers, W.A.C. & Spellerberg, S. (1995). On-line visual control of aiming movements? *Acta psychologica*, 90, 333-348.

Stelmach, G.E., Castiello, U. & Jeannerod, M (1994). Orienting the finger oposition space during prehension movements. *Journal of Motor Behavior*, 26, 178-186.

Steuer, J. (1992). Defining Virtual Reality: Dimensions Determining Telepresence. *Journal of Communication*, 42, 73-93.

Sturm, W. & Büssing, A. (1985). Ergänzende Normierungsdaten und Retest-Reliabilitätskoeffizienten zur Motorischen Leistungsserie (MLS) nach Schoppe. *Diagnostica*, 3, 234-245.

Surdick, R.T., Davis, E.T., King, R.A., Corso, G.M., Shapiro, A., Hodges, L. & Elliot, K. (1994). Relevant cues for the visual perception of depth: is where you see it where it is? *Proceedings of the Human Factors and Ergonomics Society*, 38, 1305-1309.

Surdick, R.T., Davis, E.T., King, R.A. & Hodges, L. (1997). The Perception of Distance in Simulated Visual Displays: A Comparision of the Effectiveness and Accuracy of Multiple Depth Cues Across Viewing Distances. *Presence*, 6(5), 513-531.

T

Taylor, C.L. (1948). Patterns of hand prehension in common activities. *Engineering Prosthetics Research*, Spec. Technical Report 3. Los Angeles, CA: University of California, Department of Engineering.

Teipel, D. (1988). *Diagnostik koordinativer Fähigkeiten*. München: Profil.

Thompson, B.W., Willemsen, P., Gooch, A.A., Creem-Regehr, S.H., Loomis, J.M. & Beall, A.C. (2004). Does the Quality of the Computer Graphics Matter when Judging Distances in Visually Immersive Environments? *Presence*, 13(5), 560-571.

Todd, J.T., Tittle, J.S. & Norman, J.F. (1995). Distortions of 3-dimensional space in the perceptual analysis of motion and stereo. *Perception*, 24, 75-86.

Tresilian, J.R., Mon-Williams, M. & Kelly, B. (1999). Increasing confidence in vergence as a cue to distance. *Proceedings of the Royal Society of London*, 266B, 39-44.

## V

Valvoda J.T., Assenmacher I., Kuhlen T. & Bischof C.H. (2004). Reaction-Time Measurement and Real-Time Data Acquisition for Neuroscientific Experiments in Virtual Environments. *Studies in Health Technology & Informatics*, 98, 391-393.

Valvoda, J. T., Assenmacher, I., Dohle, C., Kuhlen, T. & Bischof C. H. (2003). NeuroVRAC - A comprehensive approach to virtual reality-based neurological assessment and treatment systems. *Studies in Health Technology & Informatics*, 94, 391-393.

Valvoda, J.T., Kuhlen, T., Wolter, M., Armbrüster, C., Spijkers, W., Vohn, R., Sturm, W., Fimm, B., Graf, M., Heber, I.A., Nuerk, H. & Willmes, K. (2005). NeuroMan: A Comprehensive Software System for Neuropsychological Experiments. *CyberPsychology & Behaviour*, 8, 366-367.

van Reimersdahl, T., Kuhlen, T., Gerndt, A., Henrichs J. & Bischof C. (2000). ViSTA: a multimodal, platform-independent VR-Toolkit based on WTK, VTK, and MPI., *Proceedings of the 4th International Immersive Projection Technology Workshop*, Ames, Iowa.

van Zomeren, A. & Brouwer, W. (1994). *Clinical Neuropsychology of Attention*. New York: Oxford University Press.

## W

Wagner, H. (2006), Internet: http://www.tu-chemnitz.de/informatik/Home Pages/GDV/lehre/ veranstaltungen/veranst_allg.php?show = vorlesung &vnr=5000820, 27.06.2006.

Wallace, S.A. & Weeks, D.L. (1988). Temporal constraints in the control of prehensive movements. *Journal of Motor Behavior*, 20, 81-105.

Waller, D. (1999). Factors Affecting the Perception of Interobject Distances in Virtual Environments. *Presence*, 8(6), 657-670.

Wann, J.P., Mon-Williams, M. & Carson, R.G. (1998). Assessing manual control in children with coorination difficulties. In K. Connolly (Hrsg.), *The psychobiology of the hand*. Cambridge University Press, Cambridge, 213-229.

Wanger, L.R., Ferwerda, J.A. & Greenberg, D.P. (1992). Perceiving Spatial Relationships in Computer-Generated Images. *Computer Graphics & Applications*, 44-58.

Watt, S.J. & Bradshaw, M.F. (2000). Binocular cues are important in controlling the grasp but not the reach in natural prehension movements. *Neuropsychologica*, 38(11), 1473-1481.

Watt, S.J. & Bradshaw, M.F. (2003).The visual control of reaching and grasping: Binocular disparity and motion parallax. *Journal of Experimental Psychology: Human Perception and Performance*, 29(2), 404-415.

Welch, R., Blackmon, T. Liu, A., Mellers, B. & Stark, L. (1996). The effects of pictorial realism, delay of visual feedback, and observer interactivity on the subjective sence of presence. *Presence*, 8(3), 263-273.

Wilson, J., Nichols, S. & Haldane, C. (1997). Presence and side effects: Complementary or contradictory? In M. Smith, G. Salvendy & R. Koubek (Hrgs.), *Design of computing systems: Social and ergonomic considerations* (S. 889-892). Amsterdam: Elsevier Science Publishers.

Wing, A.M. & Fraser, C. (1983). The contribution of the thumb to reaching movements. *Quarterly Journal of Experimental Psychology*, 35, 297-309.

Wing, A.M., Turton, A. & Fraser C. (1986). Grasp size and accuracy of approach in reaching. *Journal of Motor Behavior*, 18, 245-260.

Witmer, B.G. & Kline, P.B. (1998). Judging perceived and traversed distance in virtual environments. *Presence*, 7(2), 144-167.

Witmer, B.G. & Sadowski, W.J. (1998). Nonvisually guided locomotion to a previously viewed target in real and virtual environments. Human Factors, 40 (3), 478-488.

Witmer, B.G. & Singer, M. J. (1994). Measuring immersion in virtual environments. *ARI Technical Report*, 1014.

Witmer, B. G. & Singer, M. J. (1998). Measuring presence in virtual environments: A presence questionnaire. *Presence*, 7(3), 225-240.

Wolter, M., Armbrüster, C., Valvoda, J.T. & Kuhlen, T. (2007). High Ecological Validity and Accurate Stimulus Control in VR-based Psychological Experiments. *Proceedings of EGVE 2007*, 25-32.

Wright, R.H. (1995). Virtual reality psychophysics: Forward and lateral distance, height and speed perception with a wide-angle helmet display. ARI Technical Report, 1025.

Wu, B., Ooi,T.L. & He, Z.J. (2004). Perceiving distance accurately by a directional process of integrating ground information. *Nature*, 428, 73-77.

Wyke, M. (1969). Influence of direction on the rapidity of bilateral arm movements. *Neuropsychologia*, 7, 189-194.

## Y

Yang, T.L., Dixon, M.W. & Proffitt, D.R. (1999). Seeing big things: Overestimation of heights is greater for real objects than for pictures. *Perception*, 28, 445-467.

## Z

Zelaznik, H.N., Hawkins, B. & Kisselburg, K. (1983). Rapid visual feedback processing in single-aiming movements. *Journal of Motor Behavior*, 15, 217-236.

Zeller, F. (2005). *Mensch-Roboter Interaktion: Eine sprachwissenschaftliche Perspektive*. Kassel: kassel university press GmbH.

Zimmermann, P. & Fimm, B. (2002). A test battery for attentional performance. In M. Leclercq & P. Zimmermann (Hrgs.), *Applied Neuropsychology of Attention. Theory, Diagnosis and Rehabilitation*, 110-151.

# Aus unserem Verlagsprogramm:

Johannes Bühler
**Risiko- und Schutzfaktoren
bei der Bewältigung von Drogenabhängigkeit**
*Eine Studie im stationären Bereich
unter besonderer Berücksichtigung von Umweltvariablen*
Hamburg 2007  /   220 Seiten  /  ISBN 978-3-8300-3135-2

Dorothee Elisabeth Kalisch
**Empörung**
*Psychologische Grundlagen ihrer gezielten Veränderung*
Hamburg 2007  /   190 Seiten  /  ISBN 978-3-8300-3004-1

Monika Equit
**Sprachinhalt und Mimik bei der Kommunikation von Ärger**
*Ein empirischer Vergleich zwischen schriftlich und mündlich
berichteten Ärgererlebnissen*
Hamburg 2007  /   410 Seiten  /  ISBN 978-3-8300-3024-9

Bärbel Krusch-Mielke
**Aufmerksamkeitsdefizitsyndrom-Screening für Erwachsene**
*Entwicklung und Validierung des Adult ADS-Screenings (A ADS-S)*
Hamburg 2007  /   202 Seiten  /  ISBN 978-3-8300-2882-6

Susanne Hörz
**A Prototype of Borderline Personality Organization**
*Assessed by the Structured Interview of Personality Organization (STIPO)*
Hamburg 2007  /   288 Seiten  /  ISBN 978-3-8300-2762-1

Carsten Zoll
**Psychologische Aspekte von Aktienanleihen**
Hamburg 2006  /   172 Seiten  /  ISBN 978-3-8300-2696-9

Brigitte Konradt
**Motorische Imagination in Hypnose**
*Chronometrische Parameter und elektrokortikale Korrelate*
Hamburg 2005  /   246 Seiten  /  ISBN 978-3-8300-2154-4

Denis Köhler
**Psychische Störungen bei jungen Straftätern**
*Eine Untersuchung zur Prävalenz und Struktur psychischer Störungen
bei neu inhaftierten Jugendlichen und Heranwachsenden
in der Jugendanstalt Schleswig*
Hamburg 2004  /   304 Seiten  /  ISBN 978-3-8300-1404-1

Christina Sommer
**Fürsorge- und Gerechtigkeitsmoral**
*- eine interpersonelle Perspektive*
Hamburg 2004  /   292 Seiten  /  ISBN 978-3-8300-1308-2

# Einfach
## Wohlfahrtsmarken
# helfen!